狂澜之下

左宗棠的十张面孔

徐志频 著

湖南文艺出版社

图书在版编目（CIP）数据

狂澜之下：左宗棠的十张面孔 / 徐志频著. -- 长
沙：湖南文艺出版社, 2023.9（2023.12重印）
ISBN 978-7-5726-1111-7

Ⅰ.①狂… Ⅱ.①徐… Ⅲ.①左宗棠（1812–1885）
—人物研究 Ⅳ.①K827=52

中国国家版本馆CIP数据核字(2023)第098059号

狂澜之下：左宗棠的十张面孔

KUANGLAN ZHI XIA: ZUO ZONGTANG DE SHI ZHANG MIANKONG

作　　者：徐志频
出 版 人：陈新文
监　　制：谭菁菁
责任编辑：吕苗莉　谢朗宁　戴新宇
责任校对：胡伟英
封面设计：今亮后声·小九
内文排版：钟灿霞

出版发行　湖南文艺出版社
　　　　　（长沙市雨花区东二环一段508号 邮编：410014）
印　　刷：湖南雅嘉彩色印刷有限公司
开　　本：700 mm×980 mm 1/16
印　　张：24
字　　数：300千字
版　　次：2023年9月第1版
印　　次：2023年12月第3次印刷
书　　号：ISBN 978-7-5726-1111-7
定　　价：78.00元

（如有印装质量问题，请直接与本社出版科联系调换）

1949年9月，中华人民共和国成立前夕，毛泽东一边邀请张治中商谈和平解决新疆问题，一边邀集彭德怀、王震见面商量解决办法。毛泽东说："我们那位老乡左文襄公（左宗棠）说：'若新疆不固，则蒙部不安，匪特陕、甘、山西各边时虞侵轶，防不胜防，即直北关山，亦将无晏眠之日。'这话是有道理的，新疆问题应该引起我们的特别重视。"

王震在解决新疆问题后回忆："我进军新疆的路线，就是当年左公西征走过的路线，在那条路上，我还看到当年种的'左公柳'。走那条路非常艰苦，可以想见，左公走那条路就更艰苦了。"

如今，左宗棠已去世130余年。历晚清、民国、中华人民共和国，经时光淘洗、岁月打磨，一些定论开始变得逐渐清晰。

左宗棠一生，大伏大起，堪称传奇。

他是典型的大器晚成式人物。40岁那年，左宗棠仍隐居在乡间，一介布衣，"湘上农人"；直到47岁，功名还止步于举人，卷入一场大案，招来杀身之祸；但到50岁那年，命运却骤然反转，一步做上浙江巡抚；其后更是仕途扶摇，62岁官拜东阁大学士，为大清内阁宰相；66岁因显赫功业，爵封二等恪靖侯；69岁入值军机处，担任军机大臣，分管兵部，是晚清最核心的领导人之一。

左宗棠生平学问以"孔孟为体、韩庄为用"。他毕生以士弘毅，以身载道，一往无前，生命不息，奋斗不止，最终由民间乡贤跃升为一代政治家、战略家、军事家、文化大家。从40岁入主湖南幕府时算起，他的行迹遍及湖南、湖北、江西、浙江、福建、陕西、甘肃、新疆、北京、江苏、上海等地，在清朝大员中不但办事最多，而且走得最远，仅用半生时间，便干了许多官员几辈子也办不完的事情。

作为实至名归的"晚清第一能人"，左氏竭尽生平洪荒之力，至少曾创下过六个"中国第一"：

一、收复新疆、护卫台湾，并促成两地建省，成为一千二百年内对中国领土主权贡献最大的第一人；

二、中国近代海军奠基者、创始人；

三、中华民族轻工业开拓第一人；

四、中国大西北近代文教事业的奠基人；

五、中国现代公园第一个引进者；

六、中国大西北生态环保建设第一人。

因左宗棠曾为中华民族创下过旷古难闻的历史大功业，声名早已远播世界，2000年，美国《新闻周刊》评选"一千年来全球40位智慧名人"，中国仅有三人得以上榜，左宗棠与毛泽东并列入选。

2022年是左宗棠210周年诞辰，两棵"左公柳"画龙点睛，从甘肃肃州回种湖南湘阴柳庄。以"左公柳"为契机，左宗棠的爱国主义精神，再次成为国内逾千家媒体深入挖掘、报道的热词，左宗棠又迎来了他身后的一次高光时刻。

今天的中国人为何不分阶层、年龄，开始如此集中地关注左宗棠？

意大利历史学家克罗齐说过："一切历史都是当代史。"读左宗棠，大约总能让人得到精神激励、文化提升、方法启示。

人是要有一点精神的。精神如水，不激则下惰，常激常新，越用越有，绵延无穷。

左宗棠的精神，是创新勇气，是民族骨气，是"中国精神"。它不是标签，不是图腾，是特定时代锻造出来的自强不息的精神气质，流淌在每个中国人的血液里。

文化是绵延民族生命的源和流，是民族不死的灵魂。文化让我们清晰地知道我是谁，我从哪里来，我要到哪里去。提升文化，内可以蓄养气度，外可以涵养风度。

左宗棠是嗜好读书的。24岁那年，他便挥笔撰下这样一副用以自勉的对联："身无半亩，心忧天下；读破万卷，神交古人。"

左宗棠的文化，还体现在他能写得一流书法，留下诸多的传世名联。如"发上等愿，结中等缘，享下等福；择高处立，就平处坐，向宽处行"，今天仍被不少企业家奉作人生座右铭。

如果时空可以穿越，我们可以在1881年6月6日这天看到，光绪皇帝的老师翁同龢与左宗棠正在坐而论道，指画天下。对谈结束后，翁同龢似意犹未尽，他在当天日记里落笔惊叹："余服其有经术气也。"

左宗棠致力于以人载道，他所践行出来的文化，高端、大气、接地气。原因在于，他不但完好地继承了儒学，还精通实学。——儒学是道德修身之学，实学是经世致用的学问，相当于今天的理工技术科学。

跟同时代高山仰止的儒学大家比较，左宗棠修身之学的水准大约只能属于中等，但他对理工技术类科学的精通水平，则整个晚清无第二人可以匹敌。因为有修身之学奠定为官处世之道，左宗棠凭借精通的农学、舆地、水利，运用理工技术的思维、手段，得出独创的方法，逐一化解了时代难题，让家国最大限度地走出了现实困境。

将传统文化具体地运用到办事中去，将其优秀的一面充分地挖掘出来，"以术运经"，作为切实可行的方法，左宗棠是晚清绝无仅有的孤例。

今天的读者阅读古籍经典，大概也会有这样一种观感：自孔子创立儒学以来，后世学问家峨冠博带，绣口锦言，他们以道德、文化、人格为天地立心，为生民立命，其学如黑夜油灯、远海灯塔，照亮世人。但书与人往往存在相当程度的割裂，他们口含道德，却疏于办事，无力解决现实问题，多见家国之难、身世之叹。于是南宋有陆秀夫崖山跳海，晚清有曾国藩跳水自杀。而长于办事、有能力解决现实困境之人，大多往往失之粗鄙，他们既缺乏仁爱的胸怀、长远的眼光，又缺少必备的文化、与人为善的教养，于是时代的成功者纷纷沦为江湖屠狗贩夫之流。有学者戏称这种人是"身强力壮，东张西望，钱包鼓鼓，六神无主"。民国混战的军阀，基本都是这类人物。由粗豪少文之人掌控社会资源，百姓少有福音。

放进三千余年的中国历史中去比照观看，左宗棠不一定是将道德、文化、人格跟长于办事、有能力解决现实困境结合得最好的历史第一人，但在活跃于晚清舞台的众多历史风云人物中，确实也再难找到第二个能跟他一样的人。

今人经常会有意无意忽视这样一个历史经验：只有凭军事能力保证国家安全，凭经济能力让民生富足，道德、文化、人格才不至于降格为空洞的口号，沦落为弄姿作态、装饰摆设。只要保障了国家的安定、国民的富足，社会就会自然而然地散发出人性的温暖跟光辉，道德、文化、人格就不会是沙漠，而是植被。

理工技术重逻辑理性，行动实践忌浮夸空谈。在同时代大儒中，左氏文章最没有"故纸气"。细品他笔下的文字，逻辑清晰，条理分明，在理性的背后，总能品味出历史的积淀。人性的温情、个性的体验，洋溢其中，人间正气更是跃然纸上。

今人读前人不是为了替古人担忧，也不只为纪念或消遣。我们更在意借鉴他的智慧、方法，让自己提高，从而避开人生路上可能遭遇的陷阱，最终取得稳稳当当的幸福。

左宗棠是能够给今人以启发的。不仅毛泽东从他收复新疆的战略中得到过大启示，也不只王震将楚军路线图当过活教材，即使抗日战争时期，左宗棠的常胜战术仍被国民革命军借鉴来反击日军。

军事、政治智慧之外，本书抽丝剥茧所展示出来的左宗棠，能给到我们人生其他诸多方面的启发，事实上还有更多，翻开这本书，我们便可以会心读到。

但左宗棠一生，却给我们留下许多待解的谜团。

随举晚年入值军机为例：他负责"神机营"，直接领导皇家禁卫军，统领各路大内高手，保护大清朝廷的安危。他如何能够取得以慈禧为首的满洲贵族集团如此高度的信任？他又如何在中外矛盾、同僚矛盾等纠葛、争斗中自稳，每每做到有惊无险，化险为夷？

再看一例：左宗棠深得朝廷信任，这与曾国藩1864年打下南京后遭遇极度猜忌，被逼自剪羽翼，构成强烈反差。两人到底运用了怎样不同的政治策略跟为官手段，才导致朝廷对两人的态度前后形同霄壤、判若云泥？

左宗棠是一个真实的人，更是一个智慧的人，他本人很早就意识到了这点。左宗棠在柳庄耕种时，在跟朋友的通信中常以"今亮"（当代诸葛亮）自命，这跟诸葛亮在隆中耕种时每以管仲、乐毅自比如出一辙。识人遍天下、荐才满天下的胡林翼最早看出这点，他评价左宗棠"横览九州，更无才出其右者"。正史中的左宗棠，其实是一个跟手摇鹅毛扇的诸葛亮可以归为同类的形象，可惜今天的民间野史仿佛已经将他描画成了粗莽勇武的张飞形象。

本书从正面与背面两个维度全面观照左宗棠，读后我们会发现这样一个惊人的事实：无论是置身官场，还是身处战场，又或者周旋商场，左宗棠一生始终是缓进急战，得寸进寸，得尺进尺，从未遭遇过明显的大失败。如果仅仅解释为出奇的运气，未免有智力上的偷懒。

根据正史去领悟，辅以轶史去丰富，我们会逐渐感觉到，他的智慧深不可测。

可惜，左宗棠这些独到的方法、非凡的智慧，因为各种各样的历史原因，百年后仍多数深埋于故纸堆中，被白白浪费掉了。

左宗棠去世130多年来，左宗棠研究虽有起色，其中不乏一些独到洞见，但因为严谨的学术文章影响力多囿于圈内，普通读者对他的了解，仍多处留白。

正史缺位，轶史自然丛生。百余年来，各类报章图书、街谈巷议、野史酷评，多用漫画方法，将左宗棠逐渐戏剧化了，浅薄化了。近年来，一些流行的图书，为了迎合市井猎奇趣味，似乎也自甘沦落为"故事会"。

今天关注左宗棠，其实是在关注传统文化。传统文化，玉石俱存，泥沙俱下，优劣并见。鲁迅先生曾说过一句名言："要我们保存国粹，也须国粹能保存我们。"我们今天关注左宗棠，其实是在关注他真正能够给到今人哪些智慧的启迪。

潜回历史其时，深入历史幕后，深入到左宗棠内心，一个"看不见的左宗棠"，在这里渐为清晰……

· 目录 ·

第四章 "邻家大哥"左宗棠

左宗棠青年时代以"今亮"自称，在给朋友的通信中，他多次干脆署名"亮"，直接将自己看作"当代诸葛亮"。用今天的眼光去看，个性分明、既刚且暖的左宗棠，更接近于"邻家大哥"模样。

第五章 门外汉的逆袭之路

军事门外汉左宗棠从没有系统学过兵法。他却在战场上总能无往不胜，背后的奥秘是什么？

第六章 "以心鉴人"，一看一个准

曾国藩不用之才，左宗棠大胆起用。他究竟有什么秘诀，发现被埋没的人才，让他们为己所用？

第七章 用"二流人才"打造"一流天团"

到底是"用人不疑，疑人不用"，还是"用人要疑，疑人也要用"？左宗棠手下汇聚了一大批有各种特点乃至缺点的人才。他如何发挥出这些"问题人才"的特长，最终成就旷世功业？

第一章

走好选择的路，而不是选择好走的路

选择职业可以让兴趣做主。

左宗棠少年时期父母双亡，

却不甘心于命运的摆布。

他如何通过点滴积累，

让兴趣最终发展成一生的事业选择？

兴致所至，前人已积累190年

多数人一生的起步，从少年时代开始。

左宗棠的成长起点，要从1639年算起。

1639年，按大明纪元，是明思宗崇祯十二年；按大清纪元，是清太宗崇德四年。新年第一天从星期六开始。

满、汉两大政权生死对峙，开年第一天，中国境内，看不到承平年代的悠闲气象。

大明王朝忠臣顾炎武站在江南古镇水边，已经嗅到了异族铁骑踏来的亡国气息，惶惶然有如丧家之犬。

顾炎武其时在南直隶苏州府昆山千灯镇担任大明王朝的兵部司务，一个从九品的办事小吏。但官职再小也是干部，食君之禄，忠君之事，为圣人古训，历代遵循。儒家士人的担当情怀，激励他大声疾呼："天下兴亡，匹夫有责。"

但不在其位，难谋其政。何况，位卑人微，"抗清救明"大业，不是个人光有抱负就能使得上力气。

他所能做的，是改名明志。

顾炎武本名绛，字忠清。大明危亡之际，这名字也太有反讽意味。他毅然改作"炎武"，以示要贫贱不移、威武不屈，誓死保存炎黄子孙的文化血脉。

顾炎武反思明朝亡国的原因，有所醒悟：明朝尊崇"理学"，官员不懂实务，纷纷"空谈心性"。空谈误国，一误再误，想不亡国也难。亡国没有后悔药，只有寄望起死回生之术。他决心在民间倡导一种实学的新风气，以扭转学界与官场积重难返的颓唐坏风，"务质之今日所可行，而不为泥古之空言"。

目的呢？只有一个：为复兴大明王朝做基础准备。

这年，他动笔撰写《天下郡国利病书》。

五年后，满族凭借武力统一中国，政治成了不可论及的主题。顾炎武被迫潜心写书，远离政治，沉迹地理。

他每天牵着一匹骡子、两匹马，载着悉心搜集来的书籍，风餐露宿，游历在崎岖古道，对中国之内各大山川、都邑、城郭、宫室，展开烦琐细致的实地调查。

作为学者，他博学审问，慎思明辨，但凡走到险要的地方，便找老兵退卒或当地百姓，详细询问其中的曲折原委；遇有与己知不合，便找一处坊肆，翻书比对。

为了做到内容严谨，顾炎武"先取一统志，后取各省府州县志，后取二十一史，参互书之，几阅志书一千余部"。为了增强写作的实用性，他考察内容偏重"考其山川、风俗、疾苦利病"。通过实地调查印证，重点辑录兵防、赋税、水利。

到1661年，历时20余年，《天下郡国利病书》终于成书。全书共120卷，200万字，开篇总论舆地、山川，最后六卷详细论述边备、河套、西域、交趾、海外诸番及互市。其余各卷则记载各省疆域、沿革、山川、形势、农田水利、赋役、户口、马政、盐田、矿产、交通要隘、郊聚、要塞、兵防。

以现代眼光观照，这部前无古人、后启来者的书，最醒目的贡献，在于开创了今天"区域地理"体系。

新书写成后，当时并没有多少读者。毕竟，科举不考，官员不用，士子读了也是白读。

但这些有别于理学的实学，却为沉闷的学术界打开了一扇天窗，少数爱好者开始聚拢过来，翻阅习读。

受顾炎武启发，1659年，江苏无锡籍学者顾祖禹本着保存大明故国文献的目的，开始编写历史军事地理学著作《读史方舆纪要》。

顾祖禹与顾炎武一样，同是位铁杆民族主义者。明朝灭亡后，他谢绝入清做官，寄心著述，隐居乡下，贫贱忧戚，小日子过得凄惶、紧巴。

与顾炎武写作重实证一样，顾祖禹带上二十一史、一百多种地方志和文献，走出书斋，"览城郭，按山川，稽道里，问关津"，考订古今郡县变迁、山川险要战守利害，详细论述"古今用兵战守攻取之宜，兴亡成败得失之迹"。历时30多年，最终编成130卷、280万字的《读史方舆纪要》。

与顾炎武比较，顾祖禹后浪递进，他更看重学用结合、经世致用。

关于这点，从他的一首自况诗中可以明显看出来：

重瞳帐下未知名，隆准军中亦漫行。

半世行藏都是错，如何坛上会谈兵？

重瞳指项羽，项羽看人有重影；隆准即大鼻子，刘邦鼻子大，外号叫隆准公。

这首诗表面说的是韩信，实则是在为自己一生作注脚，颇有对知行割裂的翻悔。

以知启行，知行合一。新思想的火花，让顾祖禹灵光闪现。

正是在这样一种"丝线牵牛"式的历史背景里，民间思想家顾炎武、顾祖禹倡导的"实学"学风，逐渐改变了大清学界的死板与单调，在全国刮起一股新空气。

新风气首先影响到清朝体制内的官员。

1747年，供职于清朝翰林院的官员齐召南前往山东、江苏、安徽、福建、云南实地勘查，历时14年，写成28卷本《水道提纲》。

《水道提纲》是一部专门记叙水道源流分合的地理书。比起前面两部著作，其创新之处，在于采用经纬度定位来区分水道。这是中国人首次创造并运用现代技术思维。

这三部开启风气的书，因强调实证逻辑与技术理性，与信奉"义理"的主流价值观大异其趣，因此被多数士子视作旁门左道。又因科考不涉及，读书人只能将它看作闲情野趣，隐于村野民间的箱柜，像一些"私赏读物"。之所以还能流传开来，全靠几个骨灰级的爱好者私下传抄、借阅，碰上运气好，旧书摊上偶然也能翻到。

左宗棠读到这三部书时，已是1829年，距离顾炎武动笔，已过去190年。

大清童生、秀才多达200余万人，为什么少年左宗棠慧眼独具，最先发现这三部书？

不顾他人嘲笑，读"无用"之书

1829年，17岁的清朝少年左宗棠，守完三年母孝，随父亲左观澜离开湘阴贡院东街旧祠，来长沙习读理学与八股文。

长沙当时有两所著名的书院可供他选择：岳麓书院与城南书院。岳麓书院属高级精英学府，需要取得秀才资格，且付得起学费，才能进门；

城南书院则相对平民化。左宗棠家里已经穷到快揭不开锅，又因守孝耽误了秀才考试，根本跨不进岳麓书院的高门槛，只能选择城南书院。

城南书院即今天湖南第一师范学院，后来也是黄兴、毛泽东的母校。这座书院由张浚、张栻父子于1161年创建。

左宗棠就读时，城南书院的正门挂着一副对联：

考古证今，致用要关天下事；

先忧后乐，存心须在秀才时。

这副对联气魄宏大，立意高远，很合左宗棠的味道。他特别留意，当时就入了心。

因城南书院生源相对平民化，教学形式也相对灵活，学生思想也相对自由。书院教学采用个别钻研、相互问答、集众讲解相结合的形式，以研习儒家经籍为主，课堂上间或议论时政。

正是这种相对自由的校园氛围，激发求知欲强烈的左宗棠从八股的课堂上开小差，溜了出来。

左宗棠其时已经身无分文，能够在长沙待下来，全靠类似今天奖学金的"膏火费"勉强支撑。万一拿不到奖学金，只能回家种田。求学机会如此难得，他特别珍惜，但课堂之外，他还是有空就到书院附近妙高峰一带的棚户区旧书摊上去淘古书，趁机会多学点实际本领，以做求学退路。

一天，他无意中翻到顾炎武的《天下郡国利病书》、顾祖禹的《读史方舆纪要》、齐召南的《水道提纲》。这三本书不正是教人长真本领的著作吗？当下爱不释手。但身上已没有铜板，他挪用伙食费，一口气全买了下来。少吃几餐饭，可以靠喝水挺过去，错过书就永远错过了。

谁料，在决定毕生价值取向与人生观成形的黄金时期，这三本书扭转了左宗棠一生。

从这三部书中，左宗棠到底学到了什么？

且看他自己怎么说。

多年后，左宗棠跟四子左孝同写信，记忆依然历历清晰：买到《读史方舆纪要》后，自己每天都潜心玩味一番，尤其喜爱险要的山川、战守的机宜，读完后，对一切了如指掌。书中的内容，他能用自己的话表达出来。

左宗棠对生僻烦琐的考证读出了兴趣，不但趁课余全部读完，还参考其他版本，横向比较内容。

这一比较，他看出了问题。

左宗棠这样发表读后感："顾氏之书，考据颇多疏略，议论亦间欠酌；然熟于古今成败之迹，彼此之势。"也就是说，顾祖禹这本书好是好，可惜在技术考证方面还有欠缺，不少地方走马观花、粗枝大叶，明显不够细心；他的优点在战地形势、历史成败方面，分析得入木三分。

开创者总是欠成熟的，中国传统中，技术考证总是缺位，顾祖禹能做成这样，已经很尽力了。

这是左宗棠第一次发表课外书评。可以看出他精细的读书风格，不被前人左右的独立思考能力。

四岁起在私塾里严格按父亲要求习诵儒家经典，左宗棠当时已经锻炼出了出色的自学能力。这种能力让他不但可以脱离老师自学，而且可以开始单独做研究。读《天下郡国利病书》《水道提纲》这两本书，他不用"比较阅读法"，而采取另一种方法：厚书薄读，化人为己。他将书中仍可实行的内容，全部抄录出来，编成一本笔记，以备自己进一步深入研究，方便将来需要时查阅。

他这种读课外"杂书"的认真劲头，城南书院的同学见了，纷纷投来诧异的目光，表示不解，或者干脆像看傻瓜一样给予嘲笑。老师课堂上不考的书，你读得津津有味，用湖南方言说，不是绊坏了脑壳，就是脑壳进了水。

多年后，左宗棠回忆起同窗的反应，仍记忆犹新：

> 于时承平日久，士人但知有举业，见吾好此等书，莫不窃笑，以为无所用之。

左宗棠这时已表现出十分倔强的个性。这种个性，在关键时候成为一种坚持的定力，让他不因为同学的嘲笑打击而放弃发自心底的兴趣。

左宗棠的倔强个性又是怎么来的呢？

定力背后：胆识、倔强、君子人格

左宗棠倔强，有先天的遗传——他从小长得"燕颔虎颈"，像头小牛犊，有股蛮劲；也有后天社会的影响——家庭积代寒素，温饱已成问题，偶尔遭遇邻人嘲笑，他已经懂得忍辱。

父亲从他懂事起，教他《论语》，令他明白，士人要心怀天下，即"使于四方，不辱君命；宗族称孝，乡党称悌"。左宗棠读懂了孔子，在同学面前常以"君子"自命。但乡下人逐利，流行互相攀比，用今天的话说，要么拼爹，要么炫富。这些同学被左宗棠搬的孔子比了下去，他们心不甘意不足，嘲笑左宗棠在吹牛。

左宗棠的倔强心气进一步被激发。

那段时间，他清早起床，常在妙高峰小山坡上独自吟诵《论语》《孟子》，摇头晃脑，以为深得己心。

《论语》的精华，在"义理""君子人格"，读之激励志气，士以弘道，任重道远；《孟子》的核心，是"吾善养吾浩然之气"，培植大丈夫气魄。这两者在童年时代就入了左宗棠的心。

左宗棠自述具备这种"君子情怀""浩气人格"，见于正史记载，在八岁那年：

> 仆自为童儿时，即知慕古人大节。稍长，工作壮语，视天下事若无不可为。

更加难能可贵的是，这年，左宗棠第一次表现出过人的胆识：

1820年，浙江传来一个诡异的说法：有纸人带一把剪刀，不分昼夜在天空中飞，一旦发现地上有人，迅速从天而降，以迅雷不及掩耳的速度，瞬间剪取男人的辫子，女人的衣襟、鞋带，被剪者生命危在旦夕。

传言才出，湖南民间谣言四起，不少人称看到他人辫子已被纸人剪去。长沙府及周边顿时陷入恐慌，一时间"男废耕，女废织，工废手艺，市废贸迁，人之所言者妖邪，夜之所防者妖邪，忽尔钲鼓齐鸣，忽尔人声鼎沸"。社会乱成一锅粥，朝廷最后不得不派出军队来维稳。

左宗棠听说，并没有恐慌，反倒怀疑事情的真实性，他亲身去传言发生地验证、证实纯属谣言。

在《答谭文卿》中，左宗棠详细自述证谣过程。

孤身破谣的胆识，养成了他的自信，后天不断强化的倔强个性，以及对儒学君子人格的信仰，三种因素叠加，让左宗棠17岁这年敢于离开八股的课堂，仅为满足兴趣，淘来三本实学之书。

在儒学的课堂暗读实学，这种叛逆举动，在当时确实惊世骇俗。帝国社会，读书人的正道，是应试、做官。其他选择不是偏门小道，就是旁门左道。

少年左宗棠偶然发生的兴趣，要成为决定终生道路的选择，此时基本上还不大可能。毕竟，年轻人的兴趣，靠的是新鲜感，新鲜劲儿一过，坚持下去需要毅力，更需要耐苦，不怕枯燥、单调。何况，少年血气不稳，兴趣多端，谁能判断一种偶然发生的兴趣，前途究竟在哪里？

兴趣的萌芽关头，左宗棠足够幸运，他遇到了及时指点他人生道路的两位关键高人。

立大志，立长志，贺长龄引导左宗棠

左宗棠 15 岁那年，母亲不幸去世。

1830 年 2 月 11 日，左宗棠还不满 18 岁，父亲左观澜又意外去世。

父母双亡，家里的顶梁柱垮了，左宗棠不得不过早承担起家庭的责任，与二哥左宗植商量，将父亲坟地选在长沙城北 15 里的史家坡，与母亲合葬。

办完丧事，左宗棠已经身无分文，还欠下 200 多两银子的债务。年轻气盛的他并不在意穷，反倒关心年幼的侄子。他与二哥合计，将父亲遗下的 15 亩田，一股脑全部让给已故大哥左宗棫的儿子左世延。

料理完后事，左宗棠从亲戚家里借来坐船、吃饭的钱，双手空空，返回长沙，继续念书。

从悲痛中抬起头来，一种新的生活开始了。

没有父亲管束，固然自由，但同时也失去了父亲的指点帮助。左宗棠今后凡事必得主动，自谋前途，才有出路。他开始留心身边名师。

一位叫贺长龄的学者，吸引了他的注意。

贺长龄，字耦庚，号西涯，湖南长沙人，时任江宁布政使。1830 年，贺母去世，贺长龄遵循古制，回长沙守孝，左宗棠慕名前去拜访。

贺长龄曾在陶澍手下做过幕僚，以研究实学见长，是当时湖南经世致用派的领袖。他的实学知识，主要来自两个方面：

其一，陶澍任江苏巡抚期间，贺长龄协助其治理漕河、海运，积累了大量的工程测算技术类工作经验；

其二，在西方科技开始影响中国时势的进程中，他与魏源一道潜心研究历史，编辑120卷本的《皇朝经世文编》，形成了系统的经世致用理论。

眼下正全身心习读实学的左宗棠，前去见面请教，自然很对贺长龄的味道。

两人详细交谈下来，贺长龄吃惊不小，他当场评价左宗棠是"无双国士"，用今天的话说，是"国家级的读书人"。这种高规格的鼓励让青年左宗棠热血沸腾，信心倍增。

贺长龄惜才，他决定用心来栽培眼前这位天资不错的年轻人，听说左宗棠已经身无分文，买不起书，便告诉他：自己家里有的是书，只要左宗棠想读，都可以借。

左宗棠也不客气，当场报上书名。贺长龄便亲自搬梯子爬上楼，从书架上帮左宗棠找，屡次三番，不厌其烦。

书来书往，左宗棠成了贺长龄家里的常客。贺长龄做学问严谨，教人也不马虎。每次还书，他都要问左宗棠：读了这本书，你有什么收获？左宗棠擅长口头表达，当仁不让发表他的个见，两人越谈越投机，干脆席地而坐，交流探讨起学问来。

许多年后，左宗棠回忆这段跟贺长龄交往的青葱岁月，仍历历在目。

两人亦师亦友，交谈日益深入，贺长龄对左宗棠的了解也日益深切。

一天，贺长龄像是有感而发，长叹一声道：季高，你要留心了，今天中国官场人才已经严重缺乏。我发现你是个办大事的好苗子。人生的路很长，你要立大志，将来一定不要被小官职、小事业诱惑，随便谋个职位，以免浪费了自己的才能，限制了自己的成就。

这是寄托，更是鼓励。左宗棠虽然才18岁，但已经历过苦难，遭遇过挫折，经受过歧视，从来没人这样高看过自己，心里不免感到热乎乎的。他将这句话刻进了心里。以后的人生道路，每到选择关头，他都会想起贺长龄的这些鼓励。

贺长龄以其学问、人品，对左宗棠行不言之教。左宗棠记忆中的贺长龄，"学术之纯正，心地之光明，一时仅见"。

1831年，贺长龄守孝未满，但朝廷缺人办事，皇帝一纸诏书夺情，他只好回任江宁布政使。也是碰巧，其弟贺熙龄刚卸去山东道监察御史的官职，回到长沙，城南书院聘他担任主讲。贺长龄及时将左宗棠介绍给贺熙龄，让他收左宗棠做学生。

对左宗棠而言，这是关键的第二步。贺长龄在志气上鼓励，在学问上引导，只能启发左宗棠。贺熙龄作为老师，言传身教，耳提面命，则手把手将左宗棠带进别开生面的实学新天地。

贺熙龄如何指点左宗棠？

专攻"儒学加实学"，贺熙龄悉心教导

贺熙龄与其兄贺长龄一样，也是湖南一位推崇实学的急先锋。

左宗棠后来这样描述当年的贺熙龄老师："君掌教城南，辨义利，正人心，谕多士，以立志穷经为有休有用之学。"

贺熙龄比左宗棠整整大24岁，虽然贺熙龄临终前约左宗棠做了亲家，但彼时两人还是师生关系，年龄差距也摆在那里。贺熙龄爱才，从不摆老师架子，两人像一对"忘年交"，经常一起探讨学问。

对左宗棠有了一番了解后，贺熙龄确认他是个人才，断言说："观其卓然能自立，叩其学则确然有所得，察其进退言论，则循循然有规矩而不敢有所放轶也。余已心异之。"在贺熙龄眼里，左宗棠是标准的"读书范"，其独立精神尤其让人刮目相看，他读书能举一反三，禁得起追问，说话、做事都有规有矩，大方得体。

贺熙龄接过贺长龄的教棒，引导左宗棠朝经世致用的实学路上继续勇往直前。他指点左宗棠只关注两方面的学问：义理之学、经世之学，即儒家经典与实学技术。至于科考必需的"制艺""括帖"，则放到一边去了。

这一时期是左宗棠求学路上心情最为舒畅的时光。他不单可以为兴趣读书，而且身边有随时可以释疑解惑的师友。以前哪里能遇到这种好事？父亲左观澜只是一介乡间秀才，一生没有出过湖南，除了授他千年不变的儒家经典教条，并不能用新知识帮他打开眼界，更无从让左宗棠获得多少自信。

贺长龄、贺熙龄两位老师就不同了。两人不但见过大世面，而且有为官办事的实践经验。他俩别开生面的教学方式，毫不吝啬的当面夸奖，让左宗棠的自信得到更大提升。左氏"工作壮语"的特性，没有因为生活穷困而被压制，反而得以完好保留下来。

这是左宗棠毕生最关键的一步。毕竟，早年寒素的生活，少年连失双亲的打击，已经造成负能量的郁积。此时的他，变得倔强、偏激，如果长年沉于乡村民间，很容易沦落为村野鄙夫。

随着接触日深，了解增多，贺熙龄也进一步看到了左宗棠的缺点。后面将专门谈到。

可贵的是，对于青年左宗棠瑕瑜互见的性格，贺熙龄很注意方式方法，不是去提醒、打击左宗棠，而是站在优点的一面，去鼓励他，赞扬他。

贺熙龄尤其欣赏左宗棠身上那股浩然磅礴的气势，出差在外时，他专门赠诗《舟中怀左季高》一首，以示激励，其中两句是：

六朝花月毫端扫，万里江山眼底横。

开口能谈天下事，读书深见古人情。

在兴趣萌芽待长的关键时刻，两位贺老师在左宗棠成长的道路上及时出现，循循诱导。左宗棠遵从内心与兴趣，在认定的实学路上得以越走越远。

但人不能只顾埋头走路，还得要抬头看路。沿着清朝民间实学发展的轨迹看，左宗棠可谓应时而生，他在成长期正遇到中国地方教育思想新旧转型：教学新思潮兴起，考试旧制度衰萎。

新旧之交，新老隔膜，彼此冲突，在所难免。左宗棠要想走得更远，就必须迎头而上，充当旧制度的挑战者。

他的人生道路，第一次面临风浪。

左宗棠快半步，湖南官方渐刮实学新风

左宗棠的科考，起步于14岁。父母因穷困与疾病相继去世，他前后守孝共达六年。真正参加科考，始于20岁。

曲折的科考，预示着左宗棠跌宕起伏的人生道路开始了。

他以实学"技术"眼光，习儒家"义理"经典，作八股教条文章，文章风味与其他士子已迥然不同。左宗棠试图将三者融合起来，这直接造成他的文章从角度到内容都十分别致。

1832年4月，左宗棠参加乡试。严格说来，这是他正儿八经参加的第一场科考。坐在长沙贡院的考场里，他以自己的独到角度，洋洋洒洒写下首篇考场作文：《选士厉兵，简练桀俊，专任有功》。

转换成白话即是：选拔一批能为己用的人才，组织一支精练能干的军队，专心致志，只为成就盖世事功。可以看出其鲜明的技术思维特色。

这篇试文，事实上是左宗棠选定人生道路的宣言书。他后来确实在按照这条路走，也是这样成功的。用今天的话说，他扣紧了时代的脉搏。但在当时，这个主题只谈"技术"，不见"义理"，在八股文中完全属于异

类。但考官又不能说左宗棠走题。因为文题取自"四书五经"中的《礼记·月令》：

> 天子乃命将帅选士厉兵，简练桀俊，专任有功，以征不义。

左宗棠自觉融实学、儒学于一体，以为创新，但在主流价值观看来，这是讨巧。副考官胡鉴一看，左宗棠这篇文章，完全不对味道，基本看不懂。他又不能说自己没看懂，所以批"欠通顺"。其实就是"不通顺"。贺熙龄作为左宗棠的老师，被胡鉴抢了麦，又不适合当面肯定，只好附和道："文虽佳，惜不中程式，帘中人无能辨此者。"意思是说：文章好是好，但不合八股套路，是好是坏？我们大家都识别不出来。两人说的其实都不是内心最真实的想法，但真实的用意都传达出来了。

左宗棠最终侥幸获得举人功名，缘于"万寿恩科"，徐法绩能避开八股教条选拔人才。间接原因是，经贺长龄、贺熙龄等一批经世致用学者的倡导，湖南学界开始跳出八股思维的束缚，考官中一些人对实学已经能够理解并接受。

一个人偶得成功靠得了运气，但长久成功必赖得实力。当考试不看实力，或者八股考试制度不能识别实力，而且升级为全国性的大问题，青年左宗棠又将如何选择？

三次掉进"旧制度陷阱"，倔强者不走老路

乡试取得举人功名后，1833年到1838年，左宗棠先后三次进京参加会试。

第一次因水平欠缺，未能中榜；第二次凭实力上榜，但会试出现了

"负运气"。初选已被录上，取中湖南省第十五名，但主考官最后核定，发现湖南多录了一人，湖北少录了一人，左宗棠被改为"誊录"。

中了进士又被刷下，他倒没怎么在意。回程路上，他苦中作乐，还跟妻子写信半开玩笑自我安慰：不就是没考上吗？这又不是什么丧失节操的事。我看考试这个东西，里面还真的有个"天命"在。项羽在垓下战败了，不是说"非战之罪"吗？我没高中，"非考之罪"，似乎还有脸回湖南来见江东父老吧。

他跟妻子兴味盎然地说起了走出考场的情形：我将试场文章抄了一份出来传给朋友们看，大家一看，都拍手叫好，说这等好文不中没道理，我自己也这么觉得。没想到竟因名额有限被刷，我也真够倒霉的。据说，翰林院侍讲学士温副考官极力推荐我的文章，主考官也认为我这几篇文章不错。不知道最后卡在哪里了。你说，这是怎么回事啊？

左宗棠偶然不中，背后其实有着必然原因。以他的天资，一心老老实实作标准的八股文，会试结果会好一些。三次会试不中，根本原因在实学的技术思维，已经成为他的骨血。他从技术角度去作八股，即使勉强合了格式，内容却又全改。主持考试的礼部官员，多数难以接受。

今天我们难免纳闷：左宗棠在会试考场里到底在想什么？他在考卷上写了些什么？

1833年，左宗棠第一次会试，途中曾作《燕台杂感八首》表达政见。从他思考的问题，可以看出他的价值取向，推测出他的试场作文。

其一：

世事悠悠袖手看，谁将儒术策治安？

国无苛政贫犹赖，民有饥心抚亦难。

天下军储劳圣虑，升平弦管集诸官。

清衫不解谈时务，漫卷诗书一浩叹。

此诗以"义理"开头：谁来践行孔孟之道，营造国泰民安的社会环境？朝廷废除苛捐杂税，老百姓可以吃饱肚子，国家就不会乱。至于保证国防安全，是皇帝考虑的事；让老百姓过好日子，则是百官要办的事。眼下国家内部混乱，外部又不安全，官员不作为，我一介布衣书生，只能眼睁睁干着急。

其三：

西域环兵不计年，当时立国重开边。

橐驼万里输官稻，沙碛千秋此石田。

置省尚烦它日策，兴屯宁费度支钱？

将军莫更纾愁眼，生计中原亦可怜。

此诗则以"艺事"开头：想当年，康熙皇帝收复新疆，无数士兵付出了生命的代价。在新疆回归祖国版图后，不远万里，用骆驼运去稻种，在沙漠里开垦农田，就算花再大的代价，也要将屯田工作搞起来。我的看法是，新疆如果要建设好，必须独立设省。现在新疆的落后真让人心焦，但也不要太难过，看看内地，也先进不到哪里去。既然全国一盘棋，边疆还是要先建好，这样才能有备无患。

从这两篇代表性诗作，看出左宗棠思考问题的特点：以"义理"开头，落点必在"艺事"；以"艺事"开头，通篇都在谈如何办事。

这种打着八股招牌却公开讨论实事、分析办事的技术文章，是八股取士所不能容忍的。对一心以读书求本领的士子来说，八股诸多的规定，无疑是灾难。八股文既限制格式，又限制内容，还限制独立思考，考生纷纷沦为考试机器。固然，天资高的考生，即使作八股也能脱颖而出，但问题是，优秀的人才，常年沉浸在"两耳不闻窗外事，一心只读圣贤书"的故纸堆里，竭尽精力钻研八股文的格式、技巧，对政治现实、社会民生、人情世事缺乏了解。一旦高中进士，外放为官，无一例外缺乏足够的才能来应对，只好委任幕僚及下吏。

由此，明清两朝负责管理的官员与负责办事的胥吏职权分离。官员作为以德治国的地方道德榜样，将全部精力用于道德教化，平日里只能依靠文牍、开会发号施令，远离民情；胥吏无职权，但掌握实际办事权，便借办事机会，巧取豪夺。官、吏分工，直接导致吏治日渐腐败。追溯源头，正是八股取士造成的。胥吏的贪、腐、惰，造成官场严重缺德，事实上让官员的道德标榜成了口号跟花瓶。

左宗棠出山为官后，主要的精力正是花在弥补这一制度性漏洞上。

早在明末，八股取士已经弊端凸显，思想家顾炎武痛批道："八股之害等于焚书，而败坏人才，有甚于咸阳之郊所坑者四百六十余人也。"

偌大中国，官场人才济济，难道从来没人发觉有问题？

事实并非这样。清朝从建朝第三年起，继续沿用明朝科考制度。雄才大略的康熙皇帝很快看出了名堂，发现考试的严重后果。他说：通过八股录上的人才，擅长奉旨填词，短于治事安民，"空疏无用，实于政事无涉"。

怎么办？不考了。

1663年，康熙皇帝下令，废止八股取士。

但废除一项旧制度谈何容易？因为制度设计不是纸上作画，它的每一条线，都牵动无数人的切身利益。废除八股，很快引发礼部官僚的抵制。

1665年，礼部侍郎黄机上疏康熙皇帝，建议说：报告皇上，我认为考八股文还是不错的，让考生用经书作文章，用八股的方式来阐发您每日所颁诏令中的微言大义，这样您刚好可以借机观察未来官员的心术；如果不考八股文，您既不知道未来的臣下们都在想些什么，千秋万代之后，也会落个放弃"圣贤之学"的历史骂名，岂不是得不偿失？还是请恢复吧。

> 先用经书，使阐发圣言微旨，以观心术。不用经书为文，人将置圣贤之学于不讲，请复。

康熙皇帝一听，也有道理。文人得罪不起，历史骂名背不起。1668年，又恢复八股取士。

旧制度经这么一折腾，已成鸡肋。举国上下，出现一个尴尬的事实：朝野都知道八股取士不好，但就是离不开。

到1738年，八股取士弊端再次严重暴露。兵部侍郎舒赫德上书乾隆皇帝，建议取消八股取士。理由是：

> 科举之制，凭文而取，按格而官，已非良法，况积弊日深，侥幸日众……应将考试条款改弦更张之，别思所以遴拔真才实学之道。

意思是说，科举完全凭考场一手文章跟作者资历来选拔官员，已经算不得是好的考试制度，何况年深日久，依靠走关系跟碰运气而上位的考生越来越多，给国家带来的问题已经防不胜防。应该考虑改革考试制度跟考试内容，将地方上那些真正有才学的考生选拔出来为国家办事。

乾隆皇帝有了康熙皇帝上次折腾的教训，不敢再轻举妄动，决定采取积极稳妥的方法，以民主协商的形式，先组织臣子开个讨论会。

会上，六部大臣七嘴八舌，列出一大堆问题，少数说好，多数说不好。但无论正方还是反方，没有一个人提出替代科举之方。乾隆皇帝早知道旧制度不好，要不他也没必要组织这场讨论会了，他只要比八股取士更好的方案。既然大家都想不出来，提案就此无限期搁置好了。

这一拖，近百年过去，到了左宗棠参加科考的时候。

百年后，全国的学术氛围，较乾隆时代又有了新变化。不但顾炎武、顾祖禹在前面开了实学研究的头，陶澍、魏源、贺长龄等一批湖南籍官员，也以实学经世为价值取向，播下新学问的种子。

依靠开启新风的官员引导，顾炎武、顾祖禹、齐召南的书在这种大环境里，得以在民间旧书摊上出现。

左宗棠凭本能与兴趣，一头钻进实学，学到的正是乾隆皇帝期望的"真才实学之道"。但国大家大，朝廷内部人心也不齐。如今，道光皇帝倡导的治国主张，需要臣僚去对照执行。但只要考试旧制度没变，礼部在操作时仍可以正大光明地背道而驰。响应了乾隆皇帝号召的左宗棠，在道光一朝不但没能给自己带来好运，反而被代表朝廷的礼部无情淘汰。

左宗棠深感愤慨。他的回应，是26岁那年单方面宣布永久罢考，以示强烈抗议。他倔强地认为，自己的水平没有问题，考不中是国家的考试制度出了问题。

罢考还有一个原因——身边的朋友都通过了考试，跑到自己前面去了。何况，将家眷寄居在湘潭桂在堂周家已有六年，子女渐多，家室牵累，不但人考疲了，经济条件也不允许了。

胡林翼1835年已经高中，曾国藩1838年又高中进士。这无疑给左宗棠带来刺激。

晚清考个进士到底有多难？当年中国的读书人200万左右，取得秀才功名者3万，录取率为百分之一点五。举人则从秀才中只录取百分之五，湖南三年才考一届，每届中榜50名左右。进士则再从举人中录取百分之二十，湖南每届限额14名。也就是说，湖南14个地州市，必须"市状元"才有希望中进士。类比2014年高考，清华大学录取湖南籍考生165人。左宗棠考进士的难度，超过今天考取清华大学的十倍。

曾国藩是清朝科考制度最醒目的受益人。他虽然开头不顺，22岁才中秀才，但其后一路顺畅，23岁中举人，27岁中进士，其后点翰林，做上京官，十年七迁，36岁已晋升为礼部侍郎，是从二品高官。

令人意想不到的是，作为科场的胜利者，曾国藩对八股取士的不满程度，比左宗棠还强烈。左宗棠虽然在家书中对科考表示过不满，但并没有留下批判科考制度的传世言论。曾国藩却公开写文章指责说，八股取士要不得，将读书人的知识面越搞越窄，气象越搞越小。考官阅卷，就好比闭上眼睛到谷仓里选黄豆，他说大说小都是成立的，但真正的好豆子呢，从他手心里漏掉了。

高中进士的曾国藩与进士落榜的左宗棠同时去否定八股取士，旁人听来感受完全不同。墨家有句名言："有之不必然，无之必不然。"有进士身份，对官员来说没有任何感觉；但没有这个身份，就完全不同了。人家会嘲笑你本事不够，吃不到葡萄才说酸。

轶史传闻，1875年，已经拜相封侯的左宗棠，因学历不够，遭到李鸿章的反对跟嘲笑。他暗示左宗棠只是举人，没有资格参加翰林院的讨论会。左宗棠气不过，给朝廷打报告，称要撤下西事，进京会试。

慈禧太后接到报告，吓了一跳。她纳闷左宗棠为何如此在意进士身份？当时就犯难了：他要考试，名正言顺，朝廷找不出任何正当理由阻拦。兹事体大，不可等闲视之。

朝廷犯难了。如果批准左宗棠入京会试，谁有资格做他的主考官呢？搜遍朝廷，也找不出一人。慈禧太后最终领会了左宗棠的用意，默契地做了个顺水人情，下发圣旨，赐左宗棠"同进士出身"，避免了一场尴尬。

63岁高龄的左宗棠扬言要进京会试，他的真实意图到底是什么呢？拿个进士学历，盖住疮疤，免人口实。内心里，他很可能还真没拿进士当过一回事。晚年他给儿子孝威写家信，数次阻止儿子们进京考进士，进了北京还写信力劝儿子回来，可以侧证。

轶史表明，左宗棠此时选择实学，并将它当成一条新路，事后看是一条正路，但在当时，却是一条"歧途"。

早年选择实学而罢考进士，左宗棠哪里想过这么远？

问题是，左宗棠怎样将"歧途"走成正路？

"土办法"里出现代思维

左宗棠专注农学、地理，启蒙于17岁那年；潜心研究，在20岁中举以后；至于真正研究出深度，且有个人心得跟独到见解，则在26岁宣布会试罢考之后。

根据顾炎武、顾祖禹的启发，他用一年时间潜心自画中国地图（皇舆图）。

左宗棠大胆参用中国历法所采用的"推步之法"，"以志绳史，以史印志"。

具体思路与过程是：要想知道古代的地形，先根据当代已有的地图，画出整体框架。再逐一细致到具体某地，核对今天的地名，在古代叫什么。由此往上追溯，比照经书、历史、地理，反复核对。

这种方法，是编历书的"推步之法"。历书要定二十四节气，一般根据最近几年的节令、气候，逐一记录下来，作为根据，制定模板。由此，一千年的历书，都可以编出来。同理，要知道一个地方的方位、名称，先要查清楚路程有多少公里。怎么查？先看河流水路经过哪些地方，看旅行家的笔记记载，核对乡村、驿站、关隘的名称，描摹丘陵的起伏形状，全部交错画在一起，审核是不是合实情，再用尺子测量，把准精确的里程数据，用地方志来检验历史记载，用历史记载来印证地方志，这样就很少出错。

搞准了这些，就可以画中国地图了。左宗棠独创的具体画法是：地图纸张定长宽为九尺，以一百里为基本单位，用五种颜色加以区分，画完框架，再分别标记出十八个行省，在省里再细分府，分别加以介绍，再从明朝推到宋朝，直至上溯到《禹贡地域图》的九州。

这种画地图的原理，创业者都知道，就是今天流行的"互联网思维"。画成这样一幅中国地图，不读数百万字的古籍，做不出来。何况，要记忆、分辨河道、丘陵、平原、村镇、城市、关隘，也是耗费心神的事。

1838年，左宗棠第三次进京参加会试，走到湖北汉口，遇到同乡考生欧阳兆熊，两人结伴北行。走到河北栾城，沿路，左宗棠看到了桂知县张贴的安民告示，上面写着"劝民耕种，并示以种植木棉、薯芋之宜，及备荒之策"一类的话，敦厚亲切，十分详细。两人找到一家店铺住下来，左宗棠饶有兴趣地跟店老板打听起桂知县来。

店老板说：桂知县爱民之心，出于至诚，他的廉洁奉公，也是从前清官身上难以见到的。

左宗棠平时以"君子人格""士人使命"要求自己，私下听到这种议论，对桂知县不觉肃然起敬，留心记了名字。到北京后，他不忙着与考生们一起猜题押宝，却与朋友黎樾乔探讨起桂知县来。

黎樾乔一拍脑袋说：你说的这个人我知道，是道光十三年的进士，名叫桂超万，号丹盟，是一个儒雅的好官员，在当地口碑很不错。左宗棠当下便入心了。

左宗棠一生看好两个官职，一是宰相，二是知县。理由是：宰相接近皇帝，有权力去办大事；知县接近民众，有权力直接为民办事。

俗话说，无巧不成书。二十多年后，桂超万升至福建按察使，成了闽浙总督左宗棠的下属，左宗棠遇见早年"偶像"，格外器重，在他身后更是礼遇有加。

三试落榜之后，左宗棠隐居乡下，亦农亦士，长期与土地打交道，他对底层民众逐渐生出浓厚的感情。

耕读的日子里，虽然事务缠身，但左宗棠没有一刻停止过思考。这一想，他又发现了新问题：儒家老祖宗反对读书人种地。自己一个读书人，种得不亦乐乎，岂不是违背圣人教导？这一想不禁吓一大跳。

圣人的教导不会错，但后人的理解会走偏。左宗棠沉下心来，耐心琢磨，终于想通了。他对儒家经典、孔孟之道，做出了新的解读。

34岁那年，他给张声玠写信，详细阐述他的"耕读新解"：

自从农家学说鼻祖许行的"教民农耕"被孟子臭骂一顿后，以后的儒家学者碰到农家学说，都吓得闭口不敢说话了。后世出了个不怕死的鲁斋，他将自食其力的谋生当作要紧的事来做，也不管别人怎么看，不少学者嘲笑他。我看这是学者们笑错了。实际情况是古时候的文化人多是边耕作边读书的。你看，辅佐汤建商灭夏的伊尹，生于农家。诸葛亮在南阳时，亲自种地。陶渊明也写诗说："既耕亦已种，时还我读书。"

为了进一步论证自己的观点没有违背圣贤教导，左宗棠先设问：樊须当年在课堂上问怎么种庄稼，被孔子痛骂作小人；陈相当年主张贤人治国应该和老百姓一道耕种而食，一道亲自做饭，被孟子当面驳斥。这又是怎么回事？

他自答道：我以为，孔子和孟子是针对学者应该确立远大志向来说的，并不是说学者就不应该亲自种地。可惜后辈的读书人粗枝大叶，没有正确理解两位老先生的教诲，以为文化人种地是斯文扫地，最终弄得自己虽然博览群书却五谷不分，整天在世上奔走，贩卖各式学问主张，却荒废了自家田里几亩庄稼。这种人虽然号称学者，实际上与无业游民又有什么区别？！

左宗棠的独立思考能力之强，可见一斑。这段时间，他给自己取了个外号，叫"湘上农人"，供亲密朋友称呼用。读书人与农民的双重身份，让他从文化的角度重新审视农民职业，有了许多新发现。这在中国历史上十分少见。孟子说，无君子莫治野人，无野人莫养君子。士人与农人原本是两个完全隔膜的阶层。读书人与农民两重身份可以兼顾，这无疑是破天荒的观点。

长住民间，洞察人性

都说社会是一所大学，农村生活给左宗棠的识见、历练，还不止于此。1840年，他在安化小淹教陶桄，赶上陶氏家族分割遗产。陶澍安葬后，陶家人为一块肉、一尺布，个个伸长脖子，寸利必争，吵成一团，不可开交。幸亏有陶澍生前好友贺熙龄、女婿胡林翼前去协助处理，才得以摆平纠纷，弥缝无事。

左宗棠因为陶澍临终一纸遗嘱，不远百里来到异乡教书，以岳父身份教授女婿陶桄文化知识，在陶氏族人看来，他是"外人"。陶澍生前做过两江总督，死后两袖清风，并没有留下多少遗产，留给妻妾、子女的财产，大都买了田产。但族人哪里肯信？一致怀疑陶澍生前存有巨款。为什么家里空空荡荡，除了几件旧家具，只剩老鼠？一定是被亲家左宗棠私藏起来了。他们安排人暗中监视，稍有疑迹，马上通风报信，三五成群前来盘问，谣言传得跟真的一样，弄得左宗棠百口莫辩。

族人盯梢可把左宗棠给逼急了。他从小倔强，特别自尊，做人最看重节操，口头禅是"不值为此区区挠吾素节"。用现代话说，不值得为那点芝麻小利毁了我的清白。如今清白居然被怀疑，又无法自证，委屈与愤懑，难以言表。

但既然要以儒家义理自正其心，面对社会质疑，就不要怨恨社会，而要先反观自己的心。别人怎么想，自己管不了，起不到一点作用。但自己怎么想，怎么做，完全可以把握。左宗棠据此办法，站稳脚跟，立正人品，欢迎苍蝇来叮无缝的鸡蛋。

能遭天磨真铁汉，不遭人忌是庸才。这段夹缝中的日子，锻炼出了左宗棠超强的耐性与忍性。这种体验，让他既充分了解了社会底层，也深刻洞察了人性。

什么是人性？《尚书·大禹谟》刻有"十六字心传"："人心惟危，道心惟微；惟精惟一，允执厥中。"意思是说：世道的规律，幽微难明，看不清楚；人心的变化，瞬息万象，危险难测。读书人怎么办？你先不要忙着观察他人，先管好你自己。只要自己心正，则世上万千怪象，自行烟消云落。

这段经历，锻炼了左宗棠应对社会的能力。对他来说，此时能够应对安化复杂的环境，则出山后应付湖南官场利益错综纠葛的人事，不过是换了一批人，换了一块地而已。

《论语》里记载有这样一段话：子曰："《书》云：'孝乎惟孝，友于兄弟，施于有政。'是亦为政，奚其为为政？"意思是一个人能够用心地处理好家族内部、亲戚、朋友之间的关系，让家族内每个人都能各安其位，彼此人情融洽，关系和谐，这本身就是从事政治工作。如果这还不算政治工作，那什么才算呢？

人要成功，固然需要个人努力、高人指点，同时需要小人监督。小人让你警惕，及时自我发现，步步谨慎，不至犯错。

左宗棠日后办事需要运用到的过人的政治能力，在这一时期无疑得到强化锻炼。

潜心实学，边教边读，沉寂乡下14年，左宗棠将自己修养成民间高人。但这些都是基础性的准备工作，要想成就历史事业，还有很长的路。

帝国官场，要出山入仕，第一条需要学历。没有进士学历，左宗棠要取得事权，基本无望，只能依靠他人举荐，即俗话说的"贵人相助"。

贵人愿意出手相助，固然因为左宗棠本人优秀。但赏识、举荐者本人却也有着不同的想法，怀着不同的目的。

那么多的高人、牛人，凭什么要纷纷出面助力左宗棠？

 **频说**

　　寻根左宗棠人生道路的原点，在"弃科考选实学"。

　　因"实学"导致无进士功名，出山只能通过"荐举"；因想尽情发挥"实学"，只好借助湖南官方平台独立合作；因"实学"内容与"长袖善舞"的主流官员办事观念、方法严重不合，他只得独领楚军，以独特眼光识人、用人，打造自己的团队，支撑大清江山，为体制注入新鲜血液；也正是"实学"，让他与中国传统主流官员、典范人物曾国藩在"国事""兵略"上产生诸多分歧。

　　如果没有选择"实学"，就没有后面发生的一切。

　　正如曾国藩的成功原点是"墨绖从戎"，左宗棠的事业原点可以概括为"城南实学"。

第二章

向上社交：左宗棠的『吸贵人体质』

好的朋友能给到你一条路。

左宗棠作为寒门学子，既无资源可以仰仗，也无关系可以攀援。

他如何通过交结师友，一步一步改变人生道路？

左胡续父辈缘，投合须互补

胡林翼是最早帮助左宗棠的朋友，是第一个改变左宗棠人生道路的朋友。

胡林翼怎么认识左宗棠的？

胡林翼老家在湖南益阳县泉交河，距离左宗棠老家湖南湘阴县左家段，大约60公里。两家祖上都没出过什么人物，也没有什么交集。

胡林翼祖父胡显韶，县学学生，益阳县城里的小秀才。左宗棠祖父左人锦，国子监生，一个取得"入国子监读书资格"的大秀才。开始，左家社会地位稍高。

到了左宗棠父亲左观澜，仍是县学廪生，湘阴县城里的小秀才，举人没能考上，只好设馆授徒，靠学费养家。胡林翼父亲胡达源，府试、乡试、会试一路顺利，过五关斩六将，1819年殿试，考取一甲第三名进士，授翰林院编修。

两家差距因父辈拉开。胡家成为当地显赫的名门望族，几百亩良田，是大地主。左观澜乡间教书匠，一年四季舌耕不辍，才买下40多亩薄田，家境仅好过农民。

左观澜与胡达源发生交集，在于两人早年都就读于长沙岳麓书院，师从山长罗典，是校友，也是朋友。

胡林翼生于1812年7月14日，比左宗棠大四个月。左宗棠与胡林翼共同的老师，是贺熙龄。

1817年，五岁的胡林翼开始师从贺熙龄；左宗棠家境寒素，仍在左观澜的课堂里当旁听生，师从贺熙龄时已年近20岁。

在城南书院内成校友后，胡林翼与左宗棠一开始并没有特别的交往。两人成为知己，是在1833年会试地北京。两位21岁的青年，议论时政得失，越谈观点越近，遂引为知己。聊起家世，才发现已是世交。

胡林翼与左宗棠气味相投，既基于气质上的差异，也有性格与才能的互补。

互补的原因，在于胡林翼有着完全不同的教育经历。

胡达源中进士后，担任过贵州学政，后又被朝廷调任为少詹事、日讲起居注官、实录馆纂修，负责清朝文史修撰、编修与检讨。父亲人不在贵州，就在北京，胡林翼小时候由祖父胡显韶一手带大。

胡显韶既然有本事教出一个探花，自然也有独异的方法培养小林翼。他的教学方式有点特别，除了"四书五经"，还讲述《三国演义》《东周列国志》《隋唐演义》。老爷子用历史故事引导，喜欢卖关子，讲到惊险紧要处，必然刹住话头。

林翼好奇中抬头问：后来呢？

老爷子说：你先别问，再仔细想想，你要是遇到这种情况，会怎么办？

林翼挠头，认真想一会儿，说出答案。有时实在想不出来，便央求爷爷搞点"剧透"。

老爷子装聋作哑，不予理睬。林翼没办法，只好硬着头皮继续想，直到逼出自己的方法来，老爷子才告诉他，古人当时是如何应对的。

不愤不启，不悱不发，胡显韶深得孔子育人精髓。长期坚持"情景体验式教育"训练，胡林翼思维自小便十分灵活，点子奇多，成人后遇事能迅速拿出对策。

反应快、点子多，左宗棠与胡林翼相同。不同之处在于，左宗棠成长过程中由于屡受刺激，已经造成心气过盛，"喜为壮语惊众"。也就是说，开口气势足，说话喜欢过头，刚直到近似憨厚。胡林翼在安逸和顺的环境里长大，心态平和，说话平实，跟谁都聊得来，加上天资聪明，为人处世宽容大度，做事往往近似狡黠。

古人衡量好友有三条标准：正直、宽容、见识多。左宗棠正直、见识多，但不够宽容；胡林翼宽容、见识多，但不够正直。

两种性情相辅相成，彼此都从对方身上看到自己的缺失，因此本能地相互吸引。

正是在这样一种力量的驱使下，胡林翼对左宗棠由衷欣赏，开始了一生漫长而尽心的举荐。

荐才人荐给爱才的人

胡林翼第一个推荐的对象，是陶澍。

胡林翼怎么跟陶澍结上缘分的？

胡达源的父亲胡显韶跟两江总督陶澍的父亲陶必铨曾经是岳麓书院的同窗，两家是世交。

胡林翼被陶澍相中做女婿，缘于他七岁那年，陶澍以朝廷给事中身份奉命视察川东，顺道执子侄之礼，去拜见闲居在乡的胡显韶，偶然发现了胡林翼。

胡林翼第一次怎么见陶澍的？

轶史记载，胡林翼当时正在大院里玩，听说家里要来大官，吓得躲进柜子里。

陶澍跟胡显韶见面便谈经论史，舌灿莲花，几个小时过去，陶澍要上厕所。林翼已经憋了老半天，好容易找到机会从柜子里溜出来，不料迎头碰上陶澍。

陶澍见家里还藏着个小孩，当即一愣：好家伙，藏了这么久，也不吭一声，真有忍耐力。忍不住摸他的头，夸奖一句。没想到，就是这个小动作，惹得小林翼极为不满。他反抗道：您知不知道，男子的头随便摸不得？！

陶澍一听，乐了，有个性。拉住他问话，对答如流。陶澍大惊，"惊为伟器"。当场跟胡显韶提亲，愿将女儿陶静娟许配给小林翼。胡显韶高兴答应，两人定下这门亲事。

1830年，陶澍在益阳桃花江别墅为18岁的女婿胡林翼举办婚礼。

陶澍决定花心思来培养这个天资聪明的女婿，开始系统教他经世致用思想。胡林翼思维活跃，一点就通，进步很快。

1836年，胡林翼考中进士，随后钦点翰林院庶吉士，授编修，仕途扶摇。

担任两江总督后，陶澍将女婿胡林翼一家接到南京，言传身教。胡林翼心性向往自由，每天游山玩水，流连忘返于秦淮河畔，陶澍也不管不问。

总督府有人看不下去，将他当作浪荡公子哥儿，偷偷向陶澍打小报告。陶澍听后哈哈一笑，说："润芝之才，他日勤劳将十倍于我，后此将无暇行乐，此时姑纵之。"

陶澍生平有个特点，豁达大度，爱才如命，一旦发现人才，必尽力提携。这种身教，无疑深深影响到胡林翼。这也是胡林翼其后能坚持如一举荐左宗棠的原因。

闲时，陶澍主动向胡林翼问起湖南青年人才。胡林翼历数湖南青年，第一次向陶澍谈起左宗棠，当面评价，"称为奇才"。

陶澍在脑海里存下左宗棠的名字。

胡林翼与陶澍的这些缘分，为左宗棠与陶澍结识，埋下了伏笔。

再为举荐，左宗棠另有打算

1849年，胡林翼署贵州镇远知府。

得知左宗棠赋闲在乡，他向云贵总督林则徐郑重举荐。

林则徐当年也是胡林翼举荐给陶澍后提拔起来的，有知遇之恩。接信后，他十分重视，当即给左宗棠发来邀请信。

胡林翼怕左宗棠不去，抓紧写了一封督促信，催左宗棠尽快西行。

潜居乡间的左宗棠放下锄头，坐在柳庄树荫下读完信，有点激动地给胡林翼回话道：我年底就收到了您的来信，也知道了林大人的爱才之心。您的这份心意，不是一般人能有的，我感动无比。

我近几年在陶家教书，读完林大人与陶公全部的往来书信，对林大人，可以说知根知底，知心知肺。从1840年海防战争以来，林大人巡视黄河，出关入关，我的心都吊了起来，时刻牵挂着他。时而悲伤，时而愤恨，时而高兴。这是怎么回事啊？我自己都笑了。

林大人南征北战，行程数万里，幕僚中能够一直追随的，能有几人？他哪里会知道，湖南的深山老林里还有我这么一个形容枯槁、没有载入他宾客名籍中的士子如此记挂着他？

您来信催我快去，去了对我的好处是显而易见的，哪里用得着您来敦促？只是，事情不会按人的意愿来。为什么？我今年有两件大事要办：侄子要娶老婆，女婿要读书。这两件事都要我亲自来主持，抽不开身。

> 孤侄年已十七，家嫂急欲为之授室，期在今年。又陶婿去冬书来，预订读书长沙之约，仆以小女故，未能惄然。

胡林翼读到信后，粲然一笑，不来是吧？暂时放你一马，等下次机会吧。

左宗棠这次拒绝入林则徐幕府，细读可以发现，上述原因明显是托词。他为什么如此向往，却又果断放弃？主要原因在于左宗棠明白：强势的林则徐，"庙堂倚之为长城，草野望之若时雨"，在他手下，自己只能做幕僚。而自己规划的人生目标，是要做当代诸葛亮。贺长龄早早告诫过，不要"自限其成，苟且小就"！此外，左宗棠明白，强势人物跟从强势人物，才气难以尽情发挥。更让左宗棠深感忌讳的是，通过读陶澍书信，他发现林则徐身边有些人很难与自己合得来。所谓"附公者不皆君子，间公者必是小人"。但这些话只能放在心里，说出来不但伤朋友，而且会闹笑话，人家会说他多疑、过敏。

如果不是因为性格互补，胡林翼的热衷举荐也就到此止步。

胡林翼性格中的宽容，成了延续情义的决定因素。

俗话说，好事不过三。第三次举荐，效果将如何？

时机成熟，小试牛刀

胡林翼继续找时机举荐左宗棠。

机会很快来了。

1851年，湖南山贼、土匪猖獗，广西天地会农民运动也风声鹤唳、山雨欲来。

胡林翼预感到湖南会有大事，及时向湖广总督程裔采举荐左宗棠。

为了提高成功举荐概率，胡林翼这次将左宗棠抬得很高，称他道德品质优异，办事能力全国少见，治理地方的本领，湖南第一。

左孝廉品高学博，性至廉洁……读本朝宪章最多，其识议亦绝异。其体察人情，通晓治略，当为近日楚才第一。

程裔采读到举荐信，半信半疑。一个潜居乡下的小举人，能力没有经过任何具体事例的验证，被胡林翼说成是湖南第一人才，可信吗？他犹豫不决。

左宗棠知道，信任度不高的人，合作不来，遂不了了之。

这次犹豫没有影响到左宗棠，反而直接改变了程裔采的政治前途。

1852 年初，太平军经蓑衣渡之战，冲出广西，杀进湖南，连克郴州、道州，突入衡阳，势如破竹。

南方各省督抚胆战心惊。清朝立国以来，天下承平已两百余年，官民不知战争为何物。程裔采第一次置身杀气腾腾的战场，六神无主，灵魂几近出窍。他赶紧从衡阳前线跑回长沙，抓紧向在广西的钦差大臣赛尚阿求助，请求他出兵督师湖南。不料，赛尚阿回信一口拒绝。理由是：广西才是平叛根据地，更需要自己帮助，湖南军务我哪里照顾得过来？还是由湖南人自己来办好了。

程裔采认为，赛尚阿说得不对。身为钦差大臣，哪里是前线，就应督师去哪里。湖南眼下才是前线，他躲兵广西，这是不负责任。

程裔采赶紧向咸丰皇帝禀奏。咸丰皇帝权衡之后，接受了程裔采的意见，责成赛尚阿帮助程裔采办理湖南军务。

咸丰皇帝同时意识到，国家承平日久，地方势力尾大不掉，才导致战局僵死。

盘活局面，要在人事。咸丰皇帝一口气换掉广西、湖南、湖北三省巡抚。

这种时势下，云南巡抚张亮基改任湖南巡抚，1852年5月走马上任。

胡林翼抓住时机，赶在张亮基上任之前给他写信，极力举荐左宗棠。他将上次的推荐语翻出来，再精心提炼，全方位评价了左宗棠："廉介刚方，秉性良实，忠肝义胆，与时俗迥异；其胸罗古今、地图、兵法、本朝国章，切实讲求，精通时务；访问之余，定蒙赏鉴。"

最后，他特别交代：左宗棠才能中国第一，张大人您若不日里夜里苦苦远求，无法得之。

横览九州，更无才出其右者。

一个乡下举人被胡林翼说成才能是"中国第一"，怎么看都显得有点夸张，但张亮基却一点也不反感。原来，他与胡林翼是故旧。张亮基早年做太守时，胡林翼向道光皇帝极力举荐，这才一年内连升三级，做上云南巡抚。

恩人说话越夸张，自己越重视，这是人心的基本规律。有了这层关系，胡林翼对左宗棠这次出山信心很足。

举荐信寄出后，他忍不住跟朋友李元度写信开起玩笑：次青兄啊，你看，我们两个现在都忙得要死，左季高却悠闲山居，白白捡了个大便宜，你想我怎么会轻易饶过他！去年我将他荐给程裔采，"程请之不坚，左漠然不顾"，现在我荐给张石卿（张亮基），哈哈，他这下不得不出山了。想想也是嘛，世界这么乱，我俩怎么可以听任他一个人安享山林清风明月？你就等着听湖南那边的好消息吧。

胡林翼的预判不错，张亮基此时比谁都心急心切。湖南战局危在旦夕，自己新来乍到，不求得人才，湖南难保，自己的官帽也会打水漂。他想方设法，再三苦邀。江忠源、左宗植、郭嵩焘一班亲朋知道后，都前来多方劝告。

左宗棠似诸葛亮当年一样，这才最终同意出山。

张、左联手，近一年仗打下来，成功抵住太平军，守住湖南孤省。张亮基因战功升任湖广总督。

1853年春，张亮基调任山东巡抚；左宗棠告别幕府，归乡隐居。具体原因是左宗棠在武昌见多了官场倾轧，心有余悸，他不愿再去人生地不熟的山东，承担不可预料的官场风险。

胡林翼血性、义气，他认定的朋友，一定要帮到底。

如今已经向湖南的一把手推荐过了，下次再去举荐，除了皇帝，还能是谁？

不惑之年终得为国效力

再一次举荐左宗棠，胡林翼已是位高权重的巡抚。

1854年，胡林翼因镇压地方土匪有功，擢升为四川按察使，主管四川全省刑事，相当于今天主管公、检、法的副省长。

1855年4月3日，胡林翼署理湖北巡抚，在官场名声日隆。这段时间，他与全权代理骆秉章、实际主持湖南巡抚工作的左宗棠，工作往来增多。

1859年，左宗棠查永州总兵樊燮贪腐案件，得罪其背后靠山湖广总督官文，咸丰皇帝听信一面之词，御批"如左某果有不法情事，可就地正法"，左宗棠命悬一线。

胡林翼一方面设法营救，同时抓紧向咸丰皇帝举荐。他在给朝廷的报告中，客观地指出：左宗棠有大才，有气节，能办事；同时性情偏激，对就是对，错就是错，别人有错误，他当面指出来，不给人留情面。对于这种优点与缺点一样突出的人，在如今这样的非常时期，朝廷需要重用。

为了做到既客观真实，又能打动人心，胡林翼绞尽脑汁，向咸丰皇帝列出以下三句关键推荐语：

才学过人，于兵政机宜、山川险要，尤所究心。

秉性忠良，才堪济变，敦尚气节，刚烈而近于矫激，面折人过，不少宽假。

湖南左生季高，性气刚烈矫强，历年与鄂省交涉之事，其失礼处久在山海包容之中。

这次举荐，为左宗棠从刀口下脱险，起到一定作用；为咸丰皇帝起用左宗棠，埋下伏笔。

1860年5月，胡林翼第七次举荐左宗棠，对象仍是咸丰皇帝。

这次，他向朝廷写了份《敬举贤才力图补救疏》，称：全国追剿太平军的实践证明，湖南左宗棠守土尽责，治理有方，以个人之力，替朝廷守住半壁江山。之所以现在有这么多人诽谤他，因为其能力太强，功劳太大，整顿贪官，得罪人太多。这是贪官们的错，不是左宗棠的错。他既然有能力保住湖南，当然完全有能力以一己之力带出一支军队，挽救朝廷丧失的土地。因此，建议朝廷"令其速在湖南募勇各六千人，以救江西、浙江、皖南之疆土"。

咸丰皇帝接受胡林翼意见，再综合各方保举的观点，任命左宗棠做曾国藩的助手（襄办曾国藩军务）。

48岁这年，左宗棠终于步入一生事业的快车道。

从1835年到1860年，胡林翼25年如一日，竭力举荐左宗棠，可见其惜才之心、朋友之谊。

自胡林翼1835年首次举荐之后，两江总督陶澍提携左宗棠的规模要宏大得多，考虑也深远得多。

邂逅凭缘，相交凭才

1835年，陶澍从胡林翼口中听说左宗棠其人，算是做了间接了解，有了些许零碎印象。如果没有后来的见面，陶澍不会轻易肯定左宗棠。

陶澍约见左宗棠，一则出于胡林翼的举荐，二则左宗棠过人的文才打动了他。

举人左宗棠与两江总督陶澍第一次见面，时间是1837年，地点在湖南醴陵邑侯治馆舍。

陶澍此行，本是专门请假回安化小淹给父母扫坟，顺带探亲。途经醴陵，渌江书院山长左宗棠受醴陵县令委托，写下热情洋溢的欢迎联：

春殿语从容，廿载家山印心石在；

大江流日夜，八州子弟翘首公归。

短短26字，既点出了陶澍受道光皇帝两次接见的殊荣，又将其先祖陶侃督八州军事的光辉事迹合情合境嵌入，现实与历史交融，文字功力超凡脱俗。陶澍被彻底打动，遂引左宗棠为知音，结为忘年交。

左宗棠自述相识经过：

乃蒙激赏，询访姓名，敦迫延见，目为奇才，纵论古今，至于达旦，竟订忘年之交。

青年左宗棠虽然外见傲气，内藏傲骨，但到底是没见过大世面的乡下举人，这次被陶澍虚怀若谷的心怀与礼贤下士的风度感动得一塌糊涂。他回去后跟妻子说："督部勋望为近日疆臣第一，而虚心下士至于如此，尤有古大臣之风度。惟吾诚不知何以得此，殊自愧耳！"用湖南土话说，陶总督功劳大得下不得地，名气大得吓死个人，我如果不是祖坟开了坼，哪里有机会结识这么牛的朋友！

这次邀约见面，为左宗棠在官场内做了个活广告。一年后，两人约定在南京总督府见面，结为儿女亲家。

左宗棠开始被陶澍有计划、有节奏地纳入他经营出来的庞大人事关系网。

陶澍在人生最后一刻，对左宗棠奋力一拉。他为什么如此赏识左宗棠？

直接原因在于，陶澍的成长经历与左宗棠有几分相似。

陶澍的成长之路到底是怎样的？

心路相近，惺惺相惜

1779年1月17日，陶澍出生在湖南安化县小淹镇陶家湾。

陶澍的先祖，可以追溯到晋朝都督八州军事、封长沙郡公的陶侃。陶侃的曾孙之一，是广为人知的田园诗人陶渊明。

923年，为躲避战乱，陶侃后裔陶升，从江西吉安迁来湖南安化小淹。元末兵乱，陶升后裔只剩陶舜卿一支，陶氏第十二世祖陶志凤迁到石螃溪，定居下来，到陶澍已历十六世。

与多数士子受母亲影响而成长起来不同，父亲陶必铨影响陶澍一生至深。

陶必铨生在农家，却是个私塾先生，一辈子除了教书，没干过别的行当。

虽然蜷居在偏远安化深山老林，最远也没出过湖南，但陶老先生志气不小，从他给陶澍的取名已经反映出来："盖期有以泽苍生也。"寄望儿子恩惠泽被天下百姓。

陶必铨发奋读书，方法有点特别：同时摆开几桌书，一本一本全翻开，将内容贯通起来，对江吟诵，先背下再做批语，观点"多前人所未发"。

有本事同时打开几十本书一口气看下去的陶必铨，桌上摆的都是些什么内容呢？

经学，即先秦各家学说要义。汉代独尊儒术后，经学特指儒学十三经：《周易》《尚书》《诗经》《周礼》《仪礼》《礼记》《春秋左氏传》《春秋公羊传》《春秋谷梁传》《论语》《孝经》《尔雅》《孟了》。

宋明两朝流行程朱理学与阳明心学。清军铁骑入关，将沉醉于"修炼心性"的读书人惊醒。

山高皇帝远的陶必铨在痛苦中寻找原因，结论是：程朱理学与阳明心学教中国士人"空谈理心，不理实政"，才导致明朝亡国。

清朝初年，顾炎武一针见血地指出："舍经学无理学。"

亡国之耻，理学之痛，让陶必铨读起经学。

大清帝国统治阶层很快发现，汉族读书人如果攻读经学，将来势必干预国家政治、经济。为了管住士人的思想，朝廷将理学立为国学。

体制内的读书人按着朝廷设计，纷纷进了圈套。陶必铨居地偏远，朝廷风气力不能及。他继续读着经学，说着大话，怀着理想，没有人来管。湖南父母官哪里有空去理会深山老林里一个连饭都吃不饱的穷教书先生口出狂言呢？

陶必铨沉醉在经学海洋，对实学"杂书"有着狂热的兴趣。他将经学所追求的经国济世的抱负，寄托到自己与儿子身上。

怀着这一梦想，陶澍七岁那年，陶必铨便带着他，跋山涉水，来到岳麓书院。

陶家本就家徒四壁，陶必铨作为一家之主，舍下父母、老婆，带儿子背井离乡求学，困难可想而知。

生计成为头等问题。岳麓书院当时规定，学生读书需自己带米，书院每月补贴十钱银子做蔬菜费。这点补贴，养不活父子俩。

但岳麓书院同时还有奖学金制度，每月由巡抚或学政来主持一次月考，考到前三名，就能拿到奖学金。

对陶必铨来说，奖学金就是求学金。为了能在岳麓书院这座读书人梦寐以求的圣殿里待下去，他不分严寒酷暑，每天坚持读书到深夜，因此总能拿到奖学金。

课余，陶必铨就与学友在岳麓山中找块地方，坐下来对酒纵谈，指点天下。小陶澍在边上听，似懂非懂。

坚持不到一年，因经济窘迫，家庭难以维持，陶必铨被迫带陶澍回乡。陶必铨已经心满意足，毕竟带儿子去见了回大世面，感受了千年学府的氛围。

回到陶家湾，陶必铨操起老本行，教私塾。办私塾有两种：在自家设馆，叫私塾；上门去教，叫坐馆。陶必铨人品好，又是岳麓书院的高才生，有钱人家都抢着请他。他每次坐馆，都对东家要求，带上儿子陶澍。

1790年，陶必铨应邀到安化县城主持修复南宝塔，陶澍跟随父亲，到安化学宫读书。

1792年，陶必铨到益阳曾润攀家中设馆教书，陶澍仍跟随在侧旁听，前后三年。

陶澍因此跟随父亲，读到许多杂书，包括算学、测量学等技术书籍。这些书籍，为他精通经济打下基础。

1795年，陶澍参加童试，以院试第二的成绩，考取秀才。

这年，陶必铨在离家三里远的一个叫"水月庵"的破棚子边住了下来，专心教儿子读书。他不再设馆，也不准儿子设馆，更不让儿子干农活。父子俩对着江中巨大的"印心石"，伴随资江涛声，勤诵苦读。

1800年，21岁的陶澍与父亲一同到长沙参加乡试。陶澍一举考取第三十名举人，陶必铨却落榜了。

1801年，陶澍第一次离家赴京，参加会试。这次名落孙山。他遵从父亲嘱咐，留京温习功课，准备再试。

1802年，23岁的陶澍一举考中全国第二名进士。殿试由嘉庆皇帝亲自主持。原本考官申报陶澍为一甲榜眼，不巧，陶澍在"策"内遗漏了一个字，读来不大顺口。关键时刻，怎能出错？陶澍被抛进二甲十五名。

全国排第十八名，依然是很不错的成绩。陶澍由此成为安化县有史以来第一个进士。

早年跟着父亲四处求学，生活颠沛流离，陶澍对与自己经历相似的左宗棠，本能地亲近。陶澍在与左宗棠聊天中发现，他在岳麓书院艰难的求学经历与左宗棠在城南书院苦撑的过程，心路接近，且两人都偏爱"杂书"：陶澍读"算学""测量学"，左宗棠读"农学""舆地学"。

陶澍凭经验已经看出，只要给左宗棠机会，一旦事权到手，他可以创下什么样的高度。

因为，陶澍凭"算学""测量学"，已经在本朝开创出后启来者的高度。

朋友变成拓路人

作为清朝中期最醒目的经济改革家，陶澍一生事功显赫，主要在三个方面：

其一，改漕运为海运；

其二，改纲盐为票盐；

其三，改银两为官铸银钱。

漕运是朝廷利用河道调运公粮的一种专业运输方式。说白了，就是南粮北运。

秦汉以前，北方是中国粮食主产区，政治中心就在河南、陕西，不存在南粮北运。唐宋以来，中国经济重心逐渐南移，帝国首都却在北京，粮食逐渐不能自给。南粮北运，成为朝廷的重点工程。清承明制，额征漕粮，每年通过京杭大运河运抵京通二仓的粮食，最少达300万石，多则过400万石。

北京城内，上至皇帝、皇室，下至王公贵族、各部官员、八旗兵丁，数十万人，生存的口粮全赖漕运。一旦漕运断航，意味着满朝文武如不坐等饿死，只能临时迁都。

漕运历经数代，发展一千余年，已经形成成熟的运输体系，利益链条盘根错节。

漕运的基本方式是"官督官办、国有国营"。为保证效率与公平，朝廷专设漕运总督、河道总督，权力与地方督抚平行，三方相互配合。

朝廷设此制度，本意是为了让官员相互配合、相互监督，集中力量办大事。不料权力高度集中于皇帝，地方要员办事相互推诿，出了问题互相扯皮，主事官员背后贪腐，办事吏员趁机"浮收"，整个系统腐败深入骨髓，到1825年，已经难以为继。

道光皇帝又急又气，累得瘦成了皮包骨。

陶澍勇敢担起道光皇帝委任的国家一号工程，他跳出帝国体制的局限，首倡海运，借助民间商人在东南沿海的沙船来运送漕粮。

1826年，陶澍通过自己长袖善舞的政治运筹，改漕运为海运，大获成功。

海运成功的原因，在于完全抛开河运旧有的官僚体系，另辟蹊径，借助一种新型简约的官僚体系，将新生的商人力量组织起来，政府通过购买社会服务，完成了朝廷不可能完成的任务。

纲盐改票盐，与漕运改海运思路一样，将国有国营的纲盐，改为自由市场竞争的票盐。

陶澍左手推票盐，按市场规律出牌，右手破垄断，废特权，追缴欠课，抄没家产。盐政的改革，取得了显著的成就：两淮盐场由"商疲、丁困、引积、课悬"，一跃变为"盐销、课裕、商利、民便"。

改银两为官铸银钱，则是朝廷的币制大改革。

清朝所行的货币制度沿袭明朝，银两、制钱并用，实行"银铜复本位"货币制度。银块称量计值，以两、钱、分、毫为单位；制钱则由政府铸造，每枚一文，规定每银一两，抵钱千文。

陶澍改革的方案是：官局先铸银钱，每一枚以纹银五钱为准，全部按照制钱的式样，一面用满文铸其局名，一面用汉文铸"道光通宝"四字，暂将官局铜钱停卯，改铸此钱，比铸铜钱节省十倍。

但这次改革，却功败垂成。

为什么改革一进入深水区，才啃到硬骨头，朝廷却紧急叫停？道光皇帝给出的理由是"大变成法"。陶大臣你将我祖宗的老法快变光了，不能再继续了。

真实的原因是，陶澍市场化改革既冲击到帝国集权制度，又冲击到农耕宗法文化，已让道光皇帝无法容忍。

改革冲击到制度，原因在于陶澍根据商业规律，推行市场化改革，已经进入商业金融领域。市场的契约、平等、自由，对皇权在做无声的瓦解。

改革对传统文化的冲击，基于海运拓宽了国人的视野，撼动了农耕文化的保守、内向。面对浩瀚陌生且生机勃勃的海洋，全新的主权意识、海疆意识、军事战略意识，让传统文化面临淬水重生。

全球化时代开始到来，面对崭新的平等、民主、自由潮流，大清帝国本能退缩。

陶澍改革前，清朝有康乾盛世；陶澍改革之后，清朝有同光中兴。他所在的嘉庆一朝，恰是大清帝国由盛转衰的拐点。同光中兴依赖的两大得力干将左宗棠、曾国藩，皆是陶澍用心提携、精心引导上来的。

陶澍由此成为大清帝国由盛转衰的标志性人物：他主持的改革被叫停，标志在全球化到来的前夜，大清帝国不愿壮士断腕，刮骨疗毒，已经难以自救。

站在帝国体制的角度，陶澍已经清晰看见，要振兴衰落的清王朝，关键在得人才，有一批真正通实学、敢办事、能办事的大臣。

左宗棠正是陶澍认可的振兴衰世大才。他决心培养这个天资不俗的青年，让他担当起挽救清朝的重任，完成自己未竟的使命。

1837年首次见面结交，陶澍事实已初步定好提携计划。1838年，左宗棠第三次会试后，应约从北京绕道到南京，在两江总督府拜见陶澍。陶澍开头故意冷落，以激将法进一步考察左氏的人品，直至认定他是一个不但可以托付后事，而且可以将国事担肩的正人君子，才确定破格提携，方法是将独子陶桄托孤，约为儿女亲家。陶氏清楚，左宗棠将有耐心看完他家藏的上万册图书，其后临事再出山，必是全国一等一的大才。

陶、左结为亲家，全国士林哗然。曾国藩当时在致诸弟的家信中责怪说，陶相老迈昏花，为了求人才竟然不顾年龄辈分，乱了伦理纪常。当然，曾国藩后来态度有所转变，因为他与大自己26岁的贺长龄也结成了儿女亲家。此例可以见出陶氏破格赏识与提携左宗棠在中国官场产生的轰动效应。

事实上，衰世能臣陶澍提携的远不止左宗棠一人，他对身后百年的事业，有着极深的谋划。

提携后人，忠魂不死

陶澍晚年的工作重心之一，在奋其余力，以耿骨忠臣的心志，苦心孤诣为朝廷培养后备人才。为此，他对魏源、贺长龄、曾国藩、左宗棠，不遗余力进行提携，布下一盘很大的棋。

陶澍偏爱左宗棠，托孤于他，表示陶澍对通过科考入仕的体制内官员，已经心灰。

陶澍这种观念，直接缘于道光皇帝长年累月向他抱怨，称朝廷内大臣平时总想自保，不愿像陶大人一样公忠体国，为寡人分忧。听得多了，陶澍警醒。改革实践让他进一步看清，循规蹈矩的科举人才擅长词工，短于治事。

陶澍同时想清楚了一个道理：人才失求诸野。民间独立士人，是挽救清王朝最后依托的人才。他决心以自己的名望，通过联姻的方式，为左宗棠打开名气，敲开入仕的门。

近代历史学家萧一山也看出了这点，他总结说：清朝"中兴人才之盛，多萃于湖南者，则全由于陶澍种其因"，"不有陶澍之提倡，则湖南之人才不能蔚起，是国藩之所成就，亦赖陶澍为之嚆引耳"。

陶澍如此为朝廷尽心卖力，付出了牺牲家庭的代价。因他公务繁忙，常年奔走在官场事务最为繁杂、利益争夺最为严酷的风口，无暇顾及家庭，在经年的举家迁徙与长途奔命中，孩子相继死去，只留下七岁的小儿子陶桄。

陶澍不顾家庭与个人幸福，为挽救衰世呕心沥血，在清朝官场同样是个异数。

陶澍舍家报国，这种强大的心志与毅力，很大程度上缘于湖南这片土地的人才积累两千年，这时才第一次真正得到开发。从春秋战国起，湖南一直处于自由野性、自生自灭的边缘状态，进士屈指可数，官员寥寥无几。

自隋朝设科举制度以来，到明朝茶陵才出个李东阳，官居宰相。这是湖南本土出产的第一位高官。陶澍作为清朝产自湖南本土的第一位高官，对圣贤学说、孔孟之道，有一种发自内心的"诚"，近乎迷信的执着。他处处以圣贤标准来要求自己，规范言行，追求具备圣人的才德，治国实践中施行王道，以期立德、立功、立言，即"内圣外王"，"三立"不朽。

陶澍带头如此，左宗棠步其后尘。他们能迅速发迹，主要得益于早年带着傻气栖居乡下，凭勤奋苦学，以儒学修养出君子人格。

在陶澍、林则徐二公祠，左宗棠题写过一副对联，传递出的正是这种"诚"：

三吴颂遗爱，鲸浪初平，治水行盐，如公皆不朽；

卌载接音尘，鸿泥偶踏，湘间邗上，今我复重来。

陶澍的提携让民间士子左宗棠在大清帝国庞大的关系网与纵深的历史中，找准了自己的位置。但如果仅限于此，左宗棠有望做个官僚，却依然无望大成。

机遇总是垂青有准备的人。

陶澍破格赏识左宗棠，首先惊动了林则徐。

12年后，林则徐邀约左宗棠"湘江夜话"，他将自己毕生的积淀，倾私相助，为左宗棠夯实了办事的基本功。

林则徐为什么选择左宗棠？看似不可思议，深探其因，几乎是一种必然。

赤胆忠心，竟遭贬谪

如果说，陶澍帮助左宗棠以"虚"，林则徐则给予左宗棠以"实"。

云贵总督林则徐第一次接触左宗棠，缘于1849年胡林翼的推荐。

胡林翼当时在信中说："湘阴左君有异才，品学为湘中士类第一。"

林则徐则这样回复胡林翼："承示贵友左孝廉，既有过人才分，又善经世文章，如其噬肯来游，实所深愿。即望加函敦订，期于早得回音。"

信中清楚表明，林则徐看重左宗棠两点：其一，天资与才气过人；其二，懂经世致用学问。

但出乎林则徐的意料，37岁的左宗棠拒绝入幕。他托胡林翼传话说"侄子要娶老婆，女婿要学文化，所以无法前来"。林则徐不会真信，但远隔千里，又从未谋面，他不清楚左宗棠内心的真实想法。

自己垂垂老矣，留在世上的时日，真不多了。思见日加深切，像胸口压着石头。林则徐不能抱着遗憾，孤独离世。

会面左宗棠的期愿与日俱增，与林则徐一生的志业追求直接相关。

林则徐生于海洋文化积淀悠久的福建福州，父亲林宾日在他出生时寄望，希望他将来做个清官、能官。

这一命意，直接含在林则徐的名字里。名字直译就是"林学习效法徐"。

林则徐出生那天，福建巡抚徐嗣曾正从乡下察看灾情回衙门。半路阴云密布，大雨如泼。徐嗣曾下轿至林家檐下避雨，刚好听到屋内传出婴儿呱呱坠地的啼哭声。林宾日为纪念这次奇遇，给儿子取名则徐，希望儿子效法徐嗣曾。

说来也是巧合，内陆农耕文化熏陶的士子陶澍、左宗棠全都由秀才父亲手把手教大，林则徐的老师也是秀才父亲林宾日。

跟陶澍的父亲陶必铨推崇自然、自由教育相似，林宾日教学，有三个特点：其一，不单追求学问，还注重品格修养；其二，不求死背，不搞体罚；其三，循序渐进，因材施教。

读书先做人，做人先立品。自由放养，独立思考，父亲的这些教育方法，奠定了林则徐的人格，影响到他后来为官处世。

林则徐小时候就表现出不同凡响的志向与心气，他提笔写下"海到无边天作岸，山登绝顶我为峰"，映照出执着的精神与迎难而上的勇气。

林则徐第一次显露古代官员的风骨与气节，在1820年。这年2月，林则徐任江南道监察御史，遇上河南南岸河堤缺口。他向嘉庆皇帝检举，称洪灾与其归因于天灾，不如说起于人祸，河南巡抚琦善治河无能。

琦善是满洲贵族，揭发他有政治风险。林则徐不畏权势，不假情面，刚正举报的勇气遭遇同僚猜忌、嘲讽。身处衰世官场，林则徐不愿曲迎、逐流，与主流官场经常不合拍。1821年，他以照顾父亲为由，辞官归乡。

作为有气节、敢担当的建设型官员，林则徐政坛事业的转折点，在虎门销烟。

虎门销烟由大清帝国的一场禁毒运动升级为两国军事对抗，引发英舰封锁珠江口，进攻广州。道光皇帝责罪，林则徐开始连遭贬谪：1841年5月1日，降为四品卿衔；6月28日，再次被革去四品卿衔，"从重发往伊犁效力赎罪"。

这是林则徐一生的低谷，也是他建设边疆的起步。

正是从这时起的所有经历，为他日后邀约左宗棠见面埋下伏笔。

家国情怀，砥砺前行

1842年12月10日，林则徐历经千辛万苦，到达伊犁。

新疆在诗人的笔下，是"征蓬出汉塞，归雁入胡天。大漠孤烟直，长河落日圆"的诗意边疆，事实却是一片荒凉。

流放新疆后，林则徐并没有怨言。相反，他很快找到用武之地，在孤苦的心境中重新振作，开始筹划建设边疆。

经实地调查考证，林则徐认为，要充实边防，改善边民生活，最好的办法是屯田。

新疆屯田始于汉代，发展于唐代，成熟于清代。乾隆皇帝统一新疆后，在伊犁、北疆大部和南疆阿克苏等地屯田，分兵屯、回屯、遣屯、民屯等。

负责主事的是伊犁将军布彦泰。林则徐向他建议，驻军民兵化，既耕种土地，又训练军事，屯田与边备结合、兵与民结合。

布彦泰仰慕林则徐是大英雄，尊重他的意愿，安排他负责开垦阿齐乌苏荒地，并破例委任他执掌粮饷。

军饷和粮秣是开发伊犁的资本。林则徐依靠布彦泰支持，带领10万民工挑挖沙石，建坝筑堤，耗时4个月，修成6里长的阿齐乌苏水渠。以水渠为依托屯田，筹备大规模垦荒。

到1844年年末，阿齐乌苏地区开垦出荒地10万余亩。

垦荒成功后，布彦泰给道光皇帝写奏折汇报说：林则徐到伊犁后，劳绩可嘉，如此有用之才，废置边塞，实在可惜，请求皇帝既往不咎，"弃瑕录用"。

谁知道光皇帝对起用林则徐只字不提，避实就虚地表扬说："所办甚属可嘉！""伊犁前办开垦事宜，经该将军奏明，委林则徐查勘办理，尚为妥协。"

中英海战失利让道光皇帝对林则徐仍积怒未消，一番斟酌后，非但不起用，反下一道圣旨，将林则徐流放到更加荒芜的南疆。

著即传谕林则徐前赴阿克苏、乌什、和阗周历履勘。

面对已届59岁高龄的林则徐，朝廷的态度让布彦泰有点过意不去，想安排他就近。林则徐却摇头说：林某愿远。

布彦泰再一次尊重老英雄的意愿。

林则徐从阿齐乌苏出发，到库车、乌什、阿克苏、和阗（今和田）、叶尔羌（今莎车）、喀什噶尔（今喀什）和喀喇沙尔（今焉耆）七城垦地，中经英吉沙尔（今英吉沙），遍历南疆八城。他对开发边疆投入全部精力，到一城，查一城，一年下来，行程过3万里，丈量和查勘开垦荒地689718亩。

开发南疆的具体事务包括：勘丈地亩、兴办水利、招民安户、考核工费。到1845年11月，林则徐在新疆一共开垦出屯田达884068亩。

亲自督导开发的过程中，林则徐将内地建设智慧充分运用到新疆的农田水利中去。垦荒时他发现一种被当地人称为坎儿井的设施，水在土中穿穴而流。询问当地民众，方知是一种因地制宜的地下水利工程。他将灌溉方法加以改进：增挖穿井渠，隔一丈挖一口井，连环导引水田，使井水通流。这种井高效、实用，很快在新疆各地推广。

在百废待兴的南疆，林则徐亲眼看到了凋敝的民生，不禁潸然泪下，以泪蘸墨，将新疆见闻，逐一记下：

> 南路八城回子（维吾尔族）生计多属艰难，沿途未见炊烟，仅以冷饼两三枚便度一日，遇有桑葚瓜果成熟，即取以充饥。其衣服蓝缕者多，无论寒暑，率皆赤足奔走。

这些绝无仅有的一手资料，后来成了清王朝制定边疆垦荒与安抚民生政策的真实依据。

终于，第一次鸦片战争内幕逐渐曝光。1845 年 10 月 28 日，道光皇帝明白了失利真相，回心转意，下诏命林则徐回京，授予四品京堂候补。这个品级，与左宗棠后来带楚军出山时一样，是个准备重用的过渡性虚衔。

林则徐此时并不急于返回西南与内陆。在边疆生活三年，潜心新疆史地，苦践筹边之策，他已经跳出了个人得失、官场沉浮的浅狭。以政治家的宏远眼光思考国家、民族大义，他敏锐地觉察到沙俄侵略新疆的隐患。

作为坚定的民族英雄，林则徐感到锥心疼痛的，不是沙俄即将入侵中国，而是要抵御沙俄，遍观朝廷上下，却找不到事业接班人。

"八股取士"与"理学修心"导致办事人才严重匮乏，此时弊患已经暴露无遗。

翻来找去，事业接班人也只有左宗棠了。这些年来，从与陶澍、胡林翼的通信中，他已经比较清楚地了解了左宗棠。从青年时期起，他对农学、舆地既有深入的研究，又有强烈的兴趣，林则徐决定选定他来挑起这副家国重担。

左宗棠意外拒绝入幕，他失去了当面托付的机会。

生命等不及，国防等不起。他决定放下身段，专程会见左宗棠。

1849年，林则徐以病重为由，请求朝廷开缺云贵总督职务回福州调养。他从云南坐船回福州，沿水路专程绕道至长沙，名义是拜访老朋友贺长龄。老友叙旧固然重要，但后世托付更牵肠挂肚。1850年1月3日，他如愿将左宗棠从柳庄约到湘江边，一番夜话，将心愿和盘托出。

为坚定左宗棠的信心，林则徐明确告诉他：自己亲眼见到的新疆，资源十分丰富，只是从来没有人想过开发，弄得当地老百姓捧着金饭碗去要饭，这实在太让人惋惜，不把新疆建设好，我死不瞑目。

　　西域屯政不修，地利未尽，以致沃饶之区，不能富强……颇以未竟其事为憾。

老英雄的话掷地有声，刻进左宗棠的心坎里。

湘江夜话，对林则徐来说，家国、民族大义的心怀，终于可以安放了。对左宗棠来说，林则徐跑遍新疆实地绘制的翔实的边防地图，是支撑他日后"缓进急战"的底气；林则徐的激励与鞭策，是他克服超常困难的精神支柱。25年后，左宗棠坚持出兵收复新疆，在众口一词的反对声中硬挺过来，他忘不了林则徐殷勤寄望的眼神。

1875年5月3日，左宗棠以钦差大臣身份督办新疆军务，面临四大难题——"兵疲、饷绌、粮乏、运艰"。左宗棠统率八万七千西征军驻扎肃州大营，一路西进，解决难题依据的材料，正是林则徐见面时所赠。

作为军事统帅的左宗棠，事功集中在平发（发指太平军，又称"长毛"）、平捻、平西北。而平西北最主要的贡献，在收复新疆。如果缺少收复新疆一笔，就像一座高山没有主峰，作为军事家的左宗棠将黯然失色。

胡林翼、陶澍、林则徐从不同的侧面，给了左宗棠绝大帮助。有了这些支持，左宗棠从才能到机会，逐一具备。

还有一个从小一起长大的朋友，帮左宗棠在仕途转折的关头化解了危机。

他就是郭嵩焘。

谁能想到，在最困难的时候帮自己化解危机的发小、亲家，日后却成了左宗棠合作的部属。各种关系搅和在一起，让郭嵩焘与左宗棠的关系，变得微妙复杂。

百年之后，左郭仍恩怨交杂，争论不止不休。

乡情加共事，撮合成朋友

郭嵩焘与左宗棠是湘阴县同乡。

1818年4月11日，郭嵩焘在湖南湘阴县出生，小左宗棠六岁。作为同乡，两人自小就有交往。

与左宗棠不同，就家世而言，郭嵩焘称得上"富家子弟"。

《湘阴郭氏家谱》记载，郭家到郭嵩焘曾祖父郭熊时，号称"富甲一方"。称"长沙首富"，不算夸张。

家庭赋予郭嵩焘过人的经济才能。这种才能，最早在1854年帮曾国藩筹备军饷时就显现出来。

郭家有经营商业的传统。到郭嵩焘父亲时，仍然经营借贷。见识了从商者的辛勤刻苦、仁厚道德，郭嵩焘没有按社会的流俗，先入为主地以"无商不奸"的成见来看待天下商人。日后在长沙禁烟会上，他甚至说"商贾可与士大夫并重"。

郭嵩焘与左宗棠气质迥然不同，天资难分上下。11岁那年，郭嵩焘开始跟随善化李选臣读书，此后一路顺利，17岁中秀才，19岁中举人。1847年，29岁的郭嵩焘进京会试，考中二甲第39名进士，点为翰林院庶吉士。

家庭起点不同，加上先天气质差异，两位湘阴籍人物，后天差异日加明显：左宗棠偏技术理性，郭嵩焘偏人文感性。左宗棠的思想力，围绕办事能力发展；郭嵩焘的思想力，朝着思辨方向走。

左宗棠长处在知行合一，郭嵩焘专在纯学术研究。他们思维的逻辑、看问题的眼光，因此差异较大，同一件事情，往往得出不同的结论。如果不是同乡，他俩的人生轨迹，应该没有什么交集。

追溯郭嵩焘与左宗棠人生的交集，缘于1848年湘阴洪灾。救济乡民过程中，左宗棠建"仁风团义仓"，为救助灾民做过不少实事。

郭嵩焘与左宗棠迅速走到一起，缘于太平天国运动前夕，两人为躲避太平军屠杀，提前在湘阴东山选择了一块隐居地。左宗棠住白水洞，郭嵩焘住梓木洞。

1852年冬，郭嵩焘受左宗棠委托，去湘乡登门劝说曾国藩创办团练，郭嵩焘负责帮湘勇理财，与在湖南省军政府指挥战事的左宗棠各行其是。

两人共同语言不多，但也没有什么实质性冲突。湘阴同乡的身份，办事时发生的人际交道，成了将两人凝聚成朋友的核心要素。

被动欠下一笔"人情债"

"露从今夜白，月是故乡明"，在看重地缘、血缘、情缘的传统宗法社会，乡情观念的凝聚力在古代颇大。"老乡见老乡，两眼泪汪汪"，同乡之间普通日常的交往，会让人心生情愫。尤其远隔千里，"乡愁"与"乡情"，会得到强化。

郭嵩焘对左宗棠鼎力相助，基本上出于这两个原因。

跟左宗棠早年科场不顺相反，郭嵩焘早年由科场入官场一路春风。1858年年底，郭嵩焘被咸丰皇帝任命为南书房行走。这是一份标准的"词工之臣"工作，相当于皇帝的高级政治秘书，郭嵩焘在任上干得得心应手，颇讨咸丰皇帝欢心。

郭嵩焘上任南书房行走后，左宗棠正在主持湖南平定叛乱工作，因湖南在左宗棠的主持下，"内清四境，外援五省"，对稳定朝廷起到了举足轻重的作用，已经引起咸丰皇帝注意。左宗棠卷入"樊燮案件"后，湖南巡抚衙门跟湖广总督衙门对事实陈述两歧，年轻的皇帝对事件真相颇感模糊，对左宗棠其人心怀猜贰。

1859年1月6日，咸丰皇帝得知郭嵩焘与左宗棠是同乡，君臣间展开一番对话。

上曰："汝可识左宗棠？"

曰："自小相识。"

上曰："自然有书信来往？"

曰："有信来往。"

上曰："汝寄左宗棠书，可以吾意谕知，当出为我办事。左宗棠所以不肯出，系何原故？想系功名心淡。"

曰："左宗棠自度赋性刚直，不能与世合，所以不肯出。抚臣骆秉章办事认真，与左宗棠性情契合，彼此亦不能相离。"

上曰："左宗棠才干如何？"

曰："左宗棠才尽大，无不了之事，人品尤端正，所以人皆服他。"

上曰："年若干岁？"

曰："四十七岁。"

上曰："再过两年五十岁，精力衰矣。趁此时尚强健，可以一出办事，也莫自己糟蹋。汝须劝一劝他。"

曰："臣也曾劝过他。他只觉自己性太刚，难与时合。在湖南亦是办军务。现在广西、贵州两省防剿，筹兵筹饷，多系左宗棠之力。"

上曰："闻渠尚想会试？"

曰："有此语。"

上曰："左宗棠何必以科名为重。文章报国，与建功立业，所得孰多？渠有如许才，也须得一出办事才好。"

曰："左宗棠为人是豪杰，每谈及天下事，感激奋发。皇上天恩如果用他，他也断无不出之理。"

其时，左宗棠正卷入"樊燮事件"，不得脱身。湖广总督官文怂恿永州镇总兵樊燮极力构陷，贴上了"劣幕"标签，左宗棠危在旦夕。郭嵩焘这次谈话，形成了咸丰皇帝对左宗棠的正面看法，对他后来坚定起用左宗棠襄办曾国藩军务，起到了一定作用。

化解"樊燮事件"危机，真正走在台前的关键人物是潘祖荫。潘祖荫根据郭嵩焘的授意，连上三封奏折极力保举左宗棠，在一封奏折中称"国家不可一日无湖南，而湖南不可一日无左宗棠也"。

潘祖荫远在北京，左宗棠身处湖南，他是怎么知道左宗棠的？

诸多版本称，潘祖荫的奏折其实就是郭嵩焘写的，他本人只是署名代递而已。郭嵩焘在日记中则说，潘祖荫听自己详细说过左宗棠事迹后，亲自动笔。真实的情况，很可能是郭嵩焘口授，潘祖荫捉笔。因为就算是郭嵩焘写的，他也不会在日记中实记。

左宗棠当时置身风口浪尖，加之京、湘隔地三千里，他对前因浑然不知。后来，郭嵩焘将日记抄给他看，他才跟长子左孝威自述起经过原委。

左宗棠以古代高洁志士类比，以儒家的"君子人格"比照自身，将郭嵩焘做了好事不留名当作大公无私、急公好义。

左宗棠按自己的逻辑解读郭嵩焘的举荐，但事实上，郭嵩焘要留名，也在意回报，晚年还在日记中提起。

左宗棠显然错会了意。郭嵩焘本人亲笔告诉左宗棠，自己予他有救命之恩，当事人读后，对这种"售恩"式的做法感觉有点违和。古话说，"善欲人知，终非真善"。毕竟"大恩不言谢"，这类事情适合朋友转告，尤其不宜直接信告。

这只是一次误会，不会构成实质性冲突。但左宗棠偶然欠下一笔"人情债"，造成了朋友间"关系能量"失衡，二人的交恶还在后头。

仕途屡遭不顺，左宗棠惜才保荐

与左宗棠刚直、势锐不同，郭嵩焘的性格，用曾国藩的评价说就是"芳菲悱恻"。内心里鲜花盛开，脸上却是人间腊月天。

郭嵩焘生平多抑郁，一则是文人天赋，同时也缘于仕途不顺。他跌宕多舛的仕途，始于第一次走出京城到地方办理实务。其后三十多年里，他不止一次在地方政事上栽跟头，直至碰得头破血流，愁心似海，万念俱灰。

1859年2月6日，咸丰皇帝起用在南书房已补足学识的郭嵩焘，去天津参赞僧格林沁军幕，负责加强海防。

郭嵩焘到任后，以学者的口气，头一句话就劝僧格林沁赶紧放弃海防，将主要精力用于剿灭捻军。理由是：捻军是朝廷的心腹大患，办理一天，就有一天的功劳，办理一年，就有一年的功劳。海防呢？没用。因为洋人来中国，目的是通商求利，商业上的事，应该通过商业的手段去解决，不要动不动就喊要跟西方人打仗。所以，海防不管你防还是不防，都既没有功劳可言，也无效果可统计。

正在积极指挥海防建设的僧格林沁听了，半天作不得声。政见不同，不相与谋。他借机将郭嵩焘排挤走。

1859年10月，朝廷再让回京待命的郭嵩焘去地方反腐。郭嵩焘以钦差大臣身份，前去调查前任山东巡抚崇恩。

思想学问一流但办事经验严重不足的郭嵩焘，没有考虑到社会实情、办事方法和技巧，单凭理想与良心，反腐打黑，创立新政。此举带来的直接后果是，山东福山县商人公开抵制，导致发生激烈民变，商民直接捣毁厘金局，将郭嵩焘新任命的局长萧铭卣活活打死。

两个月下来，大老虎一个没打到，反将自己打得挂了彩，灰头土脸，外焦里嫩。回京后，他以"罪臣"之身被移交吏部，受到"降二级调用"的处分。

此后，郭嵩焘近两年赋闲居乡，开始变得心情抑郁，牢骚满怀。

这段时间，左宗棠对郭嵩焘的生活十分关心。1861年3月22日，左宗棠给郭嵩焘弟弟郭崑焘写信，要他劝兄长出去旅游放松一下，别老待在家里憋坏了。郭崑焘如实转告，郭嵩焘听了很是生气，说：老乡们只见我闭门绝交游，就想当然妄下断语，此可笑也。

乱世才人总是令人惦记，郭嵩焘再一次出山的机会很快又来了。江苏巡抚李鸿章向朝廷举荐，1862年5月，朝廷发布任命书，郭嵩焘任苏松粮储道。

郭嵩焘从长沙坐船东行，10月5日到达上海就任。

正在为筹饷发愁的浙江巡抚左宗棠，十分欣赏这位湘阴同乡的理财本领。1863年年初，他向朝廷保举，邀郭嵩焘同时兼管浙江盐务。

郭嵩焘自称中国第一流洋务人才，这与左宗棠自比诸葛亮一样，虽然自视颇高，但不是吹嘘，两人在各自擅长的领域内都十分了得。

众星捧月，成绩显著。

1863年7月1日，基于郭嵩焘在任上为湘、淮两军理财有大功，皇帝给予破格提拔，清廷向曾国藩下发了郭嵩焘新的提拔任命书：

> 郭嵩焘着以三品顶戴署理广东巡抚，并着迅速前赴署任，无庸来京请训。

郭嵩焘第一次做上了孜孜以求的巡抚，他欣喜于圣贤梦想终于有了实现平台。

谁知道，郭嵩焘做上巡抚后，理想与现实发生强烈反差，他本人就像羊入狼群，开始厄运连连，陷入官场内斗泥潭，无法自拔。

起先，他与前后两任两广总督闹得鸡飞狗跳。幸运的是，慈禧太后将两任总督都相继调离。

不幸的是，作为巡抚的郭嵩焘，与作为总督的左宗棠，很快要直接发生冲突了。

朋友 VS 共事，何去何从？

1865年5月，闽浙总督左宗棠来到福州指挥作战，之后又负责督办广东军务。作为督办福建、江西、广东三省军务的钦差大臣，他由此成了郭嵩焘的顶头上司。

福建、浙江是闽浙总督的地盘，经左宗棠三年辛苦经营，已经兵强势雄。太平军无处可躲，余部主力李世贤、汪海洋两部败退福建龙岩、漳州。左宗棠剑锋南指，一路穷追猛打。他指挥将领郭松林、杨鼎勋，将龙岩、漳州作为前线，一举击破太平军。

余下残兵，窜入广东。

根据属地负责制，广东的太平军归郭嵩焘负责。但郭嵩焘不擅长打仗，紧急向左宗棠求援，盼他命令郭松林、杨鼎勋乘胜追击，将广东的太平军残部一举歼灭，以绝后患。

左宗棠却认为，太平军主力在福建时已经被自己率楚军消灭，就那么一点残兵败将，广东凭借本土力量，足以对付。因为北方捻军已经吃紧，需要郭松林、杨鼎勋两员大将统兵前去协助。遂一纸调令，将两部精兵从郭嵩焘眼皮底下调走。

原本对左宗棠抱极大希望的郭嵩焘，心一下子掉进冰窖。

诸多因素叠加一起，造成两人对同一件事在感受与理解上的差别。在事功正节节攀升，以当代诸葛亮自命的左宗棠看来，既然郭嵩焘说"国家不可一日无湖南，而湖南不可一日无左宗棠也"，自己就不应因乡谊之私，成全朋友之私，放弃国家大义。毕竟太平军已成强弩之末，捻军上升成了大清的主要矛盾。

左宗棠并不是唱高调，他真心实意这么认为。他终生都以这个原则与官场朋友相处，这也是他被后世指责的原因之一。

问题是，郭嵩焘长于理财，并不擅带兵打仗，左宗棠完全清楚这一点。现在逼得郭嵩焘自用其短，这种"大行不顾细谨"的做法，确实很伤朋友。左宗棠之所以不分兵援助郭嵩焘，其中一个不好说出口的原因，是郭嵩焘不愿为楚军提供军饷、粮饷。闽浙总督自备人马，自筹军饷，自带干粮，为广东巡抚打仗，左宗棠认为郭嵩焘没有全局意识，做官太抠门，于情于理不通。他给家人写信，评价郭嵩焘此举为"迂琐"，也就是迂腐、琐细，说得更直白些，就是书呆子气，没有大局观。

1865年9月，因为广东军事经营太弱，太平军残部又占领广东长乐。朝廷追问，郭嵩焘既急又乱，无计可施，只好亲自带兵去惠州督战。不想这下两广总督瑞麟又生气了，认为他越职侵权。

求人不成，求己也不成，走投无路的郭嵩焘绝望了。

于是，郭嵩焘赌气向朝廷请辞，要求"以病乞休"。

左宗棠见局面已经僵死，再不出面不行，便瞅准时机，出来收拾两广官场。他向朝廷报告说：广东已经被总督瑞麟和巡抚郭嵩焘经营得一团糟，可见此二人都无法胜任工作，建议朝廷同时撤职。

慈禧太后下旨问：左爱卿怎么看待郭嵩焘其人？

左宗棠评价说：郭嵩焘为人勤恳，办事笃实，品性高洁；而谨慎有余，灵活应变，非其所长。

慈禧太后表示同意，再问：你认为谁合适做广东巡抚？

左宗棠回复：蒋益澧。

慈禧太后说：左爱卿有眼光，就按你说的办。

理顺了两广总督跟广东巡抚扯皮互责的人事关系，左宗棠一声令下，大张旗鼓出兵广东。

到1866年2月，楚军一举在广东嘉应州消灭了最后一股太平军。历时15年的太平天国运动，至此终于平息。

朝廷嘉奖，郭嵩焘与左宗棠同列有功，被赏赐二品顶戴。

但坏消息同时传来，与嘉奖令同步，朝廷听取左宗棠建议，郭嵩焘就地解职，蒋益澧替任广东巡抚。

左宗棠没有预料到，自己这下捅到马蜂窝了。

性格不兼容带来的误会

左宗棠建议朝廷解除郭嵩焘巡抚之职，到底出于何种用心？

根据各方史料综合考虑推测，本意应是为了保护。

左宗棠从1852年加入湖南幕府，已经积累了14年官场斗争经验，他心里完全清楚，官场不但是繁剧之地，也是是非之窝。郭嵩焘文人情怀，眼光高远，魄力欠缺，作为全省一把手，权重责大，一旦在军事上出了事故，不但声名毁于一旦，且有生命之虞。

同时，出于个人功名与政治利益的考虑，左宗棠也有自保心理。他很清楚，郭嵩焘处理官场斗争毫无经验，且软肋不少，一旦在军事上帮他，非一步可及，一步帮步步帮，两人生死相依，荣辱与共，从此背上一个沉重的政治包袱，一不小心自己也会跟着郭嵩焘搭进去。

更关键的是，左宗棠对郭嵩焘和气一团不肯铁腕整顿广东十分不满。擅长理财的郭嵩焘，作为广东省的头号官员，连税收工作也不尽如人意。左宗棠举例说：潮州地区那么大一块好地方，郭嵩焘一年才收两万两白银。按我的办法，每个月就能轻轻松松收上两万两。我不能越俎代庖，只能眼睁睁看着郭嵩焘干着急。但干着急总归是不行，只要左宗棠出兵帮忙，大家捆在一条船上，他收不足钱，我的仗没法打。

郭嵩焘站在自己的角度，其实是有苦难言。他确实擅长理财，但担任苏松粮道专管理财跟担任广东巡抚分管理财，已经不是一回事了。不是他不想收，而是不知道怎么娴熟使用手中的权力去收，因为广东布政使专管财政，郭嵩焘只能依靠跟借助他，而不能事必躬亲，何况，广东省厘金局的直管上级是省藩司，而不是巡抚。身为广东巡抚，他按照书本上说的去为官，但下属都不按套路出牌，这让他一度迷惘：广东省厘金局局长不卖力，我能有什么办法？收拾他吧，既狠不下心，也找不到理由。

事实上，曾国藩早年已经看出郭嵩焘适合做学者，不适合当官。他说郭嵩焘是"著述之才，非繁剧之才也"，郭嵩焘当时不信。现在左宗棠刚直对待，让他不信也得信了。但曾国藩只是委婉提醒，左宗棠却照直去做，这一下将他彻底得罪了。

为人处世、待人接物，左宗棠有句名言："居心宜直，用情宜厚。"对待朋友，内心要正直，态度要坦诚，感情要深厚。如果"心"与"情"不能统一，怎么办？很好办，先"直"后"厚"。

左宗棠此次对郭嵩焘，正是先"直"后"厚"。

在敢作敢当、"霸道"治军的左宗棠看来，"官场好人"郭嵩焘与本朝一塌糊涂的官场，已经格格不入。错不在郭嵩焘，而在官场。但责怪官场无用，那就让懦夫走开，由强人来改造官场。

左宗棠正是这么想的。他气魄宏大，豪雄盖世，以个性对抗黑暗，以"天地正气"来重新塑造官场风气，该抓的抓，该杀的杀，菩萨心肠，霹雳手段。1862年上任浙江巡抚之初，他将各市州道员来一番彻底洗牌，一次就向朝廷申请撤换了17名中层干部，即是证明。

郭嵩焘心地善良，为人性情温和，他反对左宗棠这么做，包括反对他以霹雳手段反腐。理由是，专注事功，见效一时，遗患后世。因为贪官也是人，人杀多了，国家成了屠宰场，社会一片血腥气，谁还敢相信道德与善良？因此，教化大于杀戮，和谐大于改革。只要教化得当，官场就可以风清气顺。

被左宗棠建议朝廷解职后，郭嵩焘不清楚其用意，开始在心里打起哑谜。

解职之初，郭嵩焘没有着眼事实层面，去核定哪些是事实，哪些偏离了事实，也没有真正站到公私的层面，理性客观地反省。

1866年4月29日，郭嵩焘在日记中记下这样一段话：

> 接王少鹤信，知粤抚已擢蒋湘泉，鄙人作何位置，尚无确信。能得罢职归家，乃为快耳。左季高三次保蒋公，必得此席而后已，可谓全力以争矣。终亦不能测其为何心也。

这里说的是，朋友王少鹤来信告诉郭嵩焘，朝廷已经发布了广东巡抚授予蒋益澧的任命书，至于郭嵩焘的人事新安排，还没有确切信息。郭嵩焘希望自己被朝廷罢免，痛痛快快归家休息。他开始根据回忆推测：左宗棠先后三次向朝廷保举蒋益澧，可以说是拼尽全力在争取了。左宗棠为什么要如此尽心竭力地推举蒋益澧取代自己？郭嵩焘说：他的用心真是深不可测呀。

卸任之初，郭嵩焘除了跟朋友在书信里发发牢骚，确实没怎么上心，毕竟从繁剧的官场实务中骤然脱身出来，有一种解脱般的轻松感。但当真正解职归乡，蜷居乡下，整日闲暇，情况就完全两样了。郭嵩焘在湘阴老家闭门琢磨，看法大变。尤其是左宗棠其后一路高升，他感到很不是滋味，经过反复比较跟猜测，得出这样一个肯定性的结论：左宗棠在玩弄权术，对自己用心过酷。

这还了得！郭嵩焘积怨难纾，开始对左宗棠谴责与"索债"。

"人情债"：欠下的，怎么还？

郭嵩焘开始与官场朋友频繁通信，邀朋友评理。

他越想越不对劲，日记上百处写到左宗棠，无一不是激愤的批判。

最极端的一次，在1868年10月30日。他梦到左宗棠跪在自己面前，自扇耳光，沉痛反思。醒来后，郭嵩焘感慨说：我为什么做这个梦？因为鬼神在催左宗棠赶快向我道歉。

作为闻名后世的学者，郭嵩焘的日记流传后世。在其日记中，左宗棠已经一无是处。

郭嵩焘在幽怨中回忆起曾经与左宗棠交往的点点滴滴，发现左宗棠从为人到用心，坏处无穷多。曾国藩早年向朝廷上奏，称赞左宗棠"刚明耐苦"，这本是正面的褒奖跟肯定，郭嵩焘此时也拿出来做反面教材批评。他生气地说：我现在总算明白了，你知道左宗棠的"刚"是什么吗？"暴气"。你知道左宗棠的"明"又是什么吗？"自以为是"。

"刚"是不是"暴气"，主要看每个人的角度。军事统帅左宗棠肯定不会带兵到战场上绘画绣花。他的治军之道，就是"霸道"。但"自以为是"的批评，应该说偏了。左宗棠曾很有自知之明地说：

> 吾以婞直狷狭之性不合时宜，自分长为农夫以没世。

这已经是十分严重的自我解剖与批评了。

左宗棠本人对"刚"字，则是这样一番解释：

> 所谓刚者，非气矜之谓、色厉之谓，任人所不能任，为人所不能为，忍人所不能忍。志向一定，并力赴之，无少夹杂，无稍游移，必有所就。

换成白话，什么叫作刚？不是气盛，不是矜持，也不是脸色严厉。真正刚强的人，敢于接手别人不敢干的工作，做别人做不到的事，承受别人承受不了的压力。内心的目标坚定不动摇，自己所做的一切努力，都朝着认准的目标挺进，内心不夹杂任何私心杂念，不被外界诱惑，朝着认定的目标干下去，无论干任何行业，做任何职业，最终都会有所收获。

左宗棠晚年能够力排众议成功收复新疆，就个人性格而言，根本上得益于"刚明"。同一个"刚明"，在左、郭心里竟然形同霄壤，判若云泥，可见个人判断的主观性可以有多强，偏差可以有多大。

除了郭嵩焘在这里否定左宗棠的"刚明"，无论历史其时还是身后，很少再有人认为，"刚明"是左宗棠的性格缺点。

左宗棠真正的性格缺点，大概是胡林翼照实指出的"刚烈而近于矫激，面折人过，不少宽假"。也就是说，左宗棠论人事刚正、直接到了近似偏激的程度，不惜当面指出别人的缺点跟过错，不去替人掩饰，不懂得指桑骂槐，只说现象，而不要针对具体的人。

郭嵩焘是近代中国首任外交官，作为思想家，他有洞透千年的眼光；作为文人，他有敏感的天分与才情；他对左宗棠的评价，三分中肯背后，七分激愤难平。

对于郭嵩焘的仕途，左宗棠的影响其实并不大。

有事实为证。卸任广东巡抚后，郭嵩焘乡居过很长一段时间。1876年，郭嵩焘再次出山，前往欧洲，担任中国首任驻英公使，但这次又因副使刘锡鸿的蓄意陷害而免职。

郭嵩焘心性敏感，心地善良，因此格外容易受伤。他晚年对官场里历年来伤害过自己的朋友，一律选择不原谅。而左宗棠作为同乡，欠自己太多，更加不原谅。

1882年1月，左宗棠回湘阴省亲，郭嵩焘见面第一句话就责怪道：你当年为什么接连弹劾我三次？左宗棠说：老朋友，我只弹劾过你一次。

这次回乡省亲，左宗棠带了一百多名亲兵，湖南地方官按宰相、侯爵规格接待，场面十分壮观。这种荣归故里的气派，同乡们还是第一次看到。

郭嵩焘看后颇为反感地说："趋从乃至百余人之多，亦云豪矣。"他认为左宗棠的亲兵人数太多，是在炫耀排场。

郭嵩焘不知道的是，左宗棠此行还接到了慈禧的一道秘密命令，调查湖北当地官员的贪腐嫌疑。作为钦差大臣，左宗棠所带亲兵肩负了保卫他的任务，只是顺路带回湖南省亲而已。

对左宗棠来说，郭嵩焘是一位尴尬的举荐者。他既给自己人生带来帮助，又弄得自己声名颇为受损。左宗棠一生的口头禅是"不值为此区区挠吾素节"，他将名声看得比生命还重。他一生都不知道，郭嵩焘在日记里单方面到底记了什么，如果看到了，一定会和他当面辩一辩。毕竟，历史当事人的只字片言，死后都是后世研究者的一手素材，全成了信史。郭嵩焘本人情绪与意气过烈，又都落于纸上，形诸文字，传之后世。对了解左宗棠不多的读者来说，很难分清哪些是事实，哪些是想象。

左宗棠死后，郭嵩焘仍没有原谅，他题下两副挽联。

其一：世须才，才亦须世；公负我，我不负公。

其二：平生自许武乡侯，比绩量功，拓地为多，扫荡廓清一万里；交谊宁忘孤愤子，乘车戴笠，相逢如旧，契阔死生五十年。

第一首过于意气，对死者不尊，当时没敢挂出来。郭嵩焘选择将它留在日记里，让后世来断这桩公案。

两人如此龃龉，凶终隙末，大约是左宗棠没有料想到的。

比较来看，胡林翼虽与左宗棠也有过分歧，左宗棠还批评他"喜任术，善牢笼"，但两人性格互补，越批评越了解，感情也越深，彼此掏心贴肺，全无隔膜，是真男人的交往。

左宗棠无暇沉沦于朋友的分歧、责怪，也不会沉湎于朋友的欢喜与赏识。因为他有自己为人处世、待人接物的方法跟原则，这些方法跟原则的养成，又离不开早年的自我反省、完善与修行。

细览左宗棠成长经历的心路，今人仍能从中得到不少启发。

频说

选择"实学"，让左宗棠习得办事能力，属"智商"一端。朋友"荐举"，为左氏赢得办事机会，属"情商"范畴。

左宗棠一生始终坚守一条交友准则：对于能办事、人品正、价值观一致的朋友，一见如故，均有深交，彼此"居心宜直，用情宜厚"；对于"非友""亦敌亦友"者，一旦办事发生冲撞，他要么当面指责，要么见面痛骂，"面折人过，不少宽假"，不拿这类人当朋友。

"交友"之道贯穿左氏一生，是助力事业成功的重要一环。

他用同样方式的"察举""荐举"，从民间发现刘典、蒋益澧、杨昌濬等人，在浙江、广东、陕西、甘肃、新疆五省起用他们，为革除旧体制弊端勠力同心。他应邀为魏源《海国图志》作序，意在借助知音魏氏的先进思想，团结体制内"同志、同道"的改革派，图国家自强之道，求百年永固之方。左氏晚年与光绪皇帝老师翁同龢深交，家国大义、朋友情谊交融，是朝廷顺利批准"援越抗法"的原因之一。

与同时代诸多结盟成利益集团的"高情商"官员遭遇不同，左宗棠一生很少受朋友牵绊、拖累，更不受"人情绑架"，与上述独到的"交友准则"有关。

第三章

成大事者
如何面对自己的缺点

最终实现了『化短为长』？

他通过什么奇特的方法，

在于能够『善用其短』。

左宗棠高明之处，

每种性格优点的背面都对应着缺点。

『问题少年』的进化秘籍

成长中的苦恼：倔强、偏激

许多年以后，左宗棠对少年时代最深刻的记忆，是穷困。

童年与少年时代，全家八口人的生活开支，全赖左观澜收取的学费，"非脩脯无从得食"。遇到灾荒，只能"屑糠为饼食之，仅乃得活"。

左宗棠做上总督后跟儿子孝威回忆述及，仍不免伤心感慨。他说：湘阴左家世代寒素，就没过过宽松日子，祖辈历代遭过的穷困，一本书都写不完，当年与你的母亲每每提起，仍不免落泪。

吾家积代寒素，先世苦况百纸不能详。尔母归我时，我已举于乡，境遇较前稍异，然吾与尔母言及先世艰窘之状，未尝不泣下沾襟也。

穷困让少年懂事得早。成长时期因家境困窘，遭遇乡人轻视，他有过自卑，由此变得敏感，用他自己的话说，"穷困潦倒之时，不被人欺"。这种心气积累，让左宗棠逐渐变得倔强、偏激。

倔强表现为口气大、好强、傲气；偏激表现为走极端、说话过头、将事说尽。倔强跟偏激结合，则"喜为壮语惊众"。

左宗棠八岁学作八股文，九岁已经写得一手好文章。作为范文，同学经常抢去传阅，看得羡慕嫉妒恨。左宗棠却还嫌不过瘾，故意打破课堂枯燥，大叫一声：这是谁的文章，怎么写得这么好？！当然是自己的。别人对他已经高度评价，他却还嫌不够，自我评价比别人还要高。这种童真式的自炫，带点顽皮，有几分可爱。

但倔强、偏激的村野性格，明显不合儒家伦理规范。《论语》里，孔子明确说："攻乎异端，斯害也已。"执极端、好偏激，是社会公害。

对于左宗棠这种特性，左观澜并没有刻意压制。毕竟，倔强、偏激，只要不犯具体错误，找不出理由来指责。何况，乡间秀才性格中庸平和，并不强势。

但个性过于强烈的人，走到哪里，都能让人立即感觉出来。

城南书院教师贺熙龄第一个感觉到并当面指出。他特别欣赏左宗棠的才气，更觉得这种性格是个问题。因为有才气的人往往能够成事，成事离不开团结一群人，个人的性格缺点通过群体会逐渐放大。他因此告诫左宗棠："气质粗驳，失之矜傲。"用今天的话说：你是个粗放型的青年，自负高傲，要注意啊。

贺熙龄当面指出的原因，在于他对左宗棠抱有厚望。普通人谁不是缺点一堆？但没什么严重后果，也就将就。何况，换一个环境、职业，缺点说不定又是优点，为什么要改？但以左宗棠的志向，将来必得有番事业作为，管理者一些必备的人格标准，必须修炼到位，否则成不了事。

俗话说，知人者智，自知者明。人要看到别人的缺点一般比较容易，要看到自身的缺陷往往比较困难。少年左宗棠没有例外。

经贺熙龄一提醒，左宗棠幡然醒悟，反身求诸己，发现了问题。

有了自知之明，他迫切想改。

性格弊病怎么改？将书本当医药，自诊自治。他首先想到读理学，来专治"粗气"与"傲气"。

这是一段将自己的心灵关进小黑屋里闭门反省、自我革新的苦日子。坚持一段时间，他被迫放弃了。

放弃基于两个原因：其一，江山易改，本性难移，"习染既深，消融不易"，不是想改就可以改；其二，像和尚念经一样，时时刻刻、事事处处，都要克制、压抑本性，事实上无法做到，因为"稍有觉察，而随觉随忘"，没办法洗心革面。

以理学当药，理学是理学，自己是自己，性格"依旧乖戾"。

怎么办？

左宗棠开始陷入苦恼。

"涵养须用敬"：改"粗气"、制"傲气"

苦恼中，左宗棠捧起《论语》。他读到一句话，陡然受到震动。

孔子曰："君子有三畏：畏天命，畏大人，畏圣人之言。"

这不正是根治自己倔强、偏激的良方吗？左宗棠如获至宝。

但儒家的"三畏"，只是一些宏观的理论，只给人以方向，而不是切实可行的方法。

如何将宏观的理论转化成克制自己性格缺陷的具体方法？

左宗棠继续从书本里找答案。他从程颐的一句话中得到启示："涵养须用敬。"

这就对了，用"涵养"改掉"粗气"，用"敬"制约"傲气"。

左宗棠自述其办法是"少说话，多做事"：

> 比始觉先儒"涵养须用敬"五字，真是对证之药。现已痛自刻责，誓改前非，先从"寡言""养静"二条做起，实下工夫，强勉用力。

寡言修心，养静观心，这两点相对容易做到。

左宗棠最终选择儒学修养心性，基于儒学与理学存在根本差别：理学要求人时刻狠斗内心私念，消除个性，浴火重生，脱胎换骨，重新做人。儒学则相对宽松，只要心中有敬畏感，言行符合礼仪规范就可以，个性不妨保留。

17岁起，左宗棠将"涵养须用敬"刻在心头，作为座右铭，并对症下药：以诵文练字去"粗气"，以儒家礼仪制"傲气"。

去"粗气"的具体方法是，在学习上细心、静性，即"读书要眼到（一笔一画莫看错）、口到（一字莫含糊）、心到（一字莫放过），写字（要端身正坐，要悬大腕，大指节要凸起，五指抓均要用劲，要爱惜笔墨纸）、温书要多遍数想解，读生书要细心听解"。

制"傲气"的具体方法是，在礼教上，以古人为楷模。"古人说，事父母，事君上，事兄长，待昆弟、朋友、夫妇之道，以及洒扫、应对、进退、吃饭、穿衣，均有见成的好榜样……能如古人就是好人；不能就不好，就要改。"

坚持一段时间，涵养开始变化。到25岁那年，左宗棠就任醴陵渌江书院山长。满意于修身成效的他，将儒学修心当作法宝，用来规范学生言行，修炼涵养，教学相长，与学生共同提高。

今天虽然没有专门记述左宗棠"修心"的详细材料，但通过他的教学故事，可以从侧面看出其自我修养之路。

左山长上任第一件事，便是严格订立学规。他的办法是，给每个同学发一本日记，要求将每天功课随时记清，关门下课时"即查阅功课，赏勤罚惰，必公必平"。每月初一、十五定期检查读书笔记。对调皮捣蛋不认真的学生，按照校规来处理，犯事学生一律赶出校门，绝不留情面。

教学实践中，左宗棠一边大胆创新，一边小心求证。他从儒学"制外所以养中，养中始能制外"这句话中又得到启发，将"涵养须用敬"的内涵进一步拓展：以"三畏"作为头顶的星空，约束自己的言行，做到符合君子规范；以"养中"作为内心的道德律，克制性格的缺陷，提升内在的气度。

这是左宗棠修心路上的第一次社会实践。他对实践的效果同样感到满意，回湘潭后兴奋地告诉妻子说：近来同学们相互勉励，个个发奋用功，并不嫌我的规定过严过苦，整个校园气象为之一新。我不但用这些规定对照学生，也比照自身，没有一处放任自流。古人说教学相长，看来还真是这个道理啊。

如此自修自养，左宗棠个性没有被压制，但又不再像少年时代那样激进，言谈举止虽然张扬，但已经符合礼仪。

长年自医自治下来，性格定型后的左宗棠是什么样子？

去掉"粗气"，保留个性

作为左宗棠最好的朋友，胡林翼是左宗棠的一架黑白照相机，原原本本记录下了他的成长剪影。

1842年，胡林翼因守父孝回湖南。作为陶澍的女婿，他又赶到安化县小淹，帮助陶氏家族处理内部各项事务。在陶家，他与正教女婿陶桄的左宗棠见面了。

胡林翼与左宗棠的朋友关系此时已经好到彼此随意的地步。两人都以健谈著称，见面有说不完的话。但白天忙着处理陶氏家族事务，虽然同在一处，见面聊天的机会并不多。胡林翼嫌时间严重不够用，干脆将床搬进左宗棠的卧室。两人从此不分白天、黑夜，有空就拉到一起来"策"，纵论历代皇帝治国方略，历史名臣治事得失，分析他们出台政策与方案的动机、目的，比照治国效果。几天几夜谈下来，最后观点高度一致，真正"无所不谈，无所不合"。

如此推心置腹，古今中外、天下大势终于论完，开始说到个人修身上来了。

胡林翼坐在左宗棠面前，很直接地说：季高大人，我跟你说，你眼光很远，思想很宽，思考很深，这些都是他人难及的优点。但你想过没有？你有两个缺点：一是考虑事情太细，一件将要去办的事情，各种细节、可能性，你统统都考虑进去了，还分门别类列出全部的应对策略，这样虽好，但一旦出山办事，势必事必躬亲，时时受累；二是评价判断一个人、一件事，别人一般都会留出三分余地，但你总喜欢把话说绝，弄得没有回旋余地。这样并不好，万一事情并不是你认为的那样，你岂不是把自己逼到墙角了？

左宗棠听后一愣，当即诚恳接受，说：润芝兄，你说得太对了，"虑事太密，论人太尽，切中弊病"，这个我要反思。

胡林翼见左宗棠认同，接着说：还有，今后对于看不惯的人与事，你最好不要就人论人、就事论事，这样往往一次就把人给彻底得罪了；你得委婉、含蓄，开口要尽量不着边际，转悠着转悠着说，人家一听能感觉到你在说他，但又不会感觉你有意在针对他。这样事情如愿解决了，人家也不会怨恨你。

左宗棠这下不同意了。他很不以为然地说：今天官场里说话讨巧的、做事要滑头的，不都是照你这么说、照你这么做的吗？老实说，我最讨厌的就是这种人。男子汉大丈夫，说话要有立场，做事要有血性，如果"趋避为工，模棱两可"，别人听了半天，还不知道你到底是赞成还是反对，这不等于没说？我看还是直接为好，事情痛快，效率也高。

胡林翼看着左宗棠，呵呵笑道：季丈，不是我没提醒，你可以这样说，但不能这样做，不然，将来不但会得罪人，自己也会吃大亏。

左宗棠收起了笑意，很认真地说：你说的不是全没道理，但到底是好是坏，这个很难说。我打心底认定是对的话，为什么说出来还要看别人的脸色，揣摩别人的心思？事情总得要有人干，直话总得有人说，要办成一番大事，拐弯抹角，瞻前顾后，肯定做不成。还是直接一点好，省得浪费时间跟口舌。

胡林翼低头沉吟了一会儿，说：季丈，你有你的选择，我有我的道理。既然谁也说服不了谁，那就存而不论。我的这些意见，只供你参考，将来一旦碰到事情办不下去，你不妨想想我今天说的这番话。

这次辩论，距离左宗棠第一次修心，已经20年。

20年过去了，左宗棠确实有了大变化：学问已经了得，也养出了定力，养出了心气，有点"腹有诗书气自雄"的味道；但个性果然一点都没有变，还是那么倔强，认定的事情，照旧不肯动摇丝毫。这种结果，归因于儒学修心。

儒学本来就没要求他洗心革面，可以保留个性。

有个性的人要既保留个性，又达到"自由而不逾矩"的要求，根本依靠礼的约束。《论语》对礼的作用有明确的解释："恭而无礼则劳，慎而无礼则葸，勇而无礼则乱，直而无礼则绞。"一个人只是恭敬，而不以礼来约束，就会徒劳无功；只是谨慎，而不以礼来约束，就会畏缩拘谨；只是勇猛，而不以礼来约束，就会鲁莽惹祸；只是直率，而不用礼来约束，就会尖酸刻薄。

一般来说，人的才气跟个性存在一定的正比例关系。才高气大的人，个性往往更为彰显；反之，乡愿之人，才气多数平平。看看左宗棠后来身边那些牛人，张亮基、骆秉章，其实也都是有想法、有性格的人，但他们为了迎合传统，适应主流社会，都做了一些掩饰。骆秉章性格貌似全无棱角，甚至被时人形容为只知唯唯诺诺，一味给别人点赞的老好人；左宗棠私下接触，却发现他与张亮基一样，有脾气。湖南民风彪悍，真正粥粥无能的老好人，不可能管得下来。

胡林翼事实也血性彪悍。但他用智慧与幽默，将个性融化其中，像根包裹着厚棉花的铁棒。可左宗棠既不想做"老好人"，也不愿做"棉花铁棒"。

有无个性，是一对矛盾。对待个性，传统也经常陷入矛盾。因为人没有个性，或者压抑个性，固然符合传统规范，诵诗书，守礼仪，但这类人多没主见，缺少自由意志，难有创新。文化人为了弥补这一弊端，同时又鼓励个性。司马迁在《史记·商君列传》中说："千人之诺诺，不如一士之谔谔。"一千个普通人唯唯诺诺尽说恭维奉承话，还不如一个读书人大胆站出来讲真话。

左宗棠遵从天性，选择做"谔谔之士"。但这种本能的个性与主流文化价值观注定会发生冲突，往往被视作"异端""另类"。

个性既然难为晚清官场所容，左宗棠又有什么方法立足？

吸取先秦儒学营养，养成大气人格

随着年龄增大，社会交往面日宽，左宗棠的格格不入感也日益增加。但气质已成，个性已定，让社会来适应自己，绝无可能；委屈个性，适应社会，则比早年用理学来修心更让人痛苦。左宗棠再次反身自问，终于想明白了一个道理：自身可以改变的东西，尽量朝好的方向靠近；不能改变的东西，就不要改，应尽量从本身挖掘出优点。

倔强、偏激，让自己性格刚直，敢说敢做，气势磅礴。这是一种雄狮的类型，不能因为猴子、羚羊站在他们的角度嘲笑、否定自己，雄狮就必须改变基因，去做猴子、羚羊。雄狮类型，注定不适合给人打下手，只能自己带领别人，去开创事业。

在个人与社会发生的无数次冲突中，左宗棠逐渐清楚应该选择什么，放弃什么。

在得知胡林翼向林则徐举荐自己之后，左宗棠跟他说出了心里话：我这种个性的人，只适合办大事，不适合做小事；我可以凝聚一批人，带领他们成就一番事业，但如果听别人指挥，按别人的设计，我不是一个合格的能够完成任务的人。

弟才可大受而不可小知，能用人而必不能为人用。

这句话口气很大，看上去又像"壮语惊众"，其实不然。

左宗棠以儒学提升涵养，已经深得儒家精华，他只是将孔子的原话化用了过来。换句话说，是孔子在隔代教导他这么说。左宗棠以儒学修心，当然以孔子定下的"士人""君子"担当天下的标准要求自己。

子贡当年问孔子，怎么做君子？

孔子答曰："君子不可小知，而可大受也；小人不可大受，而可小知也。"不能让君子做那些生活小事，但可以让他们承担重大的历史使命；不能让小人承担重大的历史使命，但可以让他们做些生活小事。

按孔子的这条要求，真正要做个合格的读书人，并不容易。孔子与学生子贡就读书人的任务，立下三个阶梯式标准。

孔子说，读书人的第一任务，是"行己有耻，使于四方，不辱君命"。即是说，按照礼仪规范治理天下，将天下打点得井井有条，让世界从此进入永久和平，做到了这点的人，就是君子。

子贡可能觉得"治理全世界、开万世太平"的目标有点高，又讨价还价地问：老师，我能力有限，您这个要求也太高了，还有没有稍微低一点，容易做到的标准？

孔子说，有啊，"宗族称孝焉，乡党称弟焉"。只要你长年坚持对长辈孝顺，对同辈友爱，并且能用"孝顺"与"友爱"，将家族治理得井井有条，让全乡、全县、全省人民都以你为榜样，自觉向你看齐，就是君子。

子贡大概觉得这个目标还是有点高，又问道：老师，还能不能有更低一点的标准？

孔子有点不高兴了，这小子真行啊，读书又不是做生意，哪来那么多"喊一千卖八百"？当即语带鄙夷地说：也许还有吧。"言必信，行必果，硁硁然小人哉！抑亦可以为次矣。"说得到做得到，这种读书人你以为很好了是吧？我老实告诉你，这已经是不折不扣的小人了，勉强可做君子的底线，这个要求你不能再放宽了。

怎么看待这次对话？

子贡商人出身，看出了问题的关键：君子人格要求太高，现实生活中难以做到。今天去看，这确实是君子标准理想化的弊端，也是后世盛产"伪君子"的主要原因。对照"君子三标准"，晚清多数读书人其实都不合格，多数官员本质上都是"小人"。

基本达不到的标准，再不装已无活路。

因此，朝廷官员多数时候避君子话题而远之，或者以君子标准要求他人时才提出来。对他人"君子主义"，对自己"自由主义"。左宗棠却主动站出来以"君子使命"自居，归因于他处身社会边缘。早年父母双亡，作为没有田亩、没有积蓄的穷书生，身份几近"游士"，以君子自命，没有仕人被人揪辫子、抓话柄的风险。也就是说，官员的君子形象是做给别人看的，左宗棠的君子标准，只能做给自己看。

他将"行己有耻，使于四方，不辱使命"这句话消化后，用自己的话表达成"身无半亩，心忧天下"，公开挂在桂在堂的门槛上以明心志。

做君子太苦，太难，太有风险，读书人多惧做，但又不敢嘲笑孔子，于是只好反过来嘲笑左宗棠，这证明儒家文化经过两千年的发展，精华在读书人中已快丢干净了。

倔强的左宗棠懒得管他人怎么看自己。实践圣人教导，我自有主见与判断，为什么要看庸人的脸色？他继续沉心在儒家经典里，读破万卷，与古人"神交"。

用"义理"来愉悦精神，以"三畏"自正其心，以"君子人格"做标准，左宗棠逐渐养成一种大气心怀。君子人格一经定型，"傲气"也逐渐转化成了孟子倡导的"浩然之气"。

什么是"浩然之气"？最早见于公孙丑与孟子的一次问答。

孟子说："其为气也，至大至刚，以直养而无害，则塞于天地之间。其为气也，配义与道；无是，馁也。是集义所生者，非义袭而取之也。行有不慊于心，则馁矣。"

孟子给"浩然之气"定义了三个标准：其一，它是为人处世中让自己心安的良知；其二，它是正义在人的内心中长期积累，逐渐形成的；其三，"浩然之气"的道与义，每个人心中固有，不是心外之物。

左宗棠在青年时期便养成"浩然之气"，得益于"燕颔虎颈"的体魄，以及早年养成的倔强心气。

"燕颔虎颈"属"血气"，这种人精力充沛，方正刚直，敢爱敢恨，敢作敢当。倔强心气属"习气"，这种人特别拧，刚明耐苦，认定之事，九头牛也拉不回。

这是一种可以朝着两个方向发展的本性："燕颔虎颈"若缺乏文化教养，将成粗鄙武夫，"勇而无礼则乱"；"倔强心气"如缺少敬畏心、礼仪规范，则是山野村夫，"直而无礼则绞"。但一旦习得义理教化，充实文化涵养，则可以成为有理想、有担当的君子。

左宗棠成功实现转变，也得益于城南书院时的实学"杂书"。技术类书籍专注办事，着眼天下苍生、国计民生，立足经国济世，具备办事能力。

1835年，23岁的左宗棠入京会试，题联初现君子"使于四方，不辱君命"的大气心怀："迢遥旅路三千，我原过客；管领重湖八百，君亦书生。"

此联被后世归类为"伟人体"。

"傲气"与"浩然之气"有什么差别？

有两点不同：

其一，"傲气"的落点在我，执着于个人；"浩然之气"落点在人，关注他人。

其二，"傲气"的目的，是将人比下去，以成就自己，打压他人；"浩然之气"则忘我，为实现天下正义，但行自己心安。

两者共同的归宿，最后都实现了"我"。但前者追求自私自利的名利双归；后者则是依托事业，实现大我。

这种反时代潮流而行的修心，让左宗棠身上特立独行的"另类"色彩愈加鲜明。

毫无疑问，晚清衰世，官场蝇营狗苟，表面却更需一团和气，倔强个性难容于时，君子人格、浩然之气，难容于世，左宗棠与主流社会的价值取向越发显得格格不入。

这样一个人，如果做学问，可以像明朝的李贽。如果从事艺术，可以如明朝的徐渭。但选择为官谋事，谁敢与他共事？

但偏偏就有不少人主动来找左宗棠合作共事。

利用性格缺陷，以"独立人格"合作

左宗棠与人合作的方法，是找准自身定位，始终保持人格独立。

个性行世多年，碰过的钉子多了，他逐渐领悟出一条经验：人只要明白自身的特点，看到自己的长处，看准自己的短处，在芜杂的社会中找到适合自己的舞台，发挥自己的长处，利用自己的短处，明确自己的道路，始终保持独立人格，则天生我材必有用，不会有怀才不遇之慨叹。

1852年10月8日，左宗棠入湖南巡抚张亮基幕府，他第一次巧妙利用自己的缺点，以"性格难与人合"为由，坚持以独立身份合作。

当时左宗棠与张亮基谈妥，第一次上长沙天心阁城楼调兵遣将。因为事先得到充分授权，他按照自己意志尽情发挥，成功抵制住太平军的强势进攻，使战争从敌方战略进攻转入战略相持。

但战局稍稳，帝国体制引发的问题，开始逐一暴露：

针对太平军屯兵城南，背水面城，左宗棠第一次献上"西渡围歼"之计。

长沙当时是全国战场的前线，集中了太平军的主力。左宗棠此计，意在全歼。张亮基、江忠源军事会议通过，按"西渡围歼"计策出兵。

清廷此时已经意识到太平军来头不小，当时派出近十万援军，在长沙城外河东、河西及城内布防。

各路诸侯屯兵长沙，统计下来，驻城统兵有一中堂、三巡抚、三提督、十二总兵，城外还有两总督。

指挥官多如天星，清军多如牛毛，布下天罗地网，按理麻雀都逃不过。但太平军依然如入无人之境，什么原因？官场腐败、低效、推诿。左宗棠第一次亲眼见识了什么叫作"官僚主义"。最高权力在北京，皇帝大权在握，却只会听战报。没有御驾亲征，官僚体系内便不能明确指定责权，大佬们谁都在指挥，谁都不听谁指挥，令出多门，"莫相统摄"，等于没有指挥。

张亮基作为地方大员，下令总兵常存、马龙带兵西渡伏击。两人怕得要死，畏缩不敢过河。张亮基没办法，只好改令广西提督向荣，向荣又不听命。张亮基黔驴技穷，只好动用撒手锏，通过督师湖南的钦差大臣赛尚阿发布命令，指定向荣限时西渡。向荣仍想推诿，拉出常存、马龙来攀比论理，称应该派遣的是他俩，不是自己。

战场成了辩论大赛会场，口水仗一打20多天。太平军趁清军论辩的空隙，从湘江险境中抽身，集结到妙高峰下，抽转身来包围长沙城。执行计策的最佳时机丧失，张亮基困守城中，心急如焚，不得不考虑亲自督兵西渡。但太平军正在天心阁城墙下挖地道放炸药，出不了城。

"西渡围歼"计策经各方势力拖拉、扯皮，终于流产。

围歼搁浅，后果严重。太平军蜂拥城下，集中炮火轰城墙。在铺天盖地的炮弹冲击下，天心阁城墙正门被炸开，巡抚衙门危在旦夕。事有凑巧，太平军炸开城墙后，误将天心阁南墙当作城门，大军蜂拥而至才发现，跑错方向了。赶紧杀回，往返耽误几分钟，清军抓住这要命的空隙，成功堵缺。

随后几天，太平军趁势对长沙城墙接连发起猛烈轰击。

11月10日，天心阁南门魁星楼侧城墙被炸开一道四丈宽的口子。

11月29日，南门城墙又被炸开一道八丈宽的口子。

这两次幸亏左宗棠指挥得当，又及时堵住。

两军你炸我堵，战局相持，一拖就是80多天。左宗棠布防严密，太平军难以攻下，歼灭战眼看要打成持久战。洪秀全这下急了，他必须尽快打下武汉，图取南京，打通中国东西全线，将战火烧遍全国，才有希望立稳新政权。临时权衡，太平军主动撤围，长沙城暂免攻破。

侥幸逃过一劫，根据官场规矩，需要开庆功会。张亮基主持战后军事总结大会。向荣当场道歉，称后悔没有配合左宗棠的"西渡围歼"计策，现场做了检讨。张亮基性情相对平和，只好双手一摊，表示无可奈何。有什么办法呢？将领战场上搞辩论赛，败后做检讨，临敌畏首对友刁，明知他在装模作样，也不能抓起来杀了，只好睁只眼闭只眼。

左宗棠就没有张亮基这样的好脾气，到手的歼敌机会给拖没了，他心里憋了一肚子火。可惜张亮基没处罚权，他作为幕僚，更加无权处理友军，又能拿"向荣们"怎么样？

这场恶战让左宗棠看清楚了，十万政府军打不过五万太平军，症结不在武器与军人，而在士气与体制。

左宗棠第一次惊讶地发现，官场内部竟然如此奇葩，官员相互间理不清各自的责、权、利，遇事便相互扯皮、推诿、掣肘。贪心又不怕死的，甚至背后密谋趁战争消灭政敌，冒着上军事法庭的风险偷挪军需物资。内耗如此严重，换了神仙来主持也打不赢。这更加坚定了左宗棠当初的选择，不随随便便去蹚官场这摊浑水，只以入幕名义，与张亮基合作。有了独立人格，左宗棠就可以自由发挥，尽展才干。因为双方是合作关系，左宗棠实在不如意，随时可以抽身离开。

张亮基的信任，让左宗棠逐渐获得事实的军事指挥权。他当时在给陶桄的信中说得很清楚：

> 制军待我以至诚，事无巨细，尽委于我。此最难得，近时督
> 抚谁能如此？

在湖南巡抚衙门跟湖广总督署做幕僚近一年，1853年9月13日，张亮基因遭遇弹劾，调任山东巡抚，10月17日前往山东，左宗棠根据口头合作协定，有权利拒绝随入山东。

这次拒绝又是明智的。1854年春，张亮基因官场内斗，被革职遣戍军台。左宗棠如果跟去山东，势必会遭遇牵连，后来还有没有机会再出山，都成问题。

第一次独立合作积累了经验，左宗棠用同样的办法跟骆秉章搭档。

这次独立性比上次更强了。骆秉章自述，左宗棠入幕后独立性强，不归自己管。骆秉章在自编的年谱中这样记载：

> （咸丰）四年三月，（左季高）同伊婿陶桄到省捐输，极力挽

留，始允入署襄办，仍不受关聘。

左宗棠利用"性格缺点"而无意开创的这种官场用人新模式，换来的好处是，骆秉章在幕后手握真正的大权，随时可以找他问责，而左宗棠始终冲在台前，获得了更大更自由的办事实权。左宗棠在与郭嵩焘的一次通信中，将这点说得十分明了：

骆文忠初犹未能尽信，一年以后，但主画诺，行文书，不复检校。

左宗棠在骆秉章幕府中一干就是六年，他治理一省的实践经验，基本来自这段时间。这为他入仕时一步便做上浙江巡抚，打下了扎实基础。一般传奇，外行看到的是正面的惊艳，内行看到的，却是背面的基本功。

但正如任何一种性格，优势的背面都对应着缺点；任何一种新的模式也都有不可避免的问题。左宗棠这种无意开创的"名义幕僚、事实巡抚"的合作方法，也面临一些问题。怎么面对与解决这些问题，让自己平安自处？左宗棠需要逐一破解。

"三不像"身份也可以利大于弊

虽入骆秉章幕府，但没有聘书，左宗棠是什么？

什么都不是。

有实无名的日子，并不好过。他自述这种尴尬身份的特殊感受："所处之地，介于不绅不幕之间，踪迹太幻。"既不是乡绅，也不是幕僚，更不是官员，"三不像"身份，让自己的位置不知道往哪里摆。

但"三不像"身份带来的好处是显见的。因为没有职别，也没有故旧，左宗棠可以以独立第三方立场整顿官场。刚直性格，辅以倔强、偏激，带一股杀气，这种性格用到查处贪腐上，简直像上天所赐，发现谁有问题就查谁，没有顾虑，不必顾忌。

骆秉章以善识才、敢用人而著称后世，他懂得怎么巧妙地利用左宗棠这种独特身份，既将任内事情痛痛快快给办了，又让出事官员上门求情都找不到对象，被查处的官员都不知道找谁算账。

但左宗棠因"踪迹太幻"，到底还是给自己带来不小的烦恼。

首先是湖南地方官对左宗棠不买账。

想想也是，他一个乡下小举人，算个什么人物？现在好了，动不动以湖南巡抚的名义发号施令，直接给地州市发文件整治腐败，财产没收的没收，官员坐牢的坐牢。这些贪污、惰政、无能的官员被一个民间人士给办了，既害怕，又恨得牙痒痒。尤其是一批已经被查办除职的人，他们四处放风造谣，说湖南官场已被左宗棠把持，这个左某人哪里像个什么幕僚，简直就是"左都御史"嘛！这类攻击多了，弄得左宗棠"遂为世所指目"。好在他在安化陶家时已经历过这类中伤，锻炼出了经验。

只要自身立得正，从头到尾不贪一分钱，不为任何求情者宽缓，反对派想抓他也没把柄。

没名分的左宗棠为什么办事这么卖力？从大处说，实现儒家士子为国尽忠的道义担当；从小处说，享受行使权力除奸除恶带来的快感。出山前乡居14年，他与贺长龄、贺熙龄、胡林翼等朋友书信议论时政，已经形成系统的政见，积累了具体小事的策略、方法。多年岸上观火，苦于无处施展，手心痒得厉害。现在找到了平台，他当然不会放过一展身手的机会。

成就感是支撑他没工资、没名分坚持做下去的动力源泉。

其中的小麻烦是，左宗棠因没有幕僚聘书，没有事业编制，骆秉章没法上报省财政给他开工资。左宗棠何处为家？他在长沙司马桥的房子，是骆秉章与胡林翼私掏腰包，各出500两银子买下送他的。

但左宗棠毕竟是一家之主，老婆孩子一屋人，生活费又从哪里来？骆秉章与胡林翼书信商议，由胡林翼再私掏腰包，每年资助左宗棠360两白银，供家庭开支。这样，左宗棠查贪官就更理直气壮了，自己没从湖南官府拿一文钱，贪官们还能怎样？

但左宗棠这种身份不明、越俎代庖的做法，到底给自己埋下了定时炸弹。毕竟，贪官都有着虎狼般的能量，不是那么好查，更不是那么好打。贪官查久了，老虎打多了，难免伤到自家手脚。1859年的"樊燮事件"正是湖南地方积压多年矛盾的集中爆发。

主持官场正义不是没有风险，而是太有风险。唯一不变的历史规律是，正义与邪恶较量，会经历一个胶着状态，最后是邪不压正，正义一方历经艰苦，总会取胜。

"三不像"身份还有一点让左宗棠有苦难言，湖南境内的大小难事全来找他。

曾国藩本是礼部侍郎、朝廷命官，办湘勇却将自己办成"湖南民兵团长"；左宗棠呢，草野书生，临危受命，代湖南巡抚骆秉章主持打仗，将自己主成了湖南官方事实的一等大员，两人职位、身份完全颠倒。

官场讲究正名，名不正则言不顺，烦恼由此而起。民间湘勇与官方绿营属于不同阵营，水火对立。湘勇每取得一次成功，等于反衬绿营的无能；绿营为保住颜面，对湘勇多方刁难。

曾国藩本来就是空降湖南的朝廷命官，既无实职，也无实权，进湖南衙门办事四处碰壁。提督鲍起豹还常借故与湘勇发生械斗。1853年9月6日，鲍起豹大胆派出卫队寻衅滋事，阴谋一举将曾国藩的湘勇营火并掉。

　　曾国藩家乡虽在湖南湘乡，但常年在京为官，在湖南熟人也不多，他第一个想到向朋友左宗棠求助。左宗棠以民间身份入官方，刚好适合沟通湘勇与绿营矛盾。左宗棠又多了一项工作，白天忙战事，晚上听曾国藩诉苦，深夜找骆秉章协调，整天脚不着地，差不多24小时连轴转。

　　事情多到头脑发烫，胸口发麻，左宗棠累得差点趴下，他也想找人诉苦了。想想也是，他一介乡下举人，太平军与他本没关系。出山的原因，他早就说清了：家乡湘阴也遭遇战火，生灵涂炭，他既不为保卫国家，也不是为保卫朝廷，而仅仅为保卫家乡，别无所图。骆秉章三顾茅庐，将他从局外人变为当事人。现在好了，当事人又变身主事人。官方与民间一起把他当成救命稻草。主心骨不能垮，否则别人还怎么活？有苦有累，只能往肚子里吞。

　　指挥打仗毕竟是拿成千上万人在玩命，体力与脑力消耗同等高强度。身子骨壮实如左宗棠，也快撑不住。他忍不住埋怨说：长沙已经被我搞定了，正准备回家休息呢，老骆、老曾拖住我不放人，还不分白天黑夜，找我挖主意、问思路，问得我不好意思丢下他们不管。

　　他跟妻子写信诉苦说：最近累死了，我真想逃到一个深山老林里，好好睡上十天半个月，从此改名换姓玩失踪，让这些人永远找不到。

　　为什么最终仍留下来了？左宗棠说，骆秉章信任有加，"推诚委心，军事一以付托，所计画无不立从，一切公文画诺而已，绝不检校"，此时抛下不管，道义上说不过去，心里也不会安稳。还能有什么办法？只好尽心尽力，共同支撑起这风雨飘摇的危局。

　　飘风不终朝，骤雨不终日，好在打大仗的日子只有一阵。这段身份尴尬、工作忙苦的日子，左宗棠硬着头皮，总算挺过来，又进入柳暗花明的新常态。

　　这次跟骆秉章默契创下的独立身份合作，回过头看，总体得大于失，利大于弊。虽然过程中免不了困苦、牢骚、危险，但收获是显见的。毕竟，骆、左合作，不但成功保卫住湖南，左宗棠的时政见解、军事战略也得到运用，这为他后来出任封疆大吏，东征西讨，积累了丰富的经验。

这段时间，考验左宗棠的，除了打仗，还有名利。

考验人的不只是困难，还有成功。取得阶段性成功后，名利诱惑与内心坚持发生冲突，左宗棠如何自处？

明确职业路径，果断拒绝与放弃

左宗棠出山办事的初衷非常简单，他并没有想过获得什么名利。但事情办成功了，名利会主动找上门来。

左宗棠第一次受朝廷隆重嘉奖，因协助湖南防守有功。

1853年，张亮基赴任山东前，向朝廷举荐左宗棠，请示授予实职。咸丰皇帝很爽快地答应了，授予左宗棠"以知县用，并加同知衔"。

对于草野书生，这无疑是一次求之不得的升级机会，但左宗棠委婉拒绝了。

这次拒绝显然是明智的。一旦接受，左宗棠将正式步入仕途，按体制的规则升迁。失去独立身份，骆秉章也不可能再请他主持湖南一省军政，从此沉寂于市县地方实务，缺乏施展大才的平台，"当代诸葛亮"理想势必渐行渐远。

第二次拒绝，则在1849年林则徐邀约入幕。

第三次拒绝接受权力，发生在1860年7月。楚军其时正在加紧训练，准备开赴战场。朝廷突然改变原定安排，改派左宗棠督办四川军务。这个职位比"襄办曾国藩军务"实权更大。曾国藩听说后，担心左宗棠临阵换战场；左宗棠考虑后，明确拒绝了朝廷的好意。他说："我志在平吴，不在入蜀矣。"

左宗棠拒绝的真实理由，在他已经懂得，四川官场关系与湖南一样，盘根错节，自己在那里一无故旧，二无师友，一旦陷身其中，势单力孤，筹饷与指挥势必成大问题。三年前，曾国藩在江西已经发生此类问题，自己没必要让悲剧在自己身上重演。再说，一汪清泉救不了浑浊的黄河，一个左宗棠救不了糜烂的四川。如果贪图一时权势，求得表面虚荣，表面风光过后，终将骑虎难下，一步错步步错，很可能应验胡林翼的预言："气类孤而功不成。"

清廷最终尊重左宗棠的意见，改派湖南巡抚骆秉章前去督办四川军务。这也喻示着，朝廷在此时已将左宗棠看成与骆秉章平级的官员，虽然暂时还没有授予他巡抚实权。

接连三次拒绝，缘于左宗棠有理想方向，有路径规划，有智慧定力。这三者结合，让他既不走错路，也不走弯路。外人看来，这是左宗棠个性有问题，时人嘲笑他高傲、固执、不近人情、不按常理出牌。但左宗棠懒得管别人怎么说。要成就大事业，他必须要懂得拒绝！自己心里比谁都清楚选择什么、放弃什么，为什么要被别人的风言风语所左右？

通过前述的经历大致可以看出，左宗棠的选择跟方法大多反时俗而行。关于人的个性、能力缺点，古来通行的方法是"避短用长"。但左宗棠的智慧之处，在于他改变了传统观念，反过来利用自己性格中的短处，化短为长。

关于左宗棠"利用性格短处，善于化短为长"，我们往后梳理，可以发现有一系列整体的行为：

左宗棠天性褊急。他一生事业成功，得益于"以缓治急"。

1860年9月，左宗棠带楚军出山，他的战略是"先赣后浙"；1867年，左宗棠率楚军北上陕甘，他的战略是"先秦后陇"；1875年5月，左宗棠在兰州挥师收复进疆，他定下的是"先北后南，缓进急战"八字方针。贯穿他军事生涯始终的一根主线，是"气定""条理"。一般地说，急躁、冒进是人性格中的缺点，但有了细心与谨慎备底，以缓和冲，就变成急流勇进，反过来成了优点。这就是《易经》中关于"阴阳互化"的哲理运用，一切以实现"阴阳平衡"为目标。

在性格的缓、急平衡方面，最明显的一例，莫过于新疆北部收复后，朝廷数次下谕旨催促左宗棠尽快收复南疆。左宗棠不紧不慢地说："任他千变万相，老僧只有不睹不闻一法待之。"事实上，他内心比朝廷更急。但过急会乱条理，完全顺从朝廷的指示，战略部署就会打乱。他运用早年儒学修心习得的方法，将注意力转向为军队筹饷、安顿已归复地区边民的生产、生活，毕竟"将在外，君命有所不受"嘛。

左宗棠这种缓急有度、以缓治急的做法，是在国力空虚的前提下仍能顺利收复新疆的重要原因。

左宗棠毕生善于"化短为长"，钱锺书父亲钱基博最早发现这点。

在《近百年湖南学风》中，钱基博将胡、曾、左作比较，有这样一段在笔者看来极其中肯的评价：

> 胡林翼以聪明成其虚怀，可谓善用其长；曾国藩以愚直成其忠诚，及宗棠以刚愎成其鸷锐，则皆善用其短。而泽之以文章，养之以学问，以艰难自励其志气，以强毅自振于挫败，三公者，又不同而同。

如果"善用其短"只限于审时度势，找准个人定位，学会坚持与拒绝，要凭此成就盖世伟业，显然还不够。

左宗棠将性格特点成功转化成优势，将天赋长处运用得出神入化，体现在创办楚军。

很少有人能想到，总在以个性打破和改变传统做法的左宗棠，在出山办军事之前，跟由礼部侍郎改行做成了湘勇统帅的曾国藩一样，事实上是个真正的军事门外汉。不同在于，曾国藩毕生不擅长军事，无论战略还是战术，均是如此；左宗棠却由军事门外汉，逐步历练成了"战神级"的伟大军事家。

频说

个性强烈是左宗棠最受今人争议的地方之一，传统知识分子多将它看成性格缺点。

一般来说，能够在世俗社会成就一番大业的人，能力、性格、办事方法相互融济，不至于存有太明显的缺陷或漏洞。左宗棠个性刚直，从他早年精读"实学"也可以找到原因，技术思维擅长办事，懂办事的人最容易发现别人的缺点。但正是这种个性与思维方法，让他总能创新。他的创新方法、用人之术，与个性配合得有如齿轮，严丝密缝，自成体系，这是左氏虽然政敌不少，办事阻力重重，仍能不断创造奇迹的一大原因。

左宗棠的修身方法，在"崇尚群体，不重个人"的传统里，不大可能被主流观念接受；今人家族观念逐渐淡化，年轻一代在市场与互联网环境里成长起来，"个体""自我""私权"意识与左氏无异，其修身方法最易让他们认同。事实上，有个性、并由个性催生的独立、平等、自由等价值观，正是"法治"的价值基础。

左宗棠修身虽无可挑剔，但性格不是没有缺点。他终生无法克服的性格毛病，是"论人太尽"。不顾对象，不分场合，将人骂到墙角，十分讨嫌。后人总结左宗棠"脾气差"，应该不算冤枉。

第四章

『邻家大哥』左宗棠

左宗棠青年时代以『今亮』自称，在给朋友的通信中，他多次干脆署名『亮』，直接将自己看作『当代诸葛亮』。用今天的眼光去看，个性分明、既刚且暖的左宗棠，更接近于『邻家大哥』模样。

个性学生：既不相信命运，也不想要高学历

努力真的可以改写"命运"

清朝以儒学立国，清朝人幼习四书五经，不说古代童生在八岁左右已经通习了四书五经，出口成诵，下笔成章；就是耕种人家，无分老幼，传统的礼仪规矩也全部化入每天的衣食住行，从文化理性变作文化本能，无须额外学习。

儒学五经之首，当属《易经》。《易经》蕴含的象、数、理，对应今天的文学、数学、哲学，可以运用数理逻辑跟哲学原理，对宇宙内一切进行推演。因为人天性对自身的前途、命运好奇，所以古人也会借助《易经》推算命运。传说曾国藩有"麻衣相法"，左宗棠则喜好《易经》推算。

左宗棠在1859年卷入"樊燮案件"期间，曾用《易经》的"泰卦"与"否卦"推算过案件的趋势与结果，结局果然如愿。

那么作为晚清自习舆地、农学、水利等理工技术的"民间科学家"，左宗棠相信"命运"吗？王家璧在《狄云行馆偶刊》中记载一则"同禄命小记"的小故事，侧面回答了这一疑问。

故事说的是左宗棠三姑妈的二儿子吴伟才与左宗棠

同年同月同日同时生，两家住所相差不过八里路，而且幼年资质也比较接近。按说，两人的命相是一样的。但左宗棠中年发迹，晚年拜相封侯，最终成为一代重臣；吴伟才后来却成了在乡下杀猪的屠夫，两人不但命运判若云泥，结局也形同霄壤。

王家璧为了证实这则故事真实可信，称故事是左宗棠在甘肃泾州瓦云驿营次亲口对将领们说的。薛福成的《庸庵笔记》、继昌的《行素斋杂记》均有相同记载，不属孤家瞎编。

轶史真伪究竟如何？暂时不去管它。但无论东西方文化，都认为人生存在"命运"。只是，东西方文化对"命运"的态度有所不同。

西方人相信"命定"。俄狄浦斯生下来被断定将"弑父娶母"，生下来被父亲抛弃，但成年后，一次流浪路上，在不知情的情况下，他还是不幸杀死父亲，迎娶了母亲。

传统中国人也信命，但不相信命定。他们相信，通过个人努力，可以改变命运。《易经》的"天行健，君子以自强不息"，说的就是个人努力改变命运的作用；孔子称"尽人事，听天命"，他相信通过个人努力，可以实现个人最好的命运：天命。

那么，到底什么是"命运"呢？

古人认为，"性格即命运"。性格是一个人固定的天赋资质。人的天赋资质，特性不外金木水火土五种。任何一种天赋资质，都有它本身的特性，只要按照特性去发展，最终都能够成就自我：金可以用作镇伐；木可以用来支撑；水可以用作滋润；火可以用来温暖；土可以用来生养。

即是说，任何一种性格特性的人，都有自己的擅长的方面，有最适合自己的职业。同样地，任何一种性格特性的人，都有自己天生的局限处。

如果轶史记载是确实的，左宗棠与吴伟才同命运而不同人生轨迹、结局恰好说明，天赋资质不是决定命运的根本原因，个人努力与恰当选择才是。

好命的人，无非是人选择用对了自己特性的职业，同时通过个人努力将职业冲到极限高度；歹命的人，无一例外是天赋资质与职业不合，个人又耽延于懒惰，荒疏于努力。

如果不懂传统，不明其理，声称继承传统，往往邯郸学步、买椟还珠，更甚者南辕北辙，堕入迷信。今天中国的互联网算命产业值据说已高达两千亿元，信众之多，令人咋舌。其实，无法明白传统文化中的哲学道理，不能运用其思维解决生活困顿，网络算命本质上不是科学理性，而是借助高科技在传播迷信。

吴伟才"屠沽为生"的命运其实不是天定，而是他自己选择的，左宗棠"拜相封侯"的命运，事实上也始终掌握在他自己手里，并不是依靠天降奇福。不会有人是真糊涂到将自己一生命运交给"网络算命先生"的傻白甜。

三试落榜，文凭那件小事

科举制度发明以来，文凭成了"硬通货"。古人将文凭叫作"功名"，秀才功名、举人功名、进士功名，对应今天的大学生、硕士研究生、博士研究生。

古代社会始终信奉"官本位"，历代文化界、官场一直奉行的是"文凭本位"。文凭不但是一个人的学历证明，是成功的敲门砖，更是能力的象征与体现，是获得社会地位的阶石。

古人一旦出人头地，人们本能地会去查他两样东西：一是文凭，二是老师。出身名校，师从名家，则大家口服心服；否则，即使成功，也会被怀疑与轻视。

万一文凭、能力、地位三者发生错位呢？

左宗棠当年便遭遇过这样的尴尬。

左宗棠为什么早早放弃会试？

一则，23岁那年，他本已上榜，纯粹因为运气太差，湖南要减录一人，他刚好被叉掉了；二则，连续三次会试失败，左宗棠怀疑自己水平可能真的有问题，自信心严重受挫；三则，第三次会试返乡后，左宗棠身体严重受损，跟二哥在湘江边喝烧酒、吃鲤鱼，睡觉前突然吐血，后虽喝童子尿治好了，但担心身体再禁不起进京赶考的长途跋涉与艰苦奔波。

拥有举人功名，左宗棠在湖南已经属于大文化人了。升平之世，举人虽不能做朝廷命官，但拥有做领导秘书的资格，在任上干得好，也可以提拔做县、市两级一类官员；同时，可以在省内兴学办教，出任山长。

50岁前，左宗棠并没有感觉到文凭不够高的压力。但到1862年出任浙江巡抚，在一般进士同僚中，举人功名无疑十分打眼。

左宗棠在进士官员中普遍受到排斥。左宗棠凭"实学"而成功，对通过做八股而获得进士功名的官员，一眼便能看出其中空疏。

在给儿子孝威的家书，他对"八股取士"的幸运儿这样评价：

> 近来时事日坏，都由人才不佳。人才之少，由于专心做时下科名之学者多，留心本原之学者少……试看近时人才，有一从八股出身者否？八股愈做得入格，人才愈见庸下。

这段话翻译过来就是：最近国家越来越糟糕，都是因为人才水平不行造成的。真正的人才越来越少，考取进士文凭的读书人却越来越多，研究大本大原的学者也越来越少了。不信的话，你看看大清目前活跃在台面上的那些杰出人才，有一个是靠做八股文做出来的吗？八股文写得越漂亮的人，办事能力往往越是平庸。

将文凭资历与个人能力等同，阅人越多，左宗棠发现其中的问题越大。他终于升格到对拥有进士功名者不满："尽用之科名之学，到一旦大事当前，心神耗尽，胆气薄弱，反不如乡里粗才尚能集事，尚有担当。"读了一肚子学问，一旦真正担责，办起事来还比不得乡下文盲，你好意思说自己是个读书人？

在为官实践中，左宗棠一方面大胆起用秀才、举人，一方面将进士官员分流进后勤部、研究院。他手下所任用的唯一进士官员，大概只有袁世凯的叔父袁保恒。即便使用，也只是放在二线，负责后勤粮道，利用同学关系跑北京。

但文凭的压力，随后还是魔咒一样缠上他。

自26岁弃考后，左宗棠再没想过会试。1859年底，47岁的左宗棠声称将"进京会试"，这虽然只是为避"樊燮之祸"的借口，但他内心里未必不想拿一纸文凭证。到1873年，朝廷要授予他东阁大学士之时，左宗棠真切地感受到一纸文凭的重要了。

清朝规制，入阁拜相需是甲榜进士，乙科举人根本不够资格。

轶史记载，为了能够顺利入阁，左宗棠向朝廷请假，声称将放下西征军统帅职事，进京参加会试。慈禧太后闻弦歌而知雅意，卖了个顺水人情，根据为官实绩加赏，破格恩赐左宗棠"同进士出身"，一场尴尬才得以化解。

不会当老师的校长不是好的军事家

1837年5月10日，25岁的左宗棠给在湘潭桂在堂守家课读的二舅子周汝光写去一封书信，告诉他自己在株洲渌江书院做山长几个月来的感受与心得：生平第一次做老师，每天跟学生打成一片，心思全用在他们身上，自己心情舒畅得忘记疲劳；只是，每天批改学生作业要占去大量时间，自己私绘中国地图的业余爱好，只好暂时放一放了。

从1832年秋将家眷寄居湘潭桂在堂起，五年来，左宗棠每逢外出有事，都是给大舅子周汝充写信，交流感情，互通信息。这次为什么写给了二舅子周汝光？

周汝充跟着左宗棠来到渌江书院，做了一名学生。

左宗棠对大舅子在渌江书院里的学习表现十分满意。信中一句话可以看出来："汝充进功之猛，大出意外，兄实喜慰之至。若终久如此用功，则不患不出人头地也。"

岳父周衡在英年早逝，身后留下二子二女，左夫人周诒端是长女。作为大姐夫，左宗棠有教育两个舅子，为周家光大门庭的责任。左宗棠生性操心重、责任心强，他乐得做这件事。

左宗棠最初是怎么受聘渌江书院山长的？

缘起湖南巡抚吴荣光的推荐。清朝规制，地方书院山长由进士或举人担任，且须由声望人士举荐。左宗棠在长沙湘水校经堂就读期间，吴荣光是他的授课教师，左宗棠曾七次取得全校第一，吴巡抚对他知根知底，格外赏识。

1835年，吴荣光得知左宗棠第二次会试落榜，闲居于湘潭桂在堂，顺势给门生提供一个机会。

巡抚亲自出面举荐，一切自然水到渠成。

渌江书院始建于1753年，校址历年来有所变迁。左宗棠出任山长时，它迁到今天渌江书院所在地，醴陵原西山书院遗址处，为时任醴陵知县陈心炳1829年所选。

古人崇尚"文化本位"。"不为圣贤，便为禽兽"，有无文化，成了区分人与动物的唯一标准，各地方对文化的重视，可想而知。

在"文化本位"的价值观念里，山长地位尤其尊崇。官方与民间对于山长的尊崇，不能仅仅停留在口头上，需要通过一系列诚意、正心的仪式，真实无虚地表现出来。

左宗棠当年受聘渌江书院的就职仪式，便分了五次进行。

第一次，渌江书院学生先公推出一名"首士"，"首士"于1836年岁末，代表全院学生准备聘礼，去到醴陵县衙门，恭请知县给左宗棠发放聘书。

本届渌江书院的"首士"，名周鬴易。左宗棠在给二舅子周汝光的书信里将此事记了下来："院中诸生及此地官长、首事（县首即院中门生周鬴易，是穷苦老童生，兄所力荐者），其钦佩诚服不可言状。"

第二次，左宗棠于1837年初春赶到渌江书院，醴陵知县、教谕、训导与"首士"同时出面，备酒宴一席，为左宗棠接风；并备银四两，钱二十串（一串钱大致相当于一两银子），象征性作为红包，以示敬意。

第三次，醴陵知县、教谕、训导与"首士"来到渌江书院，整肃衣冠，率生徒入学，依次向孔子、左宗棠行"拜师礼"。

第四次，正式开学当天，"首士"代表全体学生，请山长及县令、两学师小饮，以示办学主体的渌江书院对作为客方的山长、县令由衷的谢意。

第五次，几天后，"首士"再单独请山长左宗棠到兴贤堂，陪宴，汇报学生情况，礼节甚恭。

五次仪式下来，官方、山长、学生三方的主客身份、责权利事实上全部明确了。这些仪式事实上起到了法律条款、合同约束的作用，又因仪式全都以请客吃饭这样的形式完成，有着浓浓的人情味，掩盖了纯粹法律、合同的生硬与冰冷。

在清王朝中后期，渌江书院还能有这些自主的仪式，因为书院起源于民间"私学"。

"山长"一词源于唐代，到五代十国时，湖南永州文人蒋维东隐居在南岳衡山，以讲学为生，门下听讲者众。因讲学地在衡山，蒋维东被尊称"山长"。

唐朝沿袭隋朝科举制度，且有所创新，顺势将书院"私学"逐渐演变为同科举考试紧密结合的"官学"。其后千年，历宋元明清，书院"私学"的性质始终没有根本改变。宋朝"私学"最为兴盛，中国因此出现四大书院：湖南长沙岳麓山下的岳麓书院、河南郑州登封嵩山中的嵩阳书院、江西九江庐山里的白鹿洞书院、湖南衡阳石鼓山上的石鼓书院（一说为河南商丘睢阳南湖畔的应天书院）。

因书院属于民间"私学"性质，为保证不被权力、利益、人情干扰，防止当地官员的亲戚或幕僚兼任山长，进而妨碍书院的独立自主性，历代书院规定，山长必须由外地人担任，本地绅士不能出任山长。

渌江书院聘请长沙府湘阴人左宗棠执掌山长，正是基于这种地缘因素。

1736年，乾隆皇帝登基，他认为"山长"名称过于草野民间气，改作"院长"，对山长的任职资格，做了进一步明确："凡书院之长，必选经明行修、足为多士模范者，以礼聘请。"朝廷政令在千年历史面前终究显得苍白无力，书院为保持民间"私学"的独立性，仍坚持称书院之长为"山长"。

山长实行年薪制，称"修金"或"束脩"（脩脯）。

左宗棠在渌江书院年薪多少？没有相关记载。根据惯例，山长年薪在四百两银子左右。

左宗棠毕生不在意金钱，他最穷困的时候，还将父亲遗产的15亩田一手全送给了大侄子左世延，此时寄居富户周家，他已经不差钱。他最关心的，是怎么教出本届六七十名童生、秀才，令他们脱胎换骨，气象一新。

左宗棠到来之前，渌江书院学风怎样？

我们先看左宗棠的前任王继之。

王继之，湘潭人，功名及朝廷副贡，在解任山长时，他曾做过一首《留别》：

> 白云留我住三年，久住深山客亦仙。
>
> 百里莺声喧昼暖，六斋灯火破春眠。
>
> 新词旧句消前债，细雨和风认俗缘。
>
> 自笑兰亭成底事，永和赢得集群贤。

全诗字里行间，弥漫的是一股"仙气"。

这也是书院在经历"乾隆盛世"之后学校里常见的风习，可以说是出于一种普遍的无奈。

学生的前途是考取功名，入仕为官。不说官职有限，功名亦是定数。三年一届的乡试，湖南中举者不会超过五十名；三年一届的会试，全国最多录取不超过四百人，湖南的名额在十五名左右。这意味着，绝大多数学生在求取功名的路上将颗粒无收。

书院教育既然与科举关联，它本质是一种"精英教育"。当以功名入仕的道路拥塞堵截，多数学生成了"陪读生"，前途渺茫，他们除了跟老师学习道家文化以修身养性，找不到更好的出路。

但大清社会逐渐发生了变化。处于古近之交，商业文明西风东渐，技术之"利"逐渐渗透进道德之"义"。除了极少数天资聪颖、有大造化者，多数学生真正需要的是"技术教育"，通过几年的学习，掌握一门生存的本领。

左宗棠17岁便自行研读了《读史方舆纪要》《天下郡国利病书》《水道提纲》《农书》这些技术类书籍，有了扎实的学养基础。以理性、实用的眼光，他一眼看出了渌江书院之前教育学生存在的问题，同时找到了解决的方法。他从三个方面着力，对渌江书院做出全新的改革：

第一，肃院规。拟定八则学规作为渌江书院的院规，以"洒扫、应对、进退、爱亲、敬长、隆师、亲友之道"作为考察学生的准则，培养他们的品德与人格。

第二，严学风。要求学生每天必须写学习笔记，以记录功课心得。每天晚上，左宗棠逐个检查学生的笔记内容，对疏懒废学或弄虚作假者，扣除膏火（生活补助），以奖励勤学苦读的学生。

第三，改教材。左宗棠删减了"经史子集"中说教的部分，增加了舆地、农学等课程。他还专门设置了田野调查课，大幅度提高理工技术教学内容的比例，以弥补纯粹道德人格教育的空洞。

1837年初夏，左宗棠给夫人周诒端写了封信，里面谈到了他的教育革新。左宗棠告诉妻子，他到渌江书院当山长的第一件事，就是根据《小学》的内容，制定了必须遵守的八条校规，同时给每个学生都发放了一册日记本，要求学生将自己每天的言行记下来，初一、十五翻出来对照，凡是没有做好、没有做到的地方，相互督促改正，对于屡教不改的学生，老师直接将他骂出教室。

作为教书先生，左宗棠比一般八股先生高明的地方，在于他抓住了教育的实质和根本："制外所以养中，养中始能制外。"

意思是说，人按照礼仪规矩来约束自己日常的言行，坚持一段时间，便可以矫正内心的不端动机，提高自我的道德修养；同样地，人通过书本知识的学习、老师的课堂讲授，明白了圣贤传授的道理，逐渐提高了自己的道德修养水平，则日常的言行举止也相应会变得端正，没有令人不适的违和感。老师教授学生读四书、五经，目的只是培养他们正直、善良的道德人品，在树立正确的人生观与价值观之后，最重要的是在实践中教会学生"学用合一"，有切实可行的方法，将个人正直、善良的道德人格，在社会生活中实践、运用出来，为社会群体造福。

左宗棠通过教学实践印证，对这一教学观念更加坚信不疑。这从他后来赠秀川三兄的一副对联中也可以看出来：

诚意功夫惟慎独，匡时事业贵知人。

古朴陈陋的渌江学风，经过左宗棠化腐朽为神奇的点化，酸腐气、飘逸气逐渐不见了，书院上下清风朗朗，自内到外生气勃勃。

用心端正、做事认真的人，运气从来都不会太差。左山长名气在醴陵传开了，渌江书院也成了他走进仕途的第一个转折之地。醴陵县令找上门来，请他写一副欢迎两江总督陶澍衣锦还乡的对联。正是这副对联，让年龄相差33岁的陶、左结为"忘年交"、儿女亲家，为左宗棠日后顺利步入仕途，垫下一块基石。

1838年春，为期一年的聘约结束，左宗棠第三次进京会试，不再续聘了。但他与渌江书院的缘分，依然还在延续。

1860年秋，左宗棠率五千余名楚军从长沙金盆岭奔赴江西南昌前线，中间取道醴陵。当晚，左宗棠下马驻军，与渌江书院诸生谈笑甚欢，不少学生听他一席畅谈，因慕其个人魅力，跟从他入了军营。

左宗棠在渌江书院教授的弟子中，其后确实不乏跟从他东征西讨而成绩卓然的将士，初步统计有：广东提督、统带水师张拔萃；闽浙提督余明发；山西步兵统带林传榜；三品衔分省补用道张云级。关于这些人物的详细经历，因为资料缺乏，一时尚难考证，但可以确定的是，左宗棠执教的那届学生中，走出过不少于国于民真正有用的人才。

历代掌教渌江书院的山长，有51位仍有姓名可考。其中，有进士功名者12人，举人功名者33人，拔贡、副贡及副榜功名者3人。左宗棠当属于33名举人之列。

历代山长比较著名有：攸县陈梦元，湘潭张九钺、罗汝怀，湘阴左宗棠、周锡溥，益阳肖大猷等人，他们都有著作传世。而地位最显、声名最盛者，无疑又是左宗棠，他同时很可能是当时最年轻的山长。

渌江书院内有一套六卷本的《渌江书院志》复制本，其中记载不少历仕山长或过往名人的诗词，不乏好词佳句。从明代诗人丁淑一篇《过洗心亭》，可以看出数百年的"仙气"传承：

天设西山水墨屏，四时烟树翠冥冥。

中悬瀑布半空白，上有浮屠一撮青。

对酒自然诗句好，看花难问杖藜停。

尘心未必泉能洗，多少游人过此亭。

左宗棠以教育改革者的身份，从源头上着眼，用实践的手段、实学的新知，让"仙气"飘飘的渌江书院学生第一次变得"接地气"起来，整个校园的风气随之焕然一新。其时，距他1860年出山创办楚军，还有23年之久。

25岁的青年山长没有想到，他已经身处在三千年未有之大变局的前夜。短短三年后，中国骤然遭遇来自欧洲的剧烈碰撞。时势已经不允许他继续以教书育人为乐，他被迫转移视线，赶紧埋头去研究军事，以便卫乡保国，尽到一个普通士子应有的责任。

第一次鸦片战争爆发，左宗棠在干什么？

1840年，第一次鸦片战争爆发时，28岁的左宗棠在干什么？

《左宗棠年谱》记载，这年春天，他已经来到湖南安化陶家，遍读儿女亲家陶澍的藏书，参考《图书集成》中的《康熙舆图》《乾隆内府舆图》，将自己三年前所绘的地图做些补充、修订。

安化小淹远离省城长沙，交通不便，消息闭塞，左宗棠形容置身此地，像是装进了"坛子"里。对于第一次鸦片战争，他自然寂然无知。这段时期，他的时事消息源，主要来自老师兼亲家贺熙龄。

1840年到1844年，是师生通信频繁时期，四年内，左宗棠给贺熙龄接连写了18封书信。

贺熙龄任教城南书院之前，做过湖北学政、山东道监察御史，朋友故吏多，消息渠道广。收到贺熙龄的来信，左宗棠才知道，国家已经发生了这么大一桩揪心事。

左宗棠的第一反应是惊讶与愁愤。他这样表达听闻战事失利后的愤慨："洋事于屡次挫衄之余，忽又失利，愁愤何可言！"作为湖南区区一乡下举人，左宗棠此时到底想干什么，他又能干什么？

面对国家外患逼至，左宗棠主要做了以下三个方面的事情：

其一，指出朝政的不足之处，通过民间渠道影响官员；

其二，提供消除外敌的方法，供朝廷官员参考；

其三，谋划隐匿深山，以虑不虞之世，保留传统文化的火种，保全家族。

这里专门谈谈前面两件事情。

在左宗棠看来，面对外敌入侵，大清要能够御侮于国门之外，需要纠正朝政现存的两大偏失。

大清承平已近两百年，民族精神变得颓靡，从官方到民间，每个人都急于忙取个人私利，少有人关心社会公共利益、国家安危。道德日下，人心日灰，文官谈钱，武官怕死，以致举国上下，找不到一个足以担当起御侮重任的人才。

左宗棠扼腕叹道：

> 时事如此，而经武知名，足系一时之望者，尚未睹其人。天下人材，自足供一时之用，安必其绌于今耶？

任何一个时代，社会都会自然而然地产生各种各样的人才，人才只要能够顺其自然地成长，在受教育阶段及时发现、栽培，因材施教，国家无论文职还是武官，都不会出现短缺现象。为什么英国的兵舰不远两万里开到中国广东，大清才骤然发现缺少应敌的军事人才？源头出在朝廷之前堵塞了民间的言路，当政者已经听不到社会各界的真实声音，朝廷与民间隔膜，贪官污吏上瞒下骗，就中取利。

如果左宗棠只停留在纠正朝政两大偏失，指出问题，提出批评，他将成为近代有良知的民间言论家。左宗棠比一般言论家多做一点的地方，他不但分析研究指出问题，还会想办法去解决问题。

左宗棠被迫开始潜心研究军事。他童年所接受的儒学"通识教育"，加上青年时期农学、舆地、水利的实学基础，终于可以发挥作用了，他可以做知识的灵活迁移运用。没有史料证实左宗棠看过一部专门的军事著作，但他在1840年果真相继写成了《料敌》《定策》《海屯》《器械》《用间》《善后》等军事应用类作品。

大清官场，不在其位者不能谋其政。左宗棠无权亲自将这些思想用于对英作战的实践，他希望通过贺熙龄老师，能够给在东南沿海抗英的官员一些思路。

其后，左宗棠在这一点上越想越深，从门外汉朝着专家的路上持续前进，他不但以民间读书人的忧患意识，为朝廷官员提供具体的战术，而且站到全局的高度，为中国御侮提供具体的战略思路。

左宗棠给朝廷的战略建议有三条，分别是：国家可以参考明朝戚继光抗击倭寇的方法，办团练；朝廷应严明军纪，以法家治军；应该依靠群众。

不问可知，左宗棠的这些思路、方法很快淹没在群声喧哗之中。在臃肿低效的大清体制里，一个"身无半亩，心忧天下"的乡野举人，不可能凭自己一腔热血的研究，就可以改变时局。何况，病来如山倒，病去如抽丝。要治疗大清帝国的痼疾，不可能一蹴而就、计日程功。

外敌既然已经敲开大清国门，其势必呈蔓延，不可能灭此朝食。忧心如焚的左宗棠无职无权，无能为力，只好寄望有个强人能扭转颓势，挽狂澜于既倒。他开始寄望于主持虎门销烟的民族英雄林则徐，但林则徐很快又被流放了。他茫然无所寄托。

此时，左宗棠做梦也不会想到，数十年后，他将成为自己现在所盼望出现的那个人。他以一人之肩，扛起中国塞防与海防安危。左宗棠出山任事后，事实上正是按照此时的战略思想、战术方法，将它一条一条落实做到位的。

痴迷护偶像，自嘲对己身，抠门待后人

左宗棠年轻时自名"今亮"，他直接将自己当成了晚清版的"再世诸葛亮"。

左宗棠对诸葛亮痴迷达到什么程度？一则正史可以看出。

1854年，曾国藩统率湘勇打下岳州城，湖南巡抚衙门给朝廷保举的名单中，推举左宗棠为知府，放在第一位。

左宗棠得知后，坚决不干。

他说：诸葛亮的穿戴，是羽扇纶巾。你们以"蓝顶"夺了他的"羽扇"，以"花翎"代替他的"纶巾"，这是在拿我的偶像诸葛亮开历史玩笑。你们赶紧改，不改的话，我就发誓不跟你们合作了，一个人躲进深山老林里，让你们一辈子再找不到；再说了，涤生兄打岳州城，我没有半分功劳，你们却趁机保举我，这摆明是让我难堪。男子汉大丈夫，要做大官，靠堂堂正正的真本事就可以做到，为什么要冒名顶功、浑水摸鱼？曾国藩是正人君子，绝对干不出这种事，我猜是罗泽南、胡林翼这两个家伙背后撮合着偷偷摸摸干的，你们这些人真是"大非相处之道"。

左宗棠一生给朋友共写了2032封书信。在这些书信中，他数次自署名"亮"，以"当代诸葛亮"自称。罗泽南自号"老亮"，刘蓉人称"小亮"，但他俩对诸葛亮的当世名声都不大在意；唯独左宗棠，谁要是攻击诸葛亮，他第一个站出来，一定要写封信去，将对方辩驳得颜面扫地，直到对方改变观点，给诸葛亮恢复名誉方止。

因为左宗棠常年痴迷诸葛亮，弄得人尽皆知，大家后来干脆将左宗棠与诸葛亮等同于一人。1875年，甘肃贡院在左宗棠的亲力亲为中已经建成，当年举行全省首场乡试，主考官出的试题，便是为左宗棠量身定做：《诸葛大名垂宇宙》。考生明里在论诸葛亮平定西南事功，事实上是为鼓舞左宗棠的西征军在西北战场再立新功。

轶史记称，左宗棠收复新疆之后，有两个林姓官员闲聊，当着左宗棠面开玩笑，一个说："此诸葛之所以为亮也。"左宗棠听得抚须大笑。另一个说："此葛亮之所以为诸也。"左宗棠当场敛容，似乎生气了。第一个官员的意思，是夸"当代诸葛亮"有为人不及的高明；第二个官员分明是说，清朝的诸葛亮到处都是。左宗棠出生入死辛辛苦苦干一辈子，不图现世名，更不要利，就是一直想向诸葛亮看齐，成就历史英名，林姓官员好了，一句话将他贬低了，不生气才怪。

读左宗棠给朋友的书信，他总是习惯性附上一句："高明以为何如？"他最在乎自己的识见比人高远，所以才夸赞别人识见高远，对于这样一个对自我智识高度自信的人，又怎么可能接受别人说"中国遍地都是诸葛亮"？

有人说："不疯魔，不成活。"左宗棠对偶像诸葛亮的痴迷，已经到了"人我不分，古今一体"的地步，在局外人看来，这自然十分可笑。但正如禅宗公案里克勤禅师一首悟禅诗所言："金鸭香炉锦绣帷，笙歌丛里醉扶归。少年一段风流事，只许佳人独自知。"个中冷暖得失，大概只有左宗棠本人最明白。

但必须看到，正是凭着这份捍卫偶像近乎疯魔痴迷的情怀，让左宗棠数次历经艰苦而不退却，最终成就了自唐太宗之后一千二百余年里无第二人能及的事功。

再看左宗棠如何在生活中自嘲。

左宗棠是一个智性的人，同时是一个自我反省能力很强的人。老子说："知人者智，自知者明。"智是用来看别人的，明是用来看自己的。

将别人跟自己同时都看得很清的人，一般都习惯沉默观察，不说话则已，一说话就能一语中的。这种人总体上是"默好深察"类型，比如魏源。

左宗棠不是"默好深察"型的人。他从小学孟子，喜欢找人辩论，属于内向型中的外向型。加上率性的天性，"喜为壮语惊众"，他因此没有同时代人的"塑料感"。

左宗棠在农村生活时喜欢喝酒、品茶，但酒喝到五成，绝对放杯，他看不起醉酒的人，认为他们任性，不利于养生。人可以率性，绝不能任性。

闲暇时分，左宗棠喜欢开玩笑。晚年，他功成名就后第一次回到长沙司马桥，跟家人喝茶聊天说：湖南到今天，出了三个了不起的人，陶澍、曾国藩和我。陶澍拜相了，但是没有封侯；曾国藩拜相封侯了，但没有回家；只有我，既拜相封侯了，又衣锦还乡。家人笑：难道你就没有不如他俩的地方吗？左宗棠摸着胡子笑：当然了，我也有一点不如他俩，我的胡子没有他们长嘛。家人笑得直不起腰。

晚年左宗棠有点发胖，他多次跟儿子说，自己胖得已经让自己讨嫌。官员发胖不是好事。俗话说，心宽体胖。说明官员不想事。成语"食言而肥"，《诗经》指斥"硕鼠"，都是说胖官坏话的。古代文官尚修长的竹，瘦长的仙鹤，似乎官员清癯才是"正相"。虽然人的胖瘦主要取决于家族遗传，跟个人道德品质几乎没有关系，但左宗棠在这一点上似乎一直很较真，希望能够瘦下来。

智明且率性的左宗棠，为了活跃身边工作人员的气氛，有时也跟他们开玩笑。有一则流传甚广的故事，某天，左宗棠饭后问身边的亲兵们，让他们猜猜，自己肚子里装的是什么？有人说，是绝大经纶；有人说，是雄兵百万。左宗棠摇头说不。最后，一个熟悉左宗棠的亲兵说，大帅肚子里装的是牛板筋。左宗棠哈哈一笑，连连点头称是。他喜欢听身边人说实话，借玩笑开一开实话风气；同时，他坚信自己是"牵牛星下凡"，牛板筋当然是牵牛星最好的美食。

左宗棠骨子里是个有点"道德洁癖"的人，因此对亲近的部下、同事、同僚的要求十分严格，他本能地希望别人的道德人品跟办事能力跟自己一样，这无形中得罪了许多人，尤其是在有直接利害冲突时。智明如左宗棠能够提前预感到，他往往通过自嘲的方式，来化解给别人带来的压力感，包括别人对他所获得的名声的妒忌心。"飞黄腾达之日不被人嫉"，说的就是这种事。

左宗棠深知，一个人品贵重的人，最容易遭小人。在小人面前，没有比通过"自嘲"以"自污"更好的自保策略。

最后看看他如何抠门对待后人。

左宗棠一生留下的遗产，全部兑换加在一起，只值三万五千两白银，不到他收入的五十分之一。

左宗棠实际上非常有钱，他出任闽浙总督时身兼浙江巡抚，一年养廉银八万两。他担任陕甘总督时身兼陕甘茶马使，个人合法的额外收入达三十八万两。左宗棠在陕甘西征五年，每年平均军费开销八百万两白银。

无论公款还是私款，论财富的支配能力，当时中国没有一个官员或商人可以与他相提并论。胡雪岩的个人财富，多达两千万两白银，相当于清朝中期朝廷一年的财政总收入，也只够左宗棠支配其中部分做西征救急款。

比较以廉洁闻名的曾国藩，他的个人遗产微薄，但也有十万两左右，因为九弟曾国荃曾为他求田问舍，添置了不少遗产。比较以专心集聚财富而闻名的李鸿章，正史记载他的遗产在一千万两，轶史称两千万两，与晚清首富巨商胡雪岩财富相当。

左宗棠的私人财产，绝大部分全部捐掉了。他为什么到处散财？一方面出于家风的熏染跟天性中的慈善本能，同时，岳父周衡在因集聚遗产，后代纨绔居多，第三代几乎断脉，是活生生的反面教材；亲家陶澍积有一定的遗产，他死后族人争财成仇，也让左宗棠早有警醒。

即使有着与诸葛亮相等的计算能力，左宗棠也无法提前算出，自己如果留下几百万两白银，如何能够保证子孙后代做到积极进取、奋发上进。"虑事过密"的左宗棠将一切可能性全部细细想过一遍，他唯一的办法，只能釜底抽薪，每个儿子只给五千两银子。这笔钱只要妥善保管，绝不至于饿肚子；但后代一旦松懈，不几年家族便会回到原点，逼迫子孙们在低起点上重新奋起。

如此看来，左宗棠一生醉心捐款，出手阔绰得让人咋舌，固然是一种慈善义举，但背后还是有利害计算。

左宗棠后人很多，如何确保后代世代延续，确实是一道难题。比较左宗棠的恩师贺长龄，到民国时，他的一个孙辈在长沙给美国人做侍应生。胡林翼可谓时代骄子，父亲胡达源是进士探花，京城高官；岳父陶澍是两江总督；胡本人天资高妙，且办事能力一流，但死后也只能靠过继堂弟的独子来传后，其真正的嫡系血脉也算是断掉了。

湖南历史上拜相封侯的官员本就少，子孙后代到今天仍然繁盛的大约只有陶澍、曾国藩、左宗棠等几人。

左宗棠壮大家族的方法，叫"耕读传家"，卑之无甚高深。但几乎所有学富五车的湖南人在如何传家这一点都摔了跟头。可见家族百年、千年命运，不需要什么高深理论，决定于常识。人与人的差异在能否持之以恒地坚持常识，履行常识。

左宗棠毕生身体力行常识，决定家族繁荣昌盛居晚清名臣之冠。

　　孟子有句名言：“君子之泽五世而斩。”君子的品行和家风经过五代人之后，就不复存在了；先辈积累的财富家产经过五代人，就已经败光了。历史三千年，能够跳出孟子谶语的鲜有其人，但左宗棠子孙已然打破了这个预言。

左宗棠挑战"天下第一棋手"

1880年5月26日，左宗棠率亲兵马队从肃州启行出关，命亲兵用马车驮着一口大红棺材，向着哈密凤凰台进发。

路经嘉峪关时，天色向晚，但见皓月悬空，繁星闪烁。他脱下戎装，换成一身便服，带上两个亲兵，夜访民间。

经过地方小镇时，他不经意间抬头，看见一块"天下第一棋手"匾额。

左氏当即一愣，抬腿跨进门，前去迎接挑战。

摆棋谱者是一鹤发童颜老者。

左宗棠拱手示意：您既然是天下第一棋手，我们对弈几局如何？

老者笑道：今天太晚了，改天可好？

左宗棠闲兴已发，不想意外遭拒，便改用"激将法"道：既然如此，您是怕我这无名之辈砸了这块金字招牌吧！

老者眉头一皱，跌下脸来，略带愠怒道：老夫今天就算舍命陪君子了！牛皮不是吹的，我若输了，自砸牌子！

两人盘腿而坐，拉开架势。当头炮，连环马，过河卒，小小棋盘，刀光剑影，炮火连天，车马嘶鸣。但见一个步步为营，明攻暗取；一个避实就虚，腾挪退让。

三局下来，左宗棠两胜一负。

左氏放下棋，得意一笑：老师傅，怎么样？说话要算数。

老者二话没说，起身摘下"天下第一棋手"匾额，"啪"的一下摔到地上，砸得粉碎。

左宗棠拱手告别：多有得罪！

老者还礼：在下棋艺不精，惭愧惭愧；君是高人，一路顺风！

左宗棠整肃军队，挺进哈密，军事上得心应手，无往不利。

数月后，伊犁收复在即，他在前线接到朝廷八百里密谕，命紧急赴京，备做"朝廷顾问"。

跟杨昌濬、刘锦棠交接完陕甘总督官印及钦差大臣职事，身有所闲，时间略有空隙。此别甘肃，意味着永别。还有什么未了心事？他想起战前对弈老者，打算前去道别。

这次，他一身戎装，照旧带两名亲兵。

到后，左宗棠惊讶地发现，"天下第一棋手"的匾额什么时候又挂上了，而且还换成新的了，在旷野中肆意招摇，貌似在挑衅。

他隔老远就笑骂道：好你个山野狂徒、江湖骗子，为何言而无信，上次分明已经当面砸了，为何还胆敢再挂上？

老者不急，也不恼，回笑道：此乃老汉招客之法、糊口之技，摘了木牌，无人来战，岂不自断生路？

左宗棠说：您这话倒也有些在理。但人若有名无实，混得了一时，混不得一世，容易惹人笑骂，滋生是非，终归不是长久之计。

老者正色道：大帅言重了，胜败乃兵家常事，岂是一局一战便能决定？再说了，天外有天，人外有人。老汉斗胆一句，您若与我再来三局，谁输谁赢还不一定；这次我若还是输了，才算口服心服。

两人再次对弈。

这次，老者像换了个人，三步虎，双响炮，手起棋落，如穿迷宫，棋路羚羊挂角，一气呵成而无迹可寻；左宗棠眼花缭乱，方寸尽失，穷于应付。

三局下来，老者全胜。

左宗棠始知碰到了高手，当即心悦诚服，探问缘由。

老者说：我叫马青，沧州本地土民，出生中医世家，自幼在少林寺习武，练就"神剑马"绝技。一次因打抱不平，深夜闯入官府，杀了贪官，从此远走他乡，隐姓埋名，到此偏远地方，以行医谋生，以下棋、舞剑为乐。前些日子，闻知左大人带兵经过，特意让路人先放出"天下第一棋手"风声，以招惹注意。

为什么前输后赢？

马青说：前次知公有大任在身，故让之以成其功；今既成功，故不敢多让也。

这则轶史，在肃州当地流传甚广，以致百年不衰，近年来又在网上盛传。它的原始出处，见于秦翰才整理编著的《左宗棠逸事汇编》。

史实真伪，已不可考。但细读之下，仍见编造痕迹。左宗棠的业余爱好有二：一是静室作书法，二是开园种菜。他打发闲暇的时光，一般是跟亲人、朋友喝酒聊天搞辩论。左宗棠毕生没有爱好下棋的信史记载，擅长且爱好下棋的是曾国藩，曾国藩抽水烟、下围棋，日记中多有记载。故事显然有移花接木之嫌。

"诸葛一生唯谨慎"，以"今亮"自称的左宗棠，性格"惕厉"，晚年教育长子孝威"下笔要谨慎，说话要细心"，一个谨慎且细心的人，不大可能在一个陌生的民间人士面前表现得如此轻狂，何况，以相国之位、统帅之尊，也完全没必要跑到草野民间来炫耀。

但即使是编故事，捕风捉影，多少也能着些痕迹，可以找出些缘由。

直接缘由是左宗棠以"霸道"治军，处罚过不少部下，积有余怨。比如史念祖，因办西征军粮台涉嫌贪污公款，被左宗棠上奏弹劾，埋怨颇深，他曾写过上万字来批评左宗棠，为自己辩诬。

在重文轻武的清朝，左宗棠昔日的部下都能舞文弄墨，这些人对左宗棠一旦有余怨，又无法通过官场正道报复，便编造野史来污蔑，类似网络谣言，让左宗棠不得开心。

类比曾国藩，一目了然。曾国藩靖港跳水自杀后被幕僚章寿麟救起，其后却没有给予章特别的提拔跟照顾，章寿麟回到长沙后，立即将曾国藩在靖港跳水自杀的故事画成《铜官感旧图》，以供后世观摩。湘勇名将李元度1860年因弃徽州城逃跑遭曾国藩弹劾，他其后用十余年的时间跟曾国藩公开对抗，并四处散布传言，直至曾国藩去世，他才悔悟自己攻击过度。

左宗棠晚年功名太盛，对他人造成巨大压力。不独官场同僚羡慕嫉妒恨，就是他曾经的老上级曾国藩，在1871年也对他表示某种钦羡。陈其元在《庸闲斋笔记》中私记一段曾国藩的评价，很能说明他当时的心态。曾国藩说："此时西陲之任，倘左君一旦舍去，无论我不能为之继，即起胡文忠于九原，恐亦不能为之继也！君谓为'朝端无两'，我以为天下第一耳！"

连自己曾经的顶头上司、已经拜相封侯功成名就的曾氏都流露出明确的羡慕，其他地位、功名不如曾国藩，私交也流于泛泛者，对左宗棠心生羡慕，进而嫉妒，进而生恨者，大概不问可知。

几千年来，中国文化一直强调"中庸"原则，中庸的精义是"平衡"，放到人际关系中来，过于盛大者，需遵谦卑；过于圆满者，必要守缺。

左宗棠寒门起步，中年后平步青云，晚年事功千年一人，加之其人性格中有天性的率真与孟子的大气，其出身与功业的巨大落差，彻底打破了"中庸平衡"原则。如果社会声誉上不给他以适度打压，被比照到的同僚，则会产生失落感，包括难堪，这已违背"中庸"原则。

传统文化的"平衡"原则一旦打破，则"中庸"不存。所以孔夫子说："攻乎异端，斯害也已。"古人总是顾及大局与整体，不会鼓励个人英雄主义。

如此看来，尽管前述轶史是编造的，但编得多少符合情理。因为真实、率性之人，很容易表现出个人英雄主义的倾向，在社会生活中即使不冒犯他人，多少也会给他人带来压力感，所以这类故事对功名过盛者有敲打醒世的作用。

这则轶史不妨权作小说来读。

就像《三国演义》对《三国志》虽加三分虚构，但不是没有作用，清朝军队入关时就直接拿《三国演义》做军事教材，最后还确实成功了。

历史有时就是这样，故事本身真伪已不重要，重要的是，我们读后能收获道理。

真实、率性、有个人英雄主义倾向的左宗棠，晚年顺利进入国家权力最高枢纽机关军机处，与大清的一班主脑人物一道，过起了打卡上班的办公室日子。

因为宫廷高墙深院，形同莫测深海，不少轶史对他这段生活多有猜测，其中的一个传闻是，左宗棠不适应办公室政治。

真相到底怎样？

左宗棠不适应"办公室政治"？

左宗棠一生两次入值军机处。

第一次担任军机大臣，在1881年2月26日。

担任军机大臣期间，左宗棠不懂得也不愿意周旋台阁，但他深知大清农田水利基础设施极其薄弱，便无意做一个长袖善舞的词工大臣，更愿意埋头实干，夯实大清的农业基础。

基于此，进京不久，他就解决国家水利、农耕基建问题多次上奏。遗憾的是，大多被驳回。

无力办成事，左宗棠心气不畅。加之年事已高，两足浮肿，双耳重听，他数次请假。

左宗棠此时已经69岁高龄了，前面饱经十余年西北高寒地气、冷风苦沙的摧残，各种老年病开始出现，只是还没到隔三岔五就真的需要请假一两个月来保养的程度。

能干的大臣请假的次数多了，总会有意外发生。

朝廷补授他出任两江总督兼充办南洋通商事务大臣。

左宗棠第二次担任军机大臣，在1884年6月18日。

当时东南海防告急，左宗棠到京后，朝廷再次任命他为军机大臣。

慈禧太后考虑到左宗棠已经72岁高龄，朝廷加恩"毋庸常川入直"，也就是不用坐班，国家遇有紧要事，朝廷再"预备传问"。

左宗棠这次的具体职事，是管理军机处"神机营"事务，也就是分管皇家禁卫军。

1884年9月7日，东南海防告急。朝廷根据左宗棠本人的主动请命，命他以钦差大臣身份督办福建军务。

左宗棠两次入值军机，时间都不长，什么原因？

深入历史具体情境去看，左宗棠确实跟偶像诸葛亮一样，不但性格上"一生唯谨慎"，而且事先掐指算好的"锦囊妙计"也多。

他第一次入值军机处，跟他事先谨慎的打算，有一定关系。

曾国藩去世那年，两江总督由谁担任，成了官场敏感话题，有资格者都瞅准了这个肥缺。左宗棠其时正督师甘肃，功劳迭著，自然是第一人选。但朝廷并没有任命他的意思，何况，肩负西征大业，身为砥柱重臣，他也不可能抽身前去，他本人比谁都清楚这点。虽然事实上无法办到，但不能因此就浪费一个机会。

在无人提及的前提下，左宗棠采用此地无银三百两的方法，故意以突兀的语气跟军机处报告说，两江总督之任，自己没法前去。

朝廷这才知道，两江总督的位置，原来不能忘了左宗棠。凑巧的是，朝廷确实还欠左宗棠一个总督的位置。

回看1866年，慈禧太后因陕甘总督杨岳斌治理无方，两省日益混乱，势将决裂，最后不得不调闽浙总督左宗棠出任陕甘总督，充当大清紧急救火员。因闽浙所辖的福建、浙江两省，无论是经济条件还是生活环境，都远好过陕甘所辖的陕西、甘肃两地，左宗棠仅因国家形势所需，便义无反顾，职权名平实降，朝廷无论如何说不过去。最终，慈禧太后在密旨中不惜以私人许诺的方式跟左宗棠担保说，陕甘一经收复，不难再令左某人回任闽浙。

左宗棠从此记着这件事。

1867年初，左宗棠率楚军离开闽浙后，慈禧太后换上心腹大臣吴棠接任。吴棠人如其名，眼中根本没有左宗棠。他不但将左宗棠在闽、浙两省布置的改革全部废除，而且极力阻止福州船政局创建。左宗棠在前线得知，上奏弹劾，慈禧顾及左宗棠的感受，赶紧罢免吴棠，将他调去四川出任总督。其后，闽浙不知又经历了几任总督，待左宗棠收复新疆归来，闽浙人事已经完全生疏，回不去了。

中国八大总督，直隶总督是权把子，两江总督是钱袋子，居天下总督前两位。身为东阁大学士、二等恪靖侯、军机大臣，左宗棠外放两江总督，没有人会想来争抢。何况，他早在十年前就已埋下伏笔。

左宗棠之所以念念不忘去两江做总督，除了这里地理位置优越，最有条件干出业绩，建立不灭的历史功业，还有一个十分重要的心理动念：向陶澍、林则徐看齐。

关于这点，从左宗棠出任两江总督后，立即向朝廷奏请建立二公祠（供祀陶澍、林则徐专祠），并亲题祠联便不难看出来：

> 三吴颂遗爱，鲸浪初平，治水行盐，如公皆不朽；
>
> 卅载接音尘，鸿泥偶踏，湘间邡上，今我复重来。

意思是，陶澍、林则徐在两江地区治理水利、改革盐税的善政、德政，至今仍给当地群众带来切切实实的好处，他们至今仍念念不忘，陶、林二公因亿万群众的口碑，身后已经流芳不朽；三十年后，自己从湖南的田间地头走到西北边塞，从西北边塞首次来到两江地区出任总督，目的是向陶、林学习，自我期许能再干出一番堪比二公的业绩，留下千古传颂的善政、德政。

鲜为人知的是，通人性、达人情的左宗棠是一个特别懂得把准时机的人。

翻看左宗棠为官之后的奏折，他从1862年担任浙江巡抚单独奏事起，其后二十余年，一直不间断地在向朝廷举荐官员、保举部下，人数过千，几乎就没有过不成功的案例。主要原因是，左宗棠每次都趁军事胜利的时机保举人，而他又总是能够创造胜利的实绩。因为有他本人过硬的人品与超强的能力作为担保，朝廷每次接到喜报，总如期对保举对象给予所举名位，并不讨价还价。

但好日子就要结束了。1881年左宗棠离开新疆，以"朝廷顾问"身份进京。他试图抓住最后机会，申请朝廷为前云贵总督贺长龄立庙祭祀，意外遭遇慈禧太后的否定与批评。

这是左宗棠为官以来在申请、保举方面为数少见的一次受挫，他第一次感到"鸟尽弓藏"。

从进入国家权力最高机关后，挫折感日益加深。虽身居皇城，显赫威风，但他在郁郁中发现，大清暮气深重，官员颟顸精明，自己正在走进旋涡。怎么摆脱窘境？

起初，左宗棠试图通过提出新的方案，来把握朝廷事权，通过大手笔的新政，来改变帝国腐败且低效的官僚体系。

他刚到北京，便立即上奏朝廷，要求会同李鸿章兴修北京水利。没想到，朝廷批示"留中"。既不批准同意，也不否定建议。左宗棠尴尬了。他瞬间醒悟过来，在地方凡奏事必应允的时代，已经一去不复返了。

回想二十多年来，自己征战中国东西两极，先后主政闽浙、陕甘，对帝国痼疾已经洞若观火。他清楚，如果不运用霹雳手段革除朝廷痼疾，帝国疾患将入骨髓，"司命之所属，无奈何也"。身为朝廷重臣，个人名节如今已经与朝廷俱为一体，性格决定他不可能采取"鸵鸟政策"，掩耳盗铃，得过且过。

在军机处，左宗棠奏事权列第三。这对从1852年起就习惯了拥有一把手权力的他，只有高位之名而无权力之实，身心俱累。

早在出山为官前，他豪情满怀地说："鄙人二十年来所尝留心，自信必可称职者，惟知县一官。同知较知县则贵而无位，高而无民，实非素愿。知府则近民而民不之亲，近官而官不禀畏。官职愈大，责任愈重，而报称为难，不可为也。此上惟督抚握一省大权，殊可展布，此又非一蹴所能得者。"

眼下不幸的是，军机大臣正是"贵而无位，高而无民"。左宗棠不愿再在朝堂上被慈禧太后当"花瓶"，做摆设，击鼓传花，敷衍出一团和气。

左宗棠本就寒士出身，官场内没有背景，也缺乏"朋党"支撑。要说后台，慈禧太后就是他最大的后台。但性格凌厉的慈禧，跟左宗棠暗中的摩擦不小。

政声人去后，民意闲谈中。左宗棠清楚，如果没有办出过硬的、经得起历史检验的实事，名声在后世是支撑不住的，反而容易沦为笑谈。

想清楚了这些，他以连续多次请假的方式，让慈禧太后先感觉出他想外放的心意。这是他得以出任两江总督的一大原因。

第二次入值军机处，则完全在左宗棠预料之外。

左宗棠原本想终老于两江任上，做到在"老糊涂"之前退休，以全名节。

自小"慕古人大节"的左宗棠，将名节看得比生命还重。随着地位越高，声望越盛，他越是担心名节颠越，毕生积累毁于一旦。

"抗法援越"之事，不是他事先可以推算出来的；何况，军事时期，朝廷人事更换更具随机性。左氏本愿，并不想回军机处。

后世将左宗棠两次出入军机处，解释成他因性格不能容人，与一班军机同僚合不来，不能适应"办公室政治"，这些都是表象。

事实上，左宗棠手下什么性格的人都有。有刘松山那样性格、才能比较全面的人；有刘锦棠那样性格一头冲的生猛之人；有张曜那样孔武有力的纠纠之人；有杨昌濬那样近乎好好先生的人；有谭嗣同父亲谭继洵那样保守懦弱的人。

左宗棠毕生信奉"以术运经、以术载道"。作为帝国高官，左宗棠跟多数官员最大的区别在于，他懂得运用技巧跟方法，将四书五经中的"道"，运用进社会生活的各个方面，即使身处泥潭，他仍能运用手段与方法，做到出淤泥而不染，不被时势迁就，随波逐流。

但置身官场，应对同僚，智明之人，依然会有无力感。

左宗棠与宝鋆轶事

短暂的京官生涯里，左宗棠与同事关系如何？

正史除了记载礼部尚书延煦一次公开弹劾，鲜见提及。

但轶史对左宗棠京官生活的记载颇多，它从侧面弥补了正史的缺失，让我们得以窥见宫殿台阁之间一代名臣的掠影。

左宗棠晚年住京期间，结交了一些朝廷的端正人士，如光绪皇帝的老师翁同龢；但也与一些气场严重不合者发生矛盾争端，如军机领班大臣宝鋆。

宝鋆字佩蘅，满洲镶白旗人。

1838年，26岁的左宗棠第三次进京会试，不幸再次落第；32岁的宝鋆却在这年高中进士，朝廷授以礼部主事官职。

1862年，左宗棠出山一年半，凭军功迅速做上从二品的浙江巡抚，此时，常年在京的宝鋆已被提拔为从一品的户部尚书。

清朝吏治，人事安排，重满抑汉。宝鋆虽与战争前线远隔千里，且无尺寸战功，常年悠游于宫殿，回旋于台阁，但其一生最重要的几次升迁，都与湘军战功有着紧密关联：

宝鋆第一次晋升，《清史稿》如此记载：

> 三年，命大臣轮班进讲《治平宝鉴》，宝鋆与焉。江宁克复，
> 以翊赞功，加太子少保，赐花翎。

就是说，1864年，曾国荃攻克南京功成，慈禧太后认为宝鋆有赞助之功，赏他太子少保官衔，并赐花翎。

此类封赏，属于爱屋及乌，完全言不及义。但如果我们知道，曾国

藩在奏报上将攻克南京城的首功归于湖广总督官文，则将宝鋆写成有功，也就同样可以理解。

虽然宝鋆跟官文一样，德薄能鲜，但最终凭借出身，得以因人成事，咸与成功，今天可以说他俩命好。

对于宝鋆的第二次晋升，《清史稿》如此记载：

> 光绪三年，晋武英殿大学士。四年，回疆肃清，被优叙。

光绪三年即1877年，此时左宗棠已成功收复北疆。宝鋆再次无功受禄，接替了曾国藩去世后空缺出来的武英殿大学士。

更令人惊诧的是，一年后，随着左宗棠成功将南疆也掣回大清版图，宝鋆的待遇再次水涨船高，被朝廷奖赏，给予"优叙"。

左宗棠一生最痛恨官员无功受禄、尸位素餐。一旦遭遇此类官员，他会运用政治策略，设法将之扳倒。例证是，左宗棠1855年作为幕僚主政，牵头扳倒了湖广总督杨霈；1859年再凭幕僚之身，直接对抗湖广总督官文；1873年以陕甘总督身份，公开叫板乌鲁木齐提督成禄。

1881年，左宗棠与宝鋆成为军机处同事，两人之间观念、言语的冲突，一触即发。

今天一些民间传闻将左宗棠说得不堪，主要是正史严重缺位造成的。左宗棠事实上是一个不乏人缘的京官，前提是对方是忠臣、君子，值得交往。

光绪皇帝老师翁同龢与左宗棠同气相求。左宗棠从哈密前线抵达北京的第一天，翁同龢即派人给左宗棠送去名片，时间在1881年2月24日。两天后，翁同龢专程登门拜访，碰上左宗棠有事外出了。翁同龢与左宗棠第一次见面，在1881年2月28日，两人面对面深入交流，则在三天后。

左宗棠正式接到朝廷军机大臣的任命，在1881年2月27日。但上任不过二十天，他与军机领班宝鋆就发生不快了。

亲身见证者翁同龢在他的日记中记载，1881年4月17日这天，分管大清皇家禁卫军的左宗棠召集神机营的王公大臣们开会，一起讨论用哪种方法训练士兵，到了晚上，参会的人员一起去祭祀刚去世不久的慈安太后。左宗棠本人意外没有一同前去参加。宝鋆得知后非常生气，当众骂左宗棠是"草莽英雄"。翁同龢听说后不禁感叹，他担心真实、率性的左宗棠跟宝鋆今后搞不来，在紫禁城内要做一个正直的廷臣也太难了。

读者看到这里不免会纳闷：左宗棠为什么不跟着宝鋆一起，参加祭祀慈安皇太后的礼仪？

正史已不可能说明原因，轶史的说法，倒为推测提供了材料。慈安太后是慈禧太后秘密下毒害死的。原因追溯到二十年前，1861年咸丰皇帝去世前夕，给慈安秘密留下一道遗诏，一旦发现慈禧日后有非分之举，可以举遗诏罢免治罪。慈禧得知此事，百般讨好慈安，骗得慈安当面将遗诏烧了。为免她日后反悔，让自己夜长梦多，慈禧偷偷在食物中下了毒。

左宗棠其时就在紫禁城内，他回到京城后，是慈安太后最先接见的他。慈安太后对他嘘寒问暖，让他感动莫名。得知慈安骤然暴病身亡，他不禁吃了一惊，脱口说道：昨天我见她还好好的，怎么突然间就暴病身亡了呢？

话传进慈禧的耳朵，她不禁皱眉。

这段宫闱秘闻，很可能是真的。

因没有更多的正史做细节的铺垫，据情理推测，很可能是左宗棠对慈禧毒死慈安不满，不愿跟在宝鋆身后击鼓传花，虚情假意；何况，祭祀仪式空洞无物，纯属演戏。但宝鋆可不这么看，他显然生气了，他批评左宗棠是"一团茅草"，意思是不懂得见机行事，不知道赶快站队。

翁同龢认同左宗棠的做法，所以感叹"正人在位之难"。虽然只是点到为止，但来自帝师的隐秘记载，其权威性有如现场录播。

民间轶史对左宗棠与宝鋆之间的矛盾冲突，就毫不忌讳了。文人雅士借助生花文笔，活灵活现地还原了气类不通的两大京官之间的嬉笑怒骂。

李伯元在《南亭笔记》中写到一则故事，说左宗棠在军机处上班期间，对宝鋆横竖看不顺眼，借玩笑说，自己在前线杀过许多73岁的敌军老将，以影射73岁的宝鋆属于自己想杀之人。火药味隔一个半世纪仍能闻到。

可惜，这则轶史虽然记述生动如画，但史实部分存在讹误，原文称"宝文靖已73岁"，所记年岁不对，时年应为75岁。

比较李伯元"道听途说回家记"的写作风格，刘体仁在《异辞录》中记载的一段轶史，其准确度与真实性则要高得多。它让我们真实地看到了从封疆大吏晋升为京官重臣之后的左宗棠身心不适的一面。

他记录了两个故事。

第一个故事说，左宗棠为部将王德榜请求朝廷安排一个实缺，左氏不按奏事规矩，直接越过军机领班宝鋆抢先奏报。不等朝廷下发圣旨，又要王德榜进朝来谢恩。

这是完全有可能的。左宗棠40岁前居于乡野，只在书上读到过礼制规矩。他出山后，历张亮基、骆秉章两任巡抚，两人事实上都是"橡皮图章"，左宗棠是事实的一把手，其后22年封疆大吏生涯，他都是地方一把手。左宗棠每次跟朝廷奏报，都仅限文字上的礼仪，他从来没有过等别人安排决定他如何行动的训练。进京之后，他将做封疆大吏时的习惯带进来，是再自然不过的事情。

第二个故事说，左宗棠找李鸿章商议修北京永定河，跟恭亲王商量好后就打算去办。恭亲王当场吓了一跳，告诉他，这事需先报告慈禧太后，待太后批准才能出紫禁城。左宗棠对他的说法也感到吃惊，询问自己在京一举一动是否都需要朝廷批准？得到肯定的答复后，他心情黯然。

这也是完全符合他的性格。就心性而言，左宗棠是庄子一派的，尤其不愿行动受他人制约。活到70岁，他确实一直是主宰与决定别人行动的人。一旦感受到处处制约，左宗棠本能地想着离开。高官左宗棠不是蛮干的人，如前所述，他懂得智略地让朝廷将自己外放为两江总督，以避开两不相宜的是非之地。

要看清左宗棠的选择与做法，需要放进湖南历史人物中，做一个整体的观照。

近四百年来，湖南籍历史人物分两派：一是学院派，以学问思想见长；一是行动派，以思想事功见成。

前者有无数从岳麓书院走出来的学生：王船山、魏源、曾国藩、郭嵩焘，名单可以开得很长；左宗棠早年就读于长沙城南书院，城南书院其后走出的隔代校友，有黄兴、毛泽东。

比较而言，左宗棠跟毛泽东的个性气质、行事风格有不少接近之处。

24岁的左宗棠说："身无半亩，心忧天下。"

24岁的毛泽东则通过"游学"，践行了"身无分文，心忧天下"。

左宗棠早年跟胡林翼说："弟才可大受而不可小知，能用人而必不能为人用。"他适合统率群僚、领袖群伦，引领天下，执着于忠孝廉节的他，不擅长悠游台阁、和光同尘。他适合做开相府独立主事的诸葛亮。但清朝的军机处名义上有宰相之事，却无宰相实权，说到底不过是皇帝的秘书班子。这才是左宗棠无法适应做京官的根本原因。

如果说，中国历史在关键时候往往由一两个人扭转与改变，能够称得上这一两个人的人，古来并不多见。左宗棠算是其中一个。

1864年，曾国荃攻破南京，消灭太平军近十万人马，其后太平军余部三十万主力，由左宗棠统帅三省兵力，直到1866年初才彻底剿灭，左宗棠是太平天国真正意义上的最后终结者。

1873年，左宗棠平定陕甘，得以封赏为大学士，从朝廷给予的名分，可见意义之重。

1878年，左宗棠成功收复新疆南北两路；五年后，他又在抗法援越、护卫台湾等海防战中功勋卓著。如果晚清没有左宗棠，不独朝廷命运危如累卵，中国疆土也多处支离，不容深设。

左宗棠眼光远，忧虑深，他对身后的家国危机，事实上有着足够清醒。在1885年9月5日的《遗折》中，他这样提醒朝廷：新疆收复后，大清西北疆土已经大致稳固，但东边的日本却开始跃跃欲试，欧洲各国也对大清虎视眈眈，如果不尽快发展海军来巩固国防，一旦再发生战事，大清只会越来越弱，想再富国强兵更加困难，到那时想维持今天的局面都不可能了。请朝廷马上组织官员商议成立海部，请慈禧太后、光绪皇帝迅速做出决断，没有时间再去犹豫观望了。

左宗棠期盼光绪皇帝能像康熙、雍正、乾隆一样乾纲独断，通过发展现代工商业来富国强兵，免却亡国危机，他看准了问题，也开出了药方。但大清气数将尽，且在洋务运动后，帝国制度在科学、民主、平等、权利萌芽的时代，已经越来越跟不上进步的节奏。

左宗棠毕生捍卫了国家的主权领土，同时也挽救了一个日薄西山的朝廷，但晚清官场的世俗文法，并没有因为太平军、捻军等接二连三的近乎毁灭性打击，而有一丝一毫的改变。左宗棠竭力挽救的，是这样一个让自己严重不适应的朝廷。

他立定大端要节，不拘朝廷小礼小节，且以端人正士来要求京官，不说自身权力不够，即使权力足够，晚年左宗棠也不可能再像青年雍正那样，按帝国逻辑，将官场内外贪腐、慵惰洗刷荡涤一新。

即是说，京官左宗棠除了在军机处受宝鋆的奚落与嘲弄，已经没有更好的出路。

如果说人各有命，我们看左宗棠一生的命，是竭尽忠诚，将个人的全部心血、才智贡献给国家、朝廷，仍不免要遭受同僚猜疑、同事挤兑；宝鋆的命，则是含着金钥匙，搭一辈子别人的顺风车，人家杀猪他吃肉，人家过年他收礼。

1891年，宝鋆因年老无疾而终，享年84岁。朝廷接到他的遗疏，下发圣旨，评定他一生"忠清亮直，练达老成"，赠太保，入祀贤良祠，谥文靖。

在历史大势与时代潮流中，个人道路的顺阻，个人地位的尊卑，其实我们无力左右，即使率性如左宗棠，智慧如左宗棠。

正史就粗不看细，观大局不论曲直。好在有轶史辅料，让后世仍能得以窥见日常里的是非，细节里的魔鬼。

频说

真实与智慧，是左宗棠身上最醒目的特征。

左宗棠少年时期读书，主要得力于《孟子》。孟子善辩的逻辑跟磅礴的气势，入了他的心，化作了他的骨血。

左宗棠青年时代以"今亮"自称，在给朋友的通信中，他多次干脆署名"亮"，直接将自己看作"当代诸葛亮"。诸葛亮的"善算"与"谨慎"，也化作了他的灵魂。

读《孟子》让左宗棠成长得特别真实；学诸葛亮又让左宗棠变得尤其智慧。

真实跟智慧，有史以来，极少人能够兼具。往往真实的人多数流于古板，显得愚钝，因应世事欠缺足够的智慧；高智之人又往往失之浮躁，内心杂念总是过多，很难再做回真实。

真实跟智慧水乳交融于一身的左宗棠，在晚清显得十分另类。"孤独感"由此成了左宗棠一生挥之不去的阴影。连身边的朋友也很难理解他，左宗棠在晚年跟妻子说："自有我在，求在我不求之人。"虽然当时没有，但他相信，后世一定会有能理解他的知心者。

左宗棠身后一百三十多年，理解他的人其实依然不多。事实上，个性分明，既刚又暖的左宗棠，更接近于一位"邻家大哥"的模样。

第五章

门外汉的逆袭之路

军事门外汉左宗棠从没有系统学过兵法。

他却在战场上总能无往不胜，

背后的奥秘是什么？

适合自己的方法才是好方法

1860年6月9日，朝廷下发圣旨，着左宗棠襄办曾国藩军务。左宗棠第一次迎来组建军队的机会。

这事实上给他出了一个大难题。之前，左宗棠既没有进过军事学校，也没有修过军事课程，更没有读过兵书，这军队怎么组建？

在湖南做幕僚八年，左宗棠指挥团练、绿营战斗，与自己独立建军，根本不是一回事。湖南巡抚衙门里有现成的绿营、成熟的管理体系，他只需要负责出谋划策，调配指挥。一旦轮到自己办军队，情况就完全两样了。

创办楚军之初，左宗棠大到方向、目标、方法，中到团队组建、管理，小到一粒粮食、一杆枪、一张稿纸，都要自筹。因楚军建军模式别于曾国藩的湘勇营，他甚至连自筹建军的榜样都没有。1853年初曾国藩创办湘勇，启用的是罗泽南一千人团练，现成底子，不用考虑这么多细节。

不能学的另一个原因，曾国藩气质"迟滞"，与左宗棠"势锐"不同。左宗棠清楚统帅的气质决定军队的气质。曾国藩崇尚"拙诚"，左宗棠信奉"朴强"，两人完全不是一个风格。

从曾国藩根据自身气质定位军事的特点，左宗棠倒也得到过一些启发。曾国藩根据自身"迟滞""懦缓"的特点，选择士兵要"朴诚"；他又根据自己多年京官经验，规定将领要"才堪治民"。

左宗棠作为旁观者看出了问题，这哪里是铁军的搞法，完全是"生产建设兵团"嘛。军队有军队的规律，总体原则是职业化、专业化。

左宗棠根据自身"惕厉""朴强"的特点，一开始便以职业化、专业化做标准，将选拔士兵标准定为"精壮"，"止取其能拼命打硬仗耳"，以儒家"君子人格"作为选择将领的标准。

左宗棠建军决定尝试全新模式，与在巡抚衙门受过的打击有关。代理巡抚八年，每天上向朝廷汇报请示，下向湖南十四市州发文部署，做的全是文字工作，前线将领嘲笑左宗棠是"白面书生"，上不得战场。这句嘲讽对左宗棠刺激很深。

白面书生怎么了？他偏要用读书人的方法来建军。

打仗跟读书不就是一回事！干吗要说得那么神秘？左宗棠对武举出身的提督们的嘲笑不以为意。他对儿子孝威说：我看读书考试与带兵打仗完全是同一个理，好比说，平时练兵就像在课堂温习，上阵打仗像入试场考举人。既然同理，读书的方法会了，打仗便可无师自通。

这是就建军原理上说。但具体到创军，需要的不是理论，而是实践。更准确地说，需要具体可行的方法。他如何将儒家学问转化为建军打仗的具体可行之策？

左宗棠开始发挥他"神交古人"的想象力，大胆做触类旁通的知识迁移。

且看他如何迁移？

"四书五经"也可以做军事教材

根据自身气质特点，左宗棠决定围绕"气"字来做文章，将它做足、做深、做透。

孟子的著作里有"养气"之道，左宗棠从哪里得来"用气"之法？

四书之一《大学》里有一句话，被他挖出来。

> 大学之道，在明明德，在亲民，在止于至善。知止而后有定，定而后能静，静而后能安，安而后能虑，虑而后能得。

意思是说，"大学"这门学科，目的是让人明白人类那些高尚的品格，人一旦拥有高尚品格，就可以通过自身行动，去觉醒世俗社会中的每一个人，使越来越多人的智慧得到开启，引导他们弃旧图新，致力于加强文化修养，实现人人知书达礼，有品格、有修养，最终达到人与世界完美和谐。人一旦知道要达到完美和谐，就能够志向坚定；志向一旦坚定，就能够镇静不躁；一旦镇静不躁，就能够心安理得；一旦心安理得，就能够思虑周详；一旦思虑周详，就能有所收获。

左宗棠琢磨这段话，发现全句的核心字眼在"定"，关键又在"气定"。

早年气质粗驳、个性鲜明，左宗棠如何做到"气定"？首先要让自己"心定"。

他由此得出治兵之道，核心在"养气""治心"。

左宗棠说："治军先养气，治病先养心，乃不易之理也。"

根据这一总思路，左宗棠参考老湘营创立者王鑫的实践经验，开始自己鼓捣、探索训练士兵的方法：

楚军第一项训练，"练心"。即模拟各种困苦的环境，锻炼士兵过硬的心理素质。

第二项训练，"练胆"。即以各种极端危险的场面，锻炼士兵强硬的胆魄。

第三项训练，练打仗技术，学习怎么用炮、用枪、用刀，怎么瞄准轰打、射击、刺杀。

左宗棠说："练兵之要，首练心，次练胆，而力与技其下焉者也。"意思是说，练兵的关键，首先是要锻炼士兵过硬的心理素质，其次是锻炼士兵过人的胆量，最后才使用常规手段，锻炼士兵的身体素质跟打仗技术。

这种用做学问的办法搞出来的军事创新，将军事教科书彻底给颠倒过来了。自古以来，科班出身的军事家都将训练士兵的身体力量与军事技术放在第一位。左宗棠一个饱读儒学与实学的军事门外汉，他为什么要这样设计？

左宗棠自有他的理由："养气"是强兵之本，"打仗以胆气为贵"，没胆气则军人缺力量，没气势则军队缺灵魂。

士兵胆气从哪里来？

天生固然有一部分，但主要靠锻炼得来。根本上说，要"练心"。

为什么将练习打仗技术放到最末位？

左宗棠说：打仗的水平，敌我双方都差不了太远，敌人一枪能打中你的胸，你眼色再差，一枪也能打到他的腿，再补一枪，不就打死了？战场瞬息万变，敌人没有可能站着不动让你练靶子，技术太精，派不上用场。决定战争胜负，核心在人。即使热兵器取代了冷兵器，战争仍要靠人力进行。武器、战术、场地，都是定数，唯有人是变数，人心主导一切。所以，练好了人心，则变数也成定数，定数叠加，胜算把握增大；反之，如果不注重练心、练胆，只求"修器之精、技之长、阵之整"，到了紧要关头，便会"穷矣"，死路一条。

左宗棠进一步论证说：打仗看起来复杂，但只要抓住关键，就没那么神秘了。上战场就像进考场，平时多年积累，眨眼工夫全使出来。胜还是败，看似靠战场临场发挥，其实取决于平时功力积累。士兵胆气壮，上阵可以超常发挥；相反，胆气薄，上阵不摔跤也会挨枪子。敌我双方功力高下，决定因素全看军队平时"养气"如何。

"养气"的目的，在得"浩然之气"，左宗棠将它定义为"天地正气"。

他下结论道：治军成败，关键在符合"天地正气"。

带兵打仗的"天地正气"是什么？

社会规律、人心规律、军事规律。

因此，战争的目的、手段，关键是要符合这三大规律。根据这一原理，左宗棠规定军队训练重点是让士兵知道，他们在为保家卫国而战。号令三军、统率将领的依据，是时刻做到顺应家国大义、世道人心。

顺应的具体标准是什么？"公、诚、廉"。

左宗棠将这三个字确定为选拔将领的具体标准。

"公"即选拔将才公开、公正，杜绝用人唯亲，军令赏罚公平。

"诚"是要求将领内心正直、坦诚，不弄虚作假，不耀武扬威。"所恃者诚信不欺，丝毫不苟，不敢以一时爱憎稍作威福，致失人心。"

"廉"即"廉干"，廉洁、能干，不贪钱，会办事。

在"公、诚、廉"三条标准中，左宗棠发现，关键在将领"廉"。这是他多年官场经验的心得：不贪钱的人，人品诸多方面往往都可取；贪钱的人，污点绝不会仅仅停留在贪钱。因此，"廉"不但是"公"与"诚"的目的，也是检验将领道德人品最重要的一项指标。

在军事将领训话会上，左宗棠说："廉"虽然是读书人最崇尚的气节，今天武人也应该这样要求。如果将领贪财好利，平时就不会专心带兵；将领不廉，军饷难以保证；将领不洁，战场上会想方设法冒功领赏。这类将领，不但上战场取不了胜，下了战场在士兵中威信也将扫地。

既然如此看重"廉"，怎么杜绝"逼人不廉"的事情发生？毕竟人不能保证自己任何时候都不缺钱，极端困窘的情况下，原本清廉的人，难保不会为钱铤而走险。

左宗棠的方法是，拿自己的养廉银来奖励给两类人：打仗最卖力的将领、家人贫穷到难以度日的将士。他将心比心地说，军人都是有家有室的人，家人需要花钱，如果工资太少，有时会逼得人贪污，我从工资中私掏腰包相赠，则可以防止这类极端情况发生，"故其下吏化之，不至于奸"。

家里不缺钱，你还不卖力，那就是主观原因，别怪我不客气了。

训练打仗技术方面，左宗棠也完全脱离军事教材，根据自己早年参加农业劳动实践的心得，规定每天军事训练必开一项"习劳作苦"专门课程，以收谷打禾、挖土翻田、扛沙挑泥、搬砖运瓦为教学内容，这完全是左宗棠凭经验鼓捣出来的。这样长期训练下来，楚军特别耐苦。这是后来西征军能够克服大漠风沙、缺食少水等超常困难，长驱数千公里收复新疆的根本保证。

左宗棠立足创新，早在罢考会试后就在农业上开始尝试。他发明"区田法"，方法是把农作物种在带状低畦或方形区块内。60岁以下的老人、10岁以上的孩子、家庭主妇、闺阁少女，都可以利用起来，找到一份事做。

军事创新是农业创新时积蓄的办事经验的转移和延续。军队人数方面，左宗棠不搞大规模，只募五千士兵。理由是"兵之用在精，兵之精在将"。

选择办精兵而不重规模，跟他1852年出山后的第一印象有关。他在湖南指挥绿营，第一天就见识了十余万清军对抗五万太平军软弱乏力的表现，刺激太深。既然人数根本见不出优势，尾大不掉反而是个累赘。何况，招募人数庞大的军队，养活数以万计的军人，军饷与粮饷也跟不上。如果拖欠士兵口粮与养家的血汗钱，将士身在战场，心在账房，这仗还怎么打得下去？

最后重要的一条，就是纪律。左宗棠刚直、气盛，他在湖南整顿吏治时喜欢杀贪官，每到一地，第一件事必是查出个罪恶滔天的，铁面无情宣判死刑。这种风格用到治军上来，左宗棠充分展现了铁血刚硬的一面。他说："用兵之道，纪律为先；驭将之方，赏罚为要。"这就是法家的"胡萝卜加大棒"思想的具体运用。

楚军军纪刚硬生冷，谁犯了罪一经坐实，任何人求情都不管用。他的赏罚也是两个极端：奖要奖得人没齿难忘，罚就罚得人魂飞魄散。因此，楚军敢违规乱纪的将领，几近于无。但只要打了胜仗，左宗棠必笑逐颜开，用自己的工资代将领慰劳军队。要是查出有将领冒领军功、贪污军饷、倒卖粮草，会毫不客气判处极刑。

建军宗旨定了，军制、军纪有了，到哪里去找合适的将领呢？

"借壳上市，资产重组"

左宗棠第一眼看中王鑫留下的老湘营。

王鑫，字璞山，湖南湘乡县人，罗泽南的门生。

王鑫跟左宗棠第一次见面，在1853年初。那次，王鑫跟曾国藩带兵来长沙，左宗棠对他颇有好感，结为好友，相互通信。后来，左宗棠专门给他去信，信中以"廉耻、信义、刚明、耐苦"八字高度评价他，王鑫感激涕零，引左宗棠为知己。

王鑫与左宗棠一样，才大气大，个性强烈，正直敢言。这种不压抑、不伪装的性格，打破了中庸的文化生态，时人对他颇有指责。但王鑫在文化方面的才华，远不及左宗棠，其"粗豪"的秉性，接近纯粹武夫。

王鑫本来是曾国藩的部下，因与曾国藩闹翻了，才独立出来。

曾、王矛盾，起于1853年到1854年间。曾国藩第一次出山办团练，带湘勇在岳阳连吃几个大败仗。王鑫当时是曾国藩部下，很有自己的一套。突围后，他憋了一肚子火，心直口快，当面指责曾国藩带兵无能，指挥无方，拒绝再接受命令，回湘乡再组织3000余湘勇，大有将曾国藩取而代之的架势。

曾国藩其时正值血气方刚，以法家治军，刚硬生冷。见王鑫不服管束，愤激之下，当场下令解散王鑫一营。

王鑫气得须发皆竖，火速找到赏识自己的左宗棠论理。左宗棠带他跟骆秉章谈，骆秉章听后，写信询问曾国藩：王鑫的事情，好像有问题啊？

曾国藩正在气头上，积怒成怨地回信说：王鑫不服管教，我带不了他。不是我妒忌他，他犯了严重的政治错误，非常时期，不开除不足以正军心。

左宗棠看信后，颇不以为然地说：王鑫是难得的人才。涤生老兄最近老爱说人才难得，我看不见得。人才谁没有缺点？有才能的人都有个性，没才能的人才没个性。作为统帅，宁用有缺点的人才，不用没缺点的庸才。用人之长，护人之短，不就可以了。老揪住人家的缺点上纲上线，这恐怕不是正确的用人之道。

曾国藩脾气来了，左宗棠的话也不听，终于闹得跟王鑫形同仇人。

客观地说，王鑫勇武有余，文教不足，确实不符合"才堪治民"的要求，这点曾国藩并没看错。在太平盛世，这类人才最好不闻不问，任其自生自灭。关键是，现在是乱世，论上阵带兵的本事，王鑫在湘勇中第一，左宗棠、鲍超都比不上，开除未免有点可惜。

左宗棠一直垂青王鑫，可惜天妒英才，王鑫33岁那年战死江西。他流星一样走了，身后留下了老湘营四个营，由弟弟王开化、王开琳统领。

左宗棠筹建楚军，第一个想起老湘营。因与王鑫老交情在，找到王开化商量，四个营爽快被接收过来。

楚军新招募5804人。在营制上首先自我创新：改变湘勇360人一营的模式，内部分营、哨，各编前后左右四种，每哨320人，每营500人。老湘营仍保持360人一营，由王开琳统领。老湘营、四哨、四营，合成中营，由王开化总领营务，刘典、杨昌濬任副手。左宗棠另配200亲兵，直接管辖。

军队避开湘勇，取名"楚军"。原因之一，湘勇是民兵，左宗棠看不上。要搞就搞正规军，别遮遮掩掩，像犯了错误似的。何况，七年来，左宗棠与曾国藩的战略观点经常不合，更关键的是，左宗棠一直有主见、想法，从来不愿受制于人，更不愿委曲求全，为保持一团和气，牺牲掉自己的正确主张，无论他是张亮基、骆秉章，还是曾国藩，都绝无可能。更何况，此时他已有了另立山头的想法。沿用湖南团练最早的创办者江忠源的楚勇旗号，直接以军队自称，可以避免日后更改名号的麻烦。比如曾国藩所创湘勇，正式命名为湘军，已到1867年，其时，太平天国政权消失已经足足有三年之久了。

选兵方面，左宗棠也打破了曾国藩模式：曾国藩的标准是"朴诚"，左宗棠的标准是"精壮"。曾国藩选湘勇多用湘乡人，多亲友；左宗棠则不限地域，五湖四海。

两人眼光差别的原因跟个人的气质、资历有关。曾国藩原本是朝中大员，刚从北京回到湖南不久，地方根基太浅，士兵"朴诚"利于管理，亲友圈出了乱兵好管教。左宗棠原是半个农民，地方人脉广，加上长得像个武人，心雄气壮，不用担心管不住兵。

挑选士兵标准不同，背后的深层原因，在于政见不同。曾国藩办团练的初衷是保卫湖南。着眼保卫战，当然将士兵道德品质放在第一位，以免士兵乱纪坏了清誉。而左宗棠办楚军的谋划，已经立足保卫中国疆土。着眼战场胜利，当然要按职业军人的标准选兵。

后来的事实是，曾国藩的湘勇果真管不住，以"吉字营"最乱。左宗棠的楚军纪律严明，秋毫无犯。士兵敢越轨，左宗棠必格杀勿论。

具体到选将方面，两人因自身天资、气质不同，除了"才堪治民"与"公、诚、廉"的标准差别之外，具体考察时也完全不同。曾国藩看相，左宗棠看气。

曾国藩流传相术口诀："邪正看眼鼻，真假看嘴唇，功名看气概，富贵看精神，主意看指爪，风波看脚筋，若要看条理，全在语言中。"

左宗棠不信这套，他服膺于孔孟，将领孔武有力，气势盖人，能身先士卒，冲锋陷阵，就会被列入首选。

建成楚军后，左宗棠开始有点自信了。

他的自信，首先建立在小心谨慎与自我省察的基础上。表现出来，就是"惕厉"：对各种可能出现的危机，充满警惕。胡林翼不是批评自己"虑事太密"吗？左宗棠再回头反观自己，想得太细，确实很累，诸葛亮就是这么活活给累死的。但这也不是什么大不了的缺点，因为自己身体好，记忆力强，反应快，吃得消。何况，《大学》说"安而后能虑"，孟子说"心之官则思"，不就是鼓励人想清想细吗？可见事情要因人而异，没有什么是绝对的。

军事门外汉左宗棠按照"四书五经"，根据读书做学问的方法建军，打下的楚军班底竟成了毕生事功的基石。1867年平定大西北组建的西征军、1884年援越抗法组建的恪靖定边军，都依托这支楚军为班底发展而来。

左宗棠留给后世的启发在于：科班出身的人，长处在中规中矩，但受专业束缚太深，往往难有创新之举。倒是门外汉，虽没有多少专业基础，但也没有什么专业条框，基本根据想象来，知识迁移，触类旁通，大胆假设，小心求证，倒可以开创一种新模式。

楚军从1860年创立，到1885年左宗棠去世后逐渐分散为几支，前后纵横中国25年，足迹所至，西到新疆，南抵台湾，寿命超过湘勇一倍，楚军兵法为何今天史籍难见只字片言？它给今天留下哪些未解的谜团？

楚军细节探秘

楚军在收复新疆、护卫台湾创下旷世功业，新疆、台湾建省，更是依托楚军威力，它的成功到底有何独门秘技？这在当时就曾引起文人学者极大的兴趣。

1872年，左宗棠刚平定陕甘那会儿，罗汝怀、郭崑焘等人联名去信商议，请左宗棠提供一手资料，计划合写一部《楚军纪事本末》。

左宗棠意外拒绝了。理由说得含蓄且委婉：湖南人自有历史以来寂寂无闻，只因近二十年来一批有勇气的读书人站出来，以天下为己任，为国家做了其他诸省人不愿做的难事，过程中尝尽艰难困苦，才取得今天这样的辉煌。楚军建立当初，哪里想过这么远？现在我们打了许多胜仗，依靠战功，许多老乡做了官，享受荣华富贵。但这些都是意外所得，不值得后世湖南人效仿。为什么？湖南人的本分，是耕读传家，不是带兵打仗。耕读是几千年的老传统。你以为现在大家靠带兵打仗得高官厚禄，可以神气一世？实话说，今天湖南人荣耀，靠的是祖宗积德。湖南人如果知趣，就不应再透支祖辈的积累，而要考虑为后代们积德，蓄养元气。毕竟，耕读传家才是百年大计。所以说，今天不宜再出兵书来变相鼓励后人从军，弄得将来的湖南人丢掉耕读传家本分，走到哪里都将自己当个人物，那就糟糕了。

以上公开答复的理由，只是左宗棠内心真实的想法之一。不方便公开说的原因，还有两个。左宗棠在与儿子的家信中透露出来：

其一，楚军的经历、兴盛过程，自己历年来的奏折，已经说得很全面，后世真想研究军事的人，看原作即可。同时代的人出来写，当事人都还在世，个人恩怨掺杂，很难客观公正。以亲历者身份写，一旦碰上夹带私货，就麻烦了。作品流传开了，读者先入为主，后世要纠正过来，很难。到那时，历史真相怎样，反倒没人关注。与其这样，还不如让后人来写。真实性不敢绝对保证，至少客观些。

其二，"飞黄腾达之时，不被人嫉"。湖南两千年来处国之边缘，地卑人微，无人关注。现在骤然间人才全盛，全国的眼光都看过来了，这时尤其要提防骄傲自满情绪。"器忌盆满，功名亦忌太盛。"出书立传只会助长后世湖南人的"虚骄"之气，其结果是害了湖南。

基于以上这些原因，左宗棠最后表态：

> 《楚军纪事本末》之议，意在表章，实则赘说，且令同时之
> 人多议论，不如其已。

左宗棠警惕后世湖南人"虚骄"，在当时仅仅是一种预感，十多年后不幸应验。

湘军骤然崛起后，湖南人自荣自炫，不可一世。甲午战争中，湘军在陆战中充当了一支重要力量，由刘坤一负责统帅。几仗打下来，结局大出意料，湘军被日军大败。湖南人顿感颜面扫地，"骄气"同时被打掉了。亲历见证湘军心态前后变化的谭嗣同说：湘军在牛庄被日本鬼子打得满

地找牙，湖南人满世界炫耀的虚骄神气，顿时就像泄了气的皮球。

湘军与日本战，大溃于牛庄，湖南人始转侧警寤，其虚骄不可向迩之气，亦顿馁矣。

清末朝政糜烂至于极点，湘军在平定太平天国、收复失地、捍卫国防之后，应该说已经完成了它的主体使命，保护一个不断阻挡历史进步车轮的旧王朝，遭遇挫折失败对历史来说未必全是坏事。20世纪初，一大拨湖南人再次相继崛起，与这次大失败的激励有着直接关系。谭嗣同积极倡导戊戌变法，熊希龄组建第一流人才内阁，都是在湘军惨败的悲情激励下奋发出来的。

《楚军纪事本末》不了了之，带给今人莫大遗憾，一支成就盖世事功的军队，翔实的军事细节，居然埋于故纸丛中。这也是后世盛传"曾胡兵法"，而不兴"左氏兵法"的主要原因。

真正具备军事天才的大军事家，对宣扬自己的军事思想，似乎都有所顾忌。原因就在于战争以杀人为目的，不宜过分宣扬跟鼓励。曾国荃出山之初，曾国藩在致信中说"吾家兄弟带兵，以杀人为业，择术已自不慎"，可谓有足够的自知跟警醒。

左宗棠是孟子的忠实信徒，孟子有句名言："善战者服上刑。"天才的军事家应该受最重的刑罚。孟子在这里并没有区分战争的正义跟非正义，原因就在于战争违背了人道主义原则。左宗棠对孟子这句话不能不心存敬畏。问题也正是，左宗棠敬畏历史，但在历史面前过于谦虚，历史已快将他忘记。

回到左宗棠以学问治军的主题，按儒家思想创新建军，为什么能屡打胜仗？

左宗棠在去世前几年跟光绪皇帝的老师翁同龢见面时有过简单交流，隐约说出了一些谜底。

翁同龢与左宗棠第一次见面，在1882年3月22日。

翁同龢对其印象如下：

> 访晤左季高相国长谈。初次识面，其豪迈之气，俯视一世。思之深耳。

翁同龢最后一次见左宗棠，在1885年8月1日。这次，左宗棠跟他详细谈及楚军胜利的秘密：战争取胜靠霸道，决定胜败在统帅，统帅成败在养气。《大学》中"知止而后有定"的修身之道，与带兵打仗相通：统帅养气，以气统将；将领养气，以气领兵；士兵养气，以气临阵；上下同气，则无战不胜。

左宗棠这次还谈了很多，可惜翁同龢惜墨如金，仅简记如下：

> 访左相谈。虽精神不甚清澈，而大致廓然。赠我《盾鼻余渖》，其所撰诗文杂稿也。反复言："打仗是学问中事，第一气定。气定则一人可胜千百人；反是，则一人驱千百人矣。"

以"气"贯通治学与治军，大胆做跨行业、跨领域的创新，固然得益于左宗棠天资高妙，但更多来自他40岁前闲居乡下时读书的用心、细心。

遇事要忍，出手要狠

铁腕治官，湖南像换了朝代

要建立一番事功，到底是选择"刚"，还是"柔"？

左宗棠说：刚。他认为，处在乱世，男子汉若要成就一番立得起来的事业，就不能像绵羊一样可爱。

什么是刚？是郭嵩焘批评左宗棠时说的"暴气"吗？不是。

左宗棠说：刚不是外表看起来气势凌人，也不是喜欢骂人，时刻像一只斗鸡。刚就是有胆量担当别人不敢担当的难事，有勇气做别人患得患失害怕做的事，有耐力忍住别人所不能忍受的苦差事。男子汉志向一旦确定，终生全力围绕这一点去努力，半路上懂得拒绝，不被诱惑分心，不被名利遮眼，成就或大或小，总能取得。反之，如果选择做乱世绵羊，既帮不了别人，也帮不到自己，被时局裹挟，最后只会无谓葬送自己。

敢担当，会做，能忍，左宗棠自述这种精神，最早见于他与左宗植的儿子左癸叟的一次通信：

> 所谓刚者，非气矜之谓、色厉之谓，任人所不能任，为人所不能为，忍人所不能忍。志向一定，并力赴之，无少夹杂，无稍游移，必

有所就。

左宗棠是这么想的，也是这样去做的。

1852年入张亮基幕府后，左宗棠发现，太平天国农民起义之所以爆发，根源是"民情之不靖，实由于吏治之不修"。即是说，官场"惰政"、官员"腐败"，是导致朝廷发生巨大危机的两大病根。

怎么拔除掉这两大病根？左宗棠拿"惰政""腐败"开刀，重组人力资源，该开除的开除，该免职的免职。

依照"任人所不能任，为人所不能为"，在赶走太平军的短暂空歇里，左宗棠着力治理湖南，第一件事，便是铁腕治官。

清朝其时承平两百余年，"惰政""腐败"成风，社会生气日少，而暮气日见深重。官员架子大，从不下乡，省里文件基本出不了巡抚衙门。政令不能上下通达，地方官画地为利，各自为政，民生灾情、冤假错案比比皆是。

左宗棠对症下药，当即组建一支"特别行动调查组"，将湖南乡绅组织起来，从省里派出专员指导，不分昼夜，加班加点到民众家里调访，搜集官员贪腐证据，统计地方土匪实况。

几个月下来，湖南各地州、县级官员的贪污事实、数据，像经过电脑统计一样精准地摆到张亮基的办公桌上。占山为王的土匪，纷纷收到了湖南巡抚衙门发来的通报、警告文件。贪官与土匪吓得透不过气来，以为张亮基背后有神仙在帮助。

牛应之在《雨窗消意录》中的描述是："亮基乃聘左宗棠入幕，使通宾客，日夜访民疾苦。吏有奸，山泽有盗，巡抚辄知之，远近骇以为神。"

骆秉章继任后，左宗棠凭借经验，继续铁腕反贪官、打土匪。在练兵、转饷、省防诸事方面，提拔了一批乡绅来负责。

八年坚持下来，湖南渐见起色：首先，境内大贪官基本清理掉了；其次，以浏阳征义堂为代表的土匪集团被剿灭。两大毒瘤被根除，湖南像换了个朝代。

地方政局一稳，民众安心生产，社会财富逐年增加，骆秉章趁机开办省厘金局，对大宗商品盐、茶收取百分之二的交易税，一年收集下来，达数百万两白银。凭这笔钱，左宗棠严肃军纪，整顿绿营，士兵一改颓废气象，作战能力增强。依靠打下的基础，湖南省不但成功抵住太平军，还搞起军事输出，援助湖北、江西、贵州、广西、四川五省，即"内清四境，外援五省"。到1859年，确如潘祖荫所说，"国家不可一日无湖南，湖南不可一日无左宗棠也"。

地方治理经验让左宗棠认为，他已经探到了清王朝的病源：朝廷政教本质是好的，可惜地方没有官员执行；朝政腐败，错不在中央，而在地方。

这种见效一时的成功，让左宗棠对用对人充满信心。其时欧风美雨虽已拂来，但洋务运动仍未兴起，左宗棠对西方的了解，几乎是零。他站在中国传统的角度，从经验出发，得出这样一条结论：

> 任法不如任人，人存而政斯举；兴利不如除弊，弊尽而利自生。

他这一想法尽管看不到多少历史的进步性，但比同时代人还是要略显高明。不可否认，在儒法并用的前提下，儒家文化对"治标"有显著于一时的效果。

练心之效

1860年9月22日，经过一个月"练心、练胆、练技术"的独特军事训练，左宗棠带领五千楚军，从长沙金盆岭出发，经醴陵前往江西迎战，以配合曾国藩所在的安徽祁门湘勇大营。

出山头十天，左宗棠与太平军连打三场遭遇战。三仗打下来，消灭了几千太平军，攻下两座城，楚军未死一人。左宗棠对打胜仗有点底了，他说："我此去要尽平生之心，轰烈做一场，未知能遂其志否？"

太平军其时仍处于一定程度的攻势。左宗棠出山，正赶上太平军在安徽南部、江西东北部发起第二次进攻，太平军分三路进攻：南路由左路军主将刘官芳统率，北路由定南主将黄文金统率，东路由侍王李世贤统率。

到12月23日，三路军占领景德镇东北的浮梁，曾国藩的祁门大营粮道与文报被切断，陷入困境。

左宗棠凭借"空城计"，守住景德镇，攻下浮梁。

1861年2月18日，左宗棠率领楚军与鲍超的霆军分三路在梅源桥、洋塘向黄文金发起攻击，两军激战四小时。黄文金败走，左宗棠取得保卫湘勇生命线的第一阶段胜利。

太平军内开始知道，这半路杀出来的左宗棠，是个强劲对手，决定调遣威震清军的李世贤来收拾他。

1861年3月上旬，李世贤从安徽休宁出发，专门来与左宗棠争夺江西通往祁门的这条生命线。

两军第一次交战是一场遭遇战，发生地在江西婺源，左宗棠果然战败。

战败后果出乎意料的严重：4月9日，景德镇被占，左宗棠退守乐平。

景德镇失守，祁门生命线切断。曾国藩所部三万士兵断粮一月，军心动摇。

孤悬祁门绝境，曾国藩想到自杀。他镇定下来，写成遗嘱。遗嘱中称，这次自杀，不是怕死，而是因为凶险程度比上次李秀成过祁门而不敢攻要高数倍。现在不但粮道断了，发往外地求援的文书通道也断了，祁门完全被隔成孤城，弹尽粮绝，突围无望。我决定与将士们一起死。大家能够死在一起，也是大幸。

曾国藩写完后封好，再写个便条，寄给正在祁门城楼上指挥战斗的幕僚欧阳兆熊。

欧阳兆熊接过一看，吓得连指挥打仗的心思都没有了。

这是一封抱定必死决心的告别书。

曾国藩在遗书中这样平静写道：为捍卫道统而死，重于泰山。我这次命定要死在祁门了。我已经写好遗书，就藏在帐内。等我死了，你第一时间派人发往朝廷。作为两江总督、兵部尚书，我死在自己的土地上，不算丢人。

祁门万山包围，本是一块绝地，你赶快率部队沿河往东边撤退，越快越好，打仗撤退不算耻辱。只是，我现在进也进不得，退也退不得，只有坐待等死。等我死后，你还是要想办法来救出残存的主力部队，以图东山再起。

左宗棠其时正在前线指挥楚军打仗，不知道有这封遗书。但他知道祁门对曾国藩有多么重要。

退守乐平后，为减轻祁门压力，左宗棠自定战略，采取计策，决定调虎离山，主动冒险出击。

1861年4月21日，左宗棠率领五千楚军，与李世贤统领的五万太平军对阵乐平城下。

面对十倍于己的敌人，左宗棠为增加胜算把握，设法制造军事障碍。他命士兵将附近的水道开成堰塞湖，弄得附近四处泥潭，让太平军骑兵无法行动。

4月22日夜间，天气骤变，次日大雾弥漫。左宗棠判定天赐良机，决定发挥楚军练心、练胆的优势，借助极端恶劣的环境，对太平军发起猛攻。

23日一早，左宗棠命令王开化、王开琳、刘典兵分三路，瞬间率部出城。

当时风狂雨急，河水暴涨。楚军按照左宗棠独特的练胆方法，战前杀声震天。雷鼓齐鸣中，李世贤仓促应战，两军近距离肉搏。枪炮声、刀戈声、冲杀声与电闪雷鸣混在一起，场面惊天动地。

借助恶劣的天气，战争很快就陷入胶着。逐渐地，楚军过硬的心理素质逐渐显现出优势，士气上压倒了太平军。楚军越战越勇，太平军开始出现败退现象，楚军士气大振，太平军终于抵挡不住，调转枪炮，兵败如山倒。李世贤指挥迅速撤退。太平军一路狂奔，人马自相践踏，被踏死的、击杀的、淹死的超过五千人。

王开化身先士卒，带领部下直奔李世贤，企图活捉。李世贤惊慌失措，一路死命逃奔，逃到一座山岭拐角处，抓住一个士兵，将衣裤剥下，套在身上，混杂在逃亡的士兵中，才侥幸躲过一命。

鲍超闻讯，率霆军前来支援，见楚军已胜，转攻景德镇，景德镇驻军见大势已去，跟随李世贤部弃城溃逃。一直逃到浙江西边，才安定下来。

乐平一战冒险获胜，扭转了湘军整个战局，祁门之围自然破解。曾国藩高兴得流下热泪，他说："有此大捷，所有鄱阳、祁门、景德镇、休宁一带太平军，全部肃清，吾可安枕而卧矣。"

左宗棠当即给远在长沙司马桥家中惦记自己安危的妻子写信，告知乐平大捷，详细自述这场恶战的经过。

这是检验左宗棠用儒家学问创建楚军是好是坏的第一场关键战役，也是左宗棠独立带兵后凭事功敲开仕途大门的第一块敲门砖。

1861年5月11日，作为左宗棠的直接上级，曾国藩以过人的识见，毫不吝啬地向朝廷推举左宗棠，称左宗棠"因地利以审敌情，蓄机势以作士气""以数千新集之众，破十倍凶悍之贼"，是"深明将略，度越时贤"，应由襄办升级为帮办。

朝廷愉快地接受了曾国藩的建议，5月26日，左宗棠由原来的四品官衔升级为三品京堂候补，帮办两江总督曾国藩军务。

左宗棠凭借军事冒险，不断刷新事功榜，逐渐步进官场"超车道"。

1862年1月24日，在曾国藩的竭力保举下，朝廷发布上谕："浙江巡抚着左宗棠补授。"

从草野书生带兵打仗到骤然晋升为封疆大吏，前后不到十六个月。

凭铁腕加冒险可以取得阶段性的成功。但要想巩固创新成果，事业再上新台阶，还需配套改革方法。

左宗棠如何增强团队实力，来应对未来更大的压力与挑战？

巩固创新，调动一切社会资源

左宗棠此时懂得利用时势，趁自己处于急剧上升期，调动一切社会闲置资源为我所用。

做上浙江巡抚，标志楚军从起步民间的"野战军""游击队"开始转型为体制内的正规军，是朝廷对左宗棠前期创新成果的一次认证。

取得阶段性胜利后，他及时向朝廷写奏折申请，要求派广西臬司蒋益澧再召集几千兵勇过来，以备将来独当一面；命令浙江处州镇总兵刘培元从湖南招募三千兵勇过来，到后即任命他做衢州镇总兵，并筹办衢州水师；请求贵州、湖北、四川三省巡抚各选精兵两营来援助浙江；至于入浙兵饷，也拜请临近各省周济援助。

蒋益澧、刘培元这两个将才，都是左宗棠平时留心记下的。与贵州、湖北、四川三省巡抚的朋友关系，也都是左宗棠在代理湖南巡抚行使事权时积累下来的。当时看不到什么作用，现在扩张事业规模时开始派上大用场。

朝廷见左宗棠能挽狂澜于既倒，当然不会吝啬给予政策、提供资源，这段时间，咸丰皇帝对他几乎有求必应。

左宗棠明白，作为起步于体制外的一股创新型军事力量，要迅速从民间边缘切入国家主流，只有迅速做强做大，夯实基础，比旧体制中的满族既得利益者更能替朝廷担重责。

外援可以缓燃眉之急，要壮大自己，关键在自生造血。

这首先需要拿原有的旧体制开刀，清理过去僵死、腐化的官僚旧员。左宗棠根据"任法不如任人，人存而政斯举；兴利不如除弊，弊尽而利自生"的标准，按照治理湖南的经验，对浙江官场做了一番彻底的清理与整顿。

早在被任命浙江巡抚之前，左宗棠就已经做好这种打算。他给朝廷的奏折中写道：

> 查浙江军务之坏，由于历任督抚全不知兵……卒之兵日增而饷日绌。军令有所不能行，以守则逃，以战则败，恩不知感，威不知惧，局势愈益涣散，决裂而不可复支矣。

朝廷对左宗棠既然给予了充分的信任，当然会给予他完全的人事任免权。左宗棠依靠朝廷授权，做上浙江巡抚后做的第一件事，就是一口气罢免十七位道府以下的官员及失守的将吏。

罢免贪官、庸官，不过是为整顿吏治、实践创新扫清了道路；要医治战争创伤，关键在建设，将新理念、新方法，大胆渗透进去，运用出来。

大清帝国此时面临的危机，已不只是太平天国起义，还有来自泰西诸国的海防隐患。

1863年3月，法国人德克碑向浙江巡抚左宗棠请求，允许自己招募一千士兵，帮助朝廷剿灭太平军。

这个突如其来的请求，让左宗棠将目光投向欧亚大陆另一端的欧洲。他敏锐地预感到，"借师助剿"，洋人来了。中国历史上有引狼入室的教训，《三国演义》开篇是何进引董卓入京，后果怎样？董卓反客为主。

历史的经验，值得注意。

左宗棠向朝廷建言："客日强而主日弱……终恐非计。"

他定下策略，一手利用，一手防备。

1863年5月，朝廷任命左宗棠为闽浙总督兼浙江巡抚，他事实已经在计划海防了。

对浙江官场全盘摸底后，左宗棠不禁慨叹，本朝吏治腐败已经烂到骨头。官僚集团既无心办事，也拙于办事，皇帝政令出不了紫禁城。

外侮内忧，历史上从来没有一个朝代，像晚清这样患难深重。左宗棠学实学，学来办事能力，却应了道家谶语："巧者劳，智者忧。"

个人辛劳，成绩总归有限；个人忧患，总有才拙智短之时。如果想走得快，一个人走；如果想走得远，一群人走。

创新每每是一个人做成的事，但要实践创新，将它运用到国家、社会、军事的各个层面，产生积极的效应，必须拥有一个强大的人才团队，才可以完成。

在闽浙总督任上干满三年后，左宗棠开始了一生纵横东西的长途大征战，他的足迹从东南沿海走到西北大漠，指挥十余万大军，在中国的土地上策马奔腾数万里。

左宗棠能够成就冠盖一时的大业，固然因为个人既具备将才，又具备帅才。但他最终得以成就旷代历史大事业，关键还得益于他懂识人，会用才。

儒学创新者左宗棠如何识别人才？

频说

左宗棠一生都在创新：做渌江书院山长时，他带领学生走出书斋做田野调查，是"教学创新"；在柳庄作农田时，发明"区田法"，将男女老少带动起来，是"大众创新"；在桂在堂自画中国地图，运用"互联网思维"，是"观念创新"；出山办楚军时，将曾国藩没选中的"二渠道人才"全部挖掘出来，是"用人创新"；起用胡雪岩做道员，负责楚军、西征军后勤，搞"政商合作"，是"体制创新"；收复新疆后，他向朝廷奏请设"海防全政大臣"一职，是"国防创新"。用今天的话说："左宗棠是为创新而生的。"

依靠强大的创新能力，左宗棠不但办成在中国一千二百年内无第二人能及的事业，即使去世后，余智仍存，影响深远。新疆建省，中国西北塞防从此百年稳固；福州船政肇始，中国近代海军、海权意识从此起航。

创新力是左宗棠一生事业成功的源泉。

第六章

「以心鉴人」，一看一个准

曾国藩不用之才，
左宗棠大胆起用。
他究竟有什么秘诀，
发现被埋没的人才，
让他们为己所用？

乱象根源

左宗棠因自身个性缺点常遭人攻击，他看人才的眼光，与主流追求的"德才兼备"也不一样。

左宗棠眼光特别宽容。在他看来，人才很简单，就是某个方面的素质能够符合时代需求的人。

人的思想观念、价值取向、办事方法，离不开时代大环境。辨别人才者，首先需要看清自己所处的时代，知道自己需要具备什么素质的人，这样才不至于误判人才，进而浪费人才。

1840年，英军凭坚船利炮，敲开中国东南大门。

28岁的左宗棠正在中国内陆的湖南安化小淹陶澍故宅做家庭教师，辅导女婿陶桄功课。但远隔千里的左宗棠通过与贺熙龄老师等人的通信，详知了第一次鸦片战争的基本情形，反应十分强烈。

西方各国入侵中国，带来的不只是商品与利炮，还有与中国农耕文化迥异的工商业文明，以及一整套的价值观。

海战失利，清政府被迫按照西方工商规则，开港通商。西方商业冲击下，本土价值体系受到冲击，地方官吏、地主受商业利益驱使，方寸大乱，视道德约束如无物，大规模地兼并土地，传统农村经济开始受到破坏。加之帝国腐败日趋严重，社会自治能力日益荒疏，各地农民、游民为生计所迫，纷纷乘机起事，社会危机四起。

虽然身处江湖之远，但作为大清国民的一分子，左宗棠开始探寻解决"外侮内忧"的方法。

他首先要找到乱象根源。

站在孔孟儒学角度，左宗棠分析时事，认为造成混乱时局的直接原因，在官吏腐败。

因为官吏腐败，导致真正的人才并没有进入官场。

人才为什么会被埋没？

因为社会人心不正。

社会人心为什么不正？

因为社会浮躁，人们每天忙于追名逐利，不学无术，对圣贤之道、传统文化，漠然置之，既不学习，也不实行。

左宗棠这样总结：

> 天下之乱，由于吏治不修；吏治不修，由于人才不出；人才
>
> 不出，由于人心不正，此则学术之不讲也。

常年在民间底层生活的经验加上书本知识的启发，让左宗棠认为，当今国家与社会的病根在"心术"。官吏腐败，民众自私，全因人心不正。解决的唯一办法，只能通过传播学术来端正人心。

"心术"一词，源自《管子·七法》。它包括六个方面，所谓"实也，诚也，厚也，施也，度也，恕也，谓之心术"。"凡此六者，皆自心术生也。"

《汉书·礼乐志》进一步阐释："夫民有血气心知之性，而无哀乐喜

怒之常，应感起物而动，然后心术形焉。"

"心术"说简单了，即"人心的能力"。

"人心的能力"应感而动，有好有坏，有正有邪。对应地，"心术"有好有邪，有善有恶。如何规范人心中的坏与邪，使它朝着正与善的方向走？

古今中外思想家、政治家都在竭尽心智寻找答案。

佛学的解决方法，是站在消极角度，主张"诸恶莫作，众善奉行，自净其意"。佛学倡导的"自觉"与"劝善"，对端正人心能起到一定的作用，但并不能真正解决现实社会的众多问题。

左宗棠站在儒学角度，着眼"人心的能力"与"人的行动效果"，他经过思考，得出了自己的解决方法，认为关键在通过文化教化，让每一个人都做到"心诚"。

依照"心诚"这一价值原点，左宗棠带兵打仗与为官治事，便以"心术"为准则，作为选拔人才的依据。

然而，"心术"与"道德"一样，是个大而空泛的概念。因为人类社会的一切事物，都可以归结到这里来。

作为实干家的左宗棠，怎么将它转化为可量化的考核标准？

衡量人才的根本标准——"廉干"

左宗棠将"正人心"的目标分作两段：阶段目标是追求吏治风清气顺；根本目标在"为万世开太平"。

实现阶段目标可参考的人物是雍正皇帝，清朝官场清廉指数最高在雍正时期。

雍正王朝清廉的原因，在雍正皇帝有振兴国家的理想，有过人的精力，有超强的能力。他下令取消"陋规"，并通过制度设置，堵死了官吏可能腐败的渠道。

但这种依靠皇帝个人能力的反腐，只能见效一时。因没有法制来保证，到下任便"人亡政息"。从乾隆皇帝往后，历嘉庆、道光两任，清朝日见衰败，卖官鬻爵，贪腐盛行。

如果不以西方文明对照，单纯以中国古代历史为鉴，站在朝廷的角度看，官场衰败的原因，确实如左宗棠所说，由于官员心术不正，背弃孔孟教导，残民敛财。

治国即是治吏，治吏要在治心，治心的关键，在以"义理"正官吏之心。

依据这一逻辑，左宗棠确定用人准则——"有心术，有才具"：

> 用人之道重才具，尤重心术。才具者政事所由济，心术者习
> 尚所由成也。

"心术"指官员道德，"才具"指官员才干。两个概念比起"德才兼备"貌似更明确，但还是过大过空，怎么提炼出一个具体标准？

左宗棠将其概括为"廉干"：廉洁、能干。廉洁即不贪钱，能干即会办事。

左宗棠认为，人的道德品质包罗万象，考核官员标准又烦琐，如果笼统提"德才兼备"，容易流为口号。考量官员的道德品质，核心在"不贪钱"，评价官员是否有才干，核心是能办事。

不贪钱是官员的安身之本；能办事是官员的立命之本。

廉与干，现实中往往难以兼备。能干的官员，事业心强，金钱欲望也强，事情办得好，贪得也多。左宗棠认为，不贪钱是根本，贪官的问题绝不会仅仅停留在贪钱，其他方面的道德品质往往也跟着一塌糊涂。而不贪钱的官员，道德的其他方面往往可取。也就是说，大手大脚跟道德败坏关联度最紧。

廉官呢？他们固然不贪钱，但也不是没有问题，最大的问题是，往往多庸懦，缺乏实际办事能力。

对不会办事的官员，左宗棠同样一票否决。他说，贪污固然不行，颟顸更要不得。因为"廉仅士之一节耳，不廉固无足论，徒廉亦无足取"。

左宗棠进一步分析说：

> 做官不要钱，是本分事；但能不要钱，不能为地方兴利除弊，
> 讲求长治久安之道，于国计民生终鲜裨补，则亦不足贵。

在左宗棠看来，官员必须同时符合"不贪钱""能办事"两条标准，才是"德才兼备"。

应该说，这个观点站在一个独特的角度，破解了困扰前人两千多年的难题。他用两条具体标准，跳开了自古以来中国人缺乏精确思维、无法量化的缺陷。因为道德如果无法考量，伪道德便会鱼龙混杂其中，披着道德外衣的伪君子一旦身居高位，其犯罪事实往往颠覆社会的三观，其腐化堕落往往跌破人性之恶的极限。

但怎么辨别出人才既廉洁又能干？

还需要进一步给出具体标准。

识才具体衡量标准——"九验九术"

左宗棠以"廉干"作为衡量标准，独创了一种叫"九验九术"的识才法。

由于左宗棠不同意出版《楚军纪事本末》，这一独到方法最终通过《曾胡左兵学纲要》才得以偶然流传下来。"九验"的具体方法是：

一、远使之，以观其忠。

二、近使之，以观其恭。

三、繁使之，以观其能。

四、卒然使之，以观其智。

五、急与之期，以观其信。

六、委之货财，以观其仁。

七、告之以危，以观其节。

八、醉之以酒，以观其态。

九、杂之以处，以观其色。

用今天话说，九种考验方法可以表达成：

第一，派到边远地区去任职，看看他能不能忠于职守；

第二，安排在身边任职，看看他办事是不是恭谨有礼；

第三，分配一项复杂的任务，看看他能不能做到有条不紊，理清事情的轻重缓急；

第四，仓促之间，临时安排一项任务，看看他随机应变处理紧急事务的能力；

第五，临时跟他约定一次面谈，看看他办事能不能遵时守信；

第六，委托其处理货财，看看他为人是否仁义、廉洁；

第七，告诉他自己的危难，看看他的气节；

第八，与其同饮，一醉方休，看看他是否酒后失态，观其实情；

第九，将其放在鱼龙混杂的环境里，察其颜观其色，看看他真实的好恶。

"九术"的具体方法是：

一、道德齐礼，知人饥寒，悯人劳苦，是谓仁将。

二、临事无苟免，不为利挠，有死荣而无生辱，是谓义将。

三、贵而无骄，胜而不伐，贤能自下，刚而能忍，是谓礼将。

四、奇变不扰，动静无端，转祸为福，因危立胜，是谓智将。

五、赏罚分明，赏不逾时，刑不避贵，是谓信将。

六、足捷戎马，力越千夫，善用短兵，长于射艺，是谓步将。

七、临高历险，驰射若飞，进则当先，退则殿后，是谓骑将。

八、气凌三军，志轻强虏，怯于小斗，勇于大敌，是谓猛将。

九、见贤思齐，见善如不及，从谏如流。宽而能刚，简而不傲，是谓大将。

九条鉴别人才的标准可以表达成：

第一，谨守道德，言行合礼，同情他人饥寒，悲悯他人劳苦，是仁将；

第二，遇事不敷衍，办事认真负责，不为利益牺牲节操，宁肯光荣牺牲，也不肯屈辱求生，是义将；

第三，地位高，但无骄气，打胜仗，但不炫耀，贤能却能屈己从人，刚强却又能忍耐宽厚，是礼将；

第四，突临巨变，却能处变不惊，转祸为福，化危为机，是智将；

第五，赏罚分明，赏赐及时，说到做到，刑罚不避权贵，是信将；

第六，行军速度快于战马，力能扛鼎，善于短兵肉搏，擅长射艺，是步将；

第七，从险峻高处，飞驰而下，骑射若飞，进攻时一马当先，后退时甘愿殿后，是骑将；

第八，三军面前气势不减，面无惧色，强虏不能夺其志，羞于私利争斗，大敌当前，神勇无比，是猛将；

九，见贤思齐，虚心学习，从谏如流，宽厚待人，刚强坚毅，为人大气质朴却不自傲，是大将。

"九验"是原则，"九术"是方法。原则强调刚性的考察，方法强调有差别识人。原则是经，方法是纬，原则性与灵活性都考虑进去了。为什么在总体原则性下要考虑灵活性？

左宗棠与朋友李续宜曾讨论过：用人尤其要看菜吃饭，量体裁衣，眼下八股取士让读书人纷纷醉心文辞，导致当下社会人才已经极度缺乏。如果还死抠原则，不注意灵活宽待人才，国内就找不到人才了。人才并非都是天生的，人才更多是发现出来的。有人需要鼓励一下才会奋发有为，有人需要给予锻炼机会才能百炼成钢。如果削足适履用标准去死套，有潜质的人才也都给套死了，这样的统帅就不合格。识人的关键在因人善任，只要一个人的"心术"还正，天良没有完全丧失，就总可以有个职位适合，关键是统帅能不能发现。

具体方法有了，现实怎么运用？

识人不避缺点，察人长处，专用其长

左宗棠自身缺点明显，他对有缺点的人格外宽容。

有缺点不是问题，只要缺点不影响办事，管他呢！

由此，左宗棠确立了"识人三部曲"："察人颇严，用人颇缓，信人颇笃。"

左宗棠的人才观与同时代人不一样。他说：世上从来不乏人才，只缺能发现、会使用人才的人。

他与朋友交流，列举自己所用的人：黄南坡、王璞山、裕时卿、萧启江等，这些都是曾国藩他们所不满意的。但到底有什么缺点？大家又说不上来。那就不是人才的错，而是社会看人才的眼光出了错。既然是这样，那就萝卜白菜，各有所爱，不要将有缺点的人一棍子打死，从人才的短处中发现长处，只用人的长处，身边总不会缺人才。

基于此，左宗棠对曾国藩感慨"人才难得"不以为然。1853年底，曾国藩在衡阳练出水陆两军湘勇，仍发人才稀缺之叹。左宗棠说：涤生兄，你叹什么叹，是草都可做药，是人都可成才，草需要浸泡、蒸煮才能入药，人需要教导、锤炼方可成才。你要的人才，就在这一万多人中。比方说：在十个人中，一定有一个相对能干的，选他做九个人的头头，九个人就会口服心服听从指挥，以此类推，百人、千人、万人的团队，也是如此。

左宗棠这个方法，概括起来，叫"就地取材，因才施用"。但这种宽松的人才政策，黄钟与瓦釜齐鸣，操作不当也有可能将庸才、小人都网罗进来。严把考核关，就成了关键，左宗棠由此又确定"察人颇严"原则。

从杨公道在《左宗棠轶事》中记载的一件事，能看出左宗棠是怎么将这一原则具体应用的。

浙东有个读书人叫罗倔子，家贫貌陋，平时好出大言，在乡时亲戚都嘲笑他。

罗倔子自称某日曾遇到异人，像张良当年遇到黄石老人，异人私下传授用兵韬略，自己已深得精髓，擅长技击之术。他在乡下高谈阔论，意气纵横，远近知名。

左宗棠驻军浙江武陵，罗倔子上门求见。见面后，罗倔子滔滔不绝，旁若无人。左宗棠看他容貌卑琐，已有点不快；又察其言论，空洞无物，徒剩狂傲姿态，心下不免轻看，谢绝录用。

楚军与太平军其时于战场外正展开人才争夺战，都在重金觅才。有幕僚建议左宗棠：既然老兄不用，不如把他杀了，以免此人投靠太平军，做了敌人。

左宗棠说：你们仔细看看，此人怎能自比商鞅？年少无知，只见轻狂，凭三脚猫花架子，一知半解，妄谈时事，明眼人谁敢任用呢？这种人自视太高，又乏自知之明，一定不会安分居乡。我正好盼他去投敌，如果敌人用了他，我的仗就好打了。

罗倔子走出楚军大营，果然又跑到江西、广东前线，自我推销。在湘勇阵营与太平军帐下几次往返，一无所获。最后，他直接跑去求见石达开，石达开将他推荐给洪秀全。洪秀全与他闭门一席谈后，也嫌他有言无实，不用。

楚军与太平军眼光如此一致，罗倔子绝望了，跑到山东做了土匪。

左宗棠在年轻时狂放出了名，做上统帅后，许多狂生慕名而来，但多被拒之门外。

狂生们哪里想到，左宗棠出山前口气大，他的实际才学、办事能力，比夸口的还要大。有实学垫底，口出狂言，旁人才不反感，明白人才会欣赏。

左宗棠认为，年轻人就要狂放点，志大才高，犯了错别人会原谅。如果年轻时畏首畏尾，前怕狼后怕虎，说话中规中矩，不敢越雷池一步，机会将擦肩而过。当然青年人狂放也有弊病，给身边人落下话柄。左宗棠与儿子孝威聊天，用玩笑的口气说：你母亲现在常反复提及我年轻时的大话，我"每掩耳不欲听也"。你千万不要只看我年轻时狂傲的外表，而忽略背后踏实的苦功啊。

在左宗棠看来，年轻人大话出口，逼得自己兑现，是最好的学习动力。

对认准的人才，左宗棠则会舍力争护。

左宗棠刚带楚军东征时，湖南绿营军官魏喻义在广西因滥杀裨将邓南金而被处以"解职查办"。他知道后马上给湖南巡抚衙门写信，申请将其调到楚军营。理由是：魏喻义是一个"朴干"型的将官，杀邓南金固然有点草率，但邓南金独吞军饷，死有余辜。如果将官因主持正义杀了贪官，上级将他也一同杀掉，这等于有人将杀狗盛血的盆子给砸坏了，你干脆将这人的宝刀也夺过来一同毁掉，以偿还损失。这种砸自家盆、毁自家刀的傻事，任谁都不会这么做！

湖南巡抚幕僚郭崑焘将左宗棠这条意见如实上陈，魏喻义从刀口下捡回一命，继而被纳入楚军营中。

入营后，魏喻义对左宗棠感激颇深，总想立奇功来报答。

左宗棠收复浙江严州时，一时不知从何下手。魏喻义发现立功机会，主动申请带领一千敢死队，半夜爬墙入城，与守城军士短兵相接。楚军偷袭战来势凶猛，守城士兵抵挡不住，纷纷外逃。城外驻军闻楚军已攻入城内，哄然大奔，魏喻义凭不怕死的血气之勇，将严州一夜扫平。

左宗棠识魏喻义于刀下，当时学者对此举颇为赞叹："魏喻义孤军深入，身冒锋镝，非公一言得其死力乎？"

但识才并不都像左宗棠识别罗倔子、魏喻义这样容易，要做到知人而任，人尽其才，难上加难。人才难求，所难在用，用才之难，所难在辨。"尝草而后知药性，辨才而后知长短。"

悉心发现人才身上的真假与实虚，需要一个较长的过程。

由此，左宗棠得出用人的第二个策略：用人颇缓。

把好选材的三道关

人才自曝其短，福祸听命于天

定下"用人颇缓"策略，与左宗棠"虑事太密"有关，也与战争属于阴事有关。

左宗棠说：战前做战略、定战术，属于阴事、诡道，要想方设法去伪装，迷惑敌人，做到己方的真实信息秘不外传。上阵打仗，则属于阳事、正道，拼的是实力，没有什么巧可讨。

将"阴"与"阳"把握好了，运用之妙，存乎一心，发现敌人的缺点，明白自己的长处，以长攻短，从极小的细节里预测出战局，这样胜局就有把握。

左宗棠这样表述他的这一观念：

兵事属阴，当以收敛闭塞为义；战阵尚气，当以磅礴郁积为义；知柔知刚，知微知彰，则皆乾之惕若之心为之也。

儒家经典《易经》的"阴阳哲学"，左宗棠用进识人中来，又是别一番创见。

左宗棠说："浩然之气"属阳气，"识人之智"属阴气，只有阴气与阳气交相融合，才能顺应自然之道，把握中庸之道的高妙。

怎么准确地识才？在学术层面，左宗棠同样展开积极思考。今天能见到的，是1861年2月1日，郭嵩焘与左宗棠有过一次书信探讨。

左宗棠说："文辞雅瞻，才人也；倜傥权奇，豪杰人也；然皆不任为将。"即是说，诗词歌赋写得漂亮雅致的，那是才人；战术权谋玩得潇洒自如、风生水起的，那是豪杰。但这两类人都不能做将领。

郭嵩焘马上接上一句说："吾谓此两等人亦不任为人师。"

"文辞雅瞻"暗指郭嵩焘，左宗棠提醒他，不要有带兵打仗的想法，这类事情不适合你；"倜傥权奇"则是左宗棠在澄清郭嵩焘对自己的误解，自己不是玩弄战术权谋的战场豪杰，而是按照圣贤之道带兵领将的统帅。

这次虽然是朋友间略带锋芒的闲谈，但正面道出了左宗棠内心真实的想法，也从背面说出了他选将的原则——"以道制术"。

选择下级将官，根据"十人之中选一魁"的方法，相对容易。但对于独当一面的大才，左宗棠则懂得克服急躁，缓之以耐性。

王闿运在《湘绮楼文集》中，就讲述了左宗棠这么一则故事。

左宗棠做浙江巡抚时，对一个叫严咸的人特别赏识。

严咸字秋农，湖南溆浦人，朝廷通政使严正基之子，少年时代即名盛一时，与舒焘、向师棣，被曾国藩并称为"溆浦三贤"。

严咸年少时喜读史书，每论古今，下笔千言，气势不凡。左宗棠读到他的文章，十分欣赏，称他有望大成。严咸听说后，对左宗棠仰慕有加，视他为偶像。左宗棠在湖南巡抚衙门代理骆秉章主政时，严咸有空就找左宗棠论兵事，谈到慷慨激昂处，以"烈士"自居。

左宗棠做上浙江巡抚后，向朝廷正式举荐严咸，同时给他发来邀请信。

严咸其时父亲刚去世，但想着有了施展才干的舞台，抓紧办完丧事，单枪匹马前往福州。

抵达福州后，严咸立即向左宗棠申请配一营军，作为楚军敢死队。

左宗棠说：等一等，还有更重要的担子等着你。

严咸性急，以为左宗棠是借口托词，马上来了情绪，说：那就安排我做一个士兵，上前线去陷阵杀敌吧！

左宗棠不紧不慢地说：我既然将你请来，肯定不是要你做一个区区士兵，那不是太屈才了？你再等等，先熟悉一下楚军的情况，咱们从长计议。

恰好这时，军队内部进行了一次小范围的人事升迁，左宗棠将夏献纶、李副将提了上来，看上去信任有加，军队对内对外事务，一手交给他俩去办。

严咸以为左宗棠偏心，遂对两人羡慕嫉妒恨，扬言要亲手宰了他俩。

第二天晚上，严咸再也沉不住气，直接闯进左宗棠的行军大营。他夺过更夫手中打更的梆子，拿起来一顿猛敲，一路大喊大骂。楚军营哨上下都被惊动了，众人对严咸这种出格的行为严重不满。

左宗棠陡然听到更鼓频密，以为军营发生变故，急忙从帐中出来，见严咸击梆骂人，心里释然，将他邀进屋内，好言劝慰，告诉他定有机会，再耐心等等。

严咸被狂躁与意气裹挟，已经开始失去理智。他悻悻回宿舍，负气绝食，每天以头碰墙，大呼求死。

左宗棠见实在没办法再挽留，只好安排士兵遣送他回老家溆浦养病，临行前嘱咐他，安心养身体，养好后再来。

谁知，回去才一个月，严咸以为怀才不遇，愤激交加，上吊自尽了。

如果事情到此为止，左宗棠的"用人颇缓"值得怀疑，这"缓"得有点像在戏弄人。

但后世史家发现，1862年2月，左宗棠写给朝廷的奏折里，举荐了

17人担任浙江省各市县一把手，严咸的名字列在其中。左宗棠在举荐材料里还特别附上按语："湖南溆浦县举人严咸，抱负甚伟，饶有识略。"

严咸之死，是个性格悲剧。他不是死于左宗棠的"用人颇缓"，而是死于自己的意气与狂躁。有大才的人多有"粗豪"的弊病，左宗棠自己早年也有。他凭"涵养须用敬"克服了，严咸在个性修养方面显然不足，缺乏应有的耐性。

耐性恰恰是将领必须修炼的一课，这一关过不了，命运只能听之于天。

左宗棠察人不看短处，专用其长，严咸短处致命，谁也无可奈何。

但左宗棠的"用人颇缓"策略，有时也被刁钻的下官利用。

缓慢察才，细节察人，实践考人

小横香室主人在《清朝野史大观》里说了这样一个故事：

1881年，东阁大学士左宗棠入值军机处，做起了朝堂大员，他当年在浙江、福建的老下级有人进京上门求提拔。一个黄姓朋友的儿子黄兰阶在福建省某县做候补知县，数年没有得到实职，专程找上门来。

左宗棠接见他，隔远就说：你不是老黄的儿子吗？来京城干什么？

黄兰阶将想法如实以告。左宗棠一下变了脸色，责怪道：你在家有田不耕，有书不读，却羡慕起当官来了！当官有什么好？我劝你赶紧丢官回家，我答应送你十亩良田。其他的打算，你就不要乱想了。

黄兰阶被左宗棠训得诺诺连声，抓紧退出门来。

当面没求到官，打道回福建又不甘心，他就去游琉璃厂，突然看到一店铺卖纸扇，上有模仿左宗棠的题字，购买者一栏空着待签名。黄兰阶赶紧买了一把，叫卖家模仿题赠字样。

回福建后，黄兰阶求见闽浙总督何璟。见面后，黄兰阶拿出扇子不停地扇。当时已是秋天，何璟惊讶地说：屋里倒是很凉快，外面有那么热吗？黄兰阶赶紧答：非也。我刚从京城来，左相是我父亲的老朋友，承蒙他老人家看得起，多次接见，临走送我这把扇，舍不得离手呢。

何璟一看，果然是左宗棠字迹。当即暗暗记下黄兰阶的名字，送客后告诉幕僚。

幕僚说：奇怪了，左宗棠从来不为任何人写推荐信，难道送纸扇题字，寓意推荐？

何璟一想，有道理。半个月后，就找个补缺空档，任命黄兰阶做了知县。

何璟下回进京，专程拜见左宗棠，称黄兰阶有才干，已为他安排补缺了。

左宗棠想起来了，说：他呀，去年来找我引荐，我没答应，我说，你如果真像自己说的那样有才，总督大人自会提拔，没想到果然如此。这孩子如果可教，你就用，省得我记挂。

何璟一听，误以为左宗棠对黄兰阶抱有厚望，又不方便直说。回任后不到一年，就提拔他做了汀漳道员。

黄兰阶借假左宗棠字扇自抬身价，其中的曲折内情，左宗棠终究也不知道。

左宗棠一生有个习惯，逢人先劝人别当官，对家人尤其如此。儿子孝威想进京会试入仕，被他劝进湘阴白水洞隐居读书；大女婿陶桃花钱在四川买个道员做，左宗棠得知，责怪长女孝瑜吹枕边风怂恿，将她教训了一顿；三女婿黎尔民受陶桃影响，在江西也花钱买了个官位，他又在给三女儿孝琳的信中批评尔民。

左宗棠反对的本意，不是认为读书人不应该当官，而是自己得先掂量一下，是否真有办事的本领。等自己全部想清楚了，再出山不迟。他对黄兰阶其人并不了解，先以拒绝来考察他的"心术"，及何璟真正提拔，他并不反对，以为他真有才干。

因黄兰阶并不归左宗棠所用，这次察才得失难断。毕竟，晚清官场，像黄兰阶这样的人，比比皆是。在可以公开买官的朝代，他这种"跑官"的小聪明，甚至一时也难以归结为"心术不正"，确切地说，叫"爬官有术"，不足为训。

左宗棠做上总督后，家乡也有不少人慕利而来求官，朱兰陔就是其中一位。

朱兰陔是左宗棠老家的佃户。左宗棠出山后，将家人安置在长沙司马桥住宅，由朱兰陔租下柳庄70亩地。左宗棠在甘肃时，朱兰陔想着租主权大势大，不远千里去甘肃求官。

左宗棠说：想当官也可以，我这里正缺人才。但我得先问问你作田的事。我家的竹子现在长到多大了？

朱兰陔手指合抱，说：这么大。

左宗棠惊讶地说：我在山中时，竹子比你说的要大。奇怪了，别人家的竹子越长越大，我家的竹子怎么越长越小？

又问：我家的茶山纵有几行，横有几行？

朱兰陔埋头苦想，半天说不出来。

左宗棠说：多少株茶树我都说得出来！你租我的地多年，怎么连横纵多少行都搞不清白？糟糕了，看来我的竹山茶园是被你败坏了！你做事粗枝大叶，田都作不好，还出来当什么官？还不赶紧回去先做好你的本分事！

朱兰陔拿到左宗棠打发的50两路费钱，垂头丧气地回到湘阴。回去后，他怎么也不信，亲自到地里一数，果然跟左宗棠说的行数不差，这才心服口服，倍感羞愧。

这个故事也说明了细节察人、实践考人同样很重要。

细节是左宗棠非常看重的一项能力。他处事细心严谨，因为他认为，小事与大事同理，小事粗心的人，大事一定不会细心；连小事都办不好的人，一定没有能力办好大事。

看人细节，缓慢察人，这两个标准，左宗棠实践起来毫不含糊。

左宗棠督兵陕西时，总督署要招聘一名文书，书记员拟稿写招聘启事："为委文书房事……"

左宗棠一看十分生气，拿起来就丢了，说：你这个人，真是糊涂！"房"字下怎么可以是"事"？"事"字上怎么可以写"房"？当即将书记员开除。

房事即男女之事。今天去看，左宗棠未免有道德洁癖。但以当时眼光看，以德治国的清朝，公文上写"房事"，确实歧义明显，伤风败俗。

对于细心工作的人，经过一段时间的观察，左宗棠一旦认定，也会全力保举。

徐珂在《清稗类钞》中记载一则轶事：左宗棠任两江总督时，发现南京市内某县缺一知县，便直接任命手下工作多年的文案去代理。

主管人事调配的藩司反对说，文案不能越级提拔为代县长，朝廷早有规定，你怎么擅自改了？

左宗棠很不高兴地反问：你别动不动就拿朝廷威胁我，我做官几十年，只知道将人才用到需要的地方去，不知道用朝廷的规定来浪费人才。

藩司说不过，一气之下向江苏巡抚告密，请他以"擅改祖制、紊乱官场罪"弹劾左宗棠。

左宗棠也不管，仍直接写奏折保荐。朝廷接到正反两封奏折，不以左宗棠为过，爽快批准。

世事多因忙里错，好人半从苦中来。战争，国之大事，死生之地，存亡之道，不可不察，用人不可不慎。左宗棠以缓治急，有幸未铸大错。

以上正反两则实例，可以窥斑见豹，见出左宗棠完整的"识人"观念、方法，今天的读者仍能从中得到一些启发。

经过严格把关，缓慢考察后确定的人才，左宗棠就会放开手脚，大胆任用了。

频说

　　将"识才"放进左氏事业的整体格局中观照，可以理出这样一根逻辑线：选择"实学"是根，"交友""修身"为辅，"识才"才有枝有叶，立起来了。"识才"是他在"选择"之后，出山之前积累的"创新"观念的具体运用。

　　通观左氏一生，"识才"基本特点是沉稳，厚实有如土地。这种带有浓厚农业文明特色的"识才"观，到今天依然没有过时。人们往往忽视一点，人所使用的工具随时在变，但人性数千年来始终没变；左氏"识才"考察的，恰是人性的特点、人心的规律。他抓住了根本。

第七章

用『二流人才』打造『一流天团』

到底是『用人不疑，疑人不用』，

还是『用人要疑，疑人也要用』？

左宗棠手下汇聚了一大批有各种特点乃至缺点的人才。

他如何发挥出这些『问题人才』的特长，

最终成就旷世功业？

察人颇严，用人不疑

用二流人才，打造一流团队，建立旷世事功，可能吗？

这种事情在左宗棠做成之前，停留在想象与假设；做成之后，才成为历史事实。

1860年，左宗棠正式出山办楚军。当时湘勇的将才，要么早入了曾国藩的湘勇大营，再不济也入了朝廷绿营。时候不早不晚，不尴不尬，属于左宗棠选人的最佳时机，已经错失。

看菜吃饭，量体裁衣。要通过第二渠道被动选材，做出大成绩，难度无疑增大。

左宗棠决定与曾国藩走差异化的路子。凡是曾国藩不要的人才，他考察后纷纷招纳进来。

左宗棠在用人上颇花了一番工夫。

关于如何用人，古人有个原则："用人不疑，疑人不用。"一用定终生，一锤子买卖，高风险。龚自珍说："我劝天公重抖擞，不拘一格降人才。"后人据这句话，修正为"用人要疑，疑人也要用，关键是用好"。明知有问题，还要放手用，这像捧沙追风，风险更大。

左宗棠最终确定"信人颇笃"原则，是上述两种用人观的折中：先充分怀疑，察人颇严；再充分让时间检验，用人颇缓；确信无误，再信人颇笃，用人不疑。

左宗棠用人不疑的典型事例，是王开化。

楚军出山之初那段日子，左宗棠与营务总理王开化相处最洽。因为王鑫这层关系，左宗棠与王开化相识最早，也相知颇深。他将两人关系比作苏轼与苏辙，军中事务一任交由他处理。可惜王开化体质太差，因无法承受军队高强度的工作，英年早逝。

左宗棠对王开化请假归乡后病逝十分伤感，他在给二哥左宗植的书信中，对怎么信任王开化有恰切描述。从两人关系的侧面，看出左宗棠的军营管理风格。

左宗棠不但欣赏人才的缺点，还善于从其缺点里发现优点。他决定起用这样一批人才，来打造自己的团队。

到底是好是坏？其时无人能知。

从1860年楚军成立，历经西征军、恪靖定边军两次蜕变，阵营从最早的5804人，壮大到87000多人，左宗棠手下走出的将官，数以百计。从楚军源流一路培养，最终成就事功，个人也位至督抚的有刘典、杨昌濬、刘锦棠、蒋益澧等，共达12人之多。

且看左宗棠是怎么有计划、有步骤、有方法地选拔他们、提携他们、信用他们的。

刘典：凭"武功"为左宗棠独当一面

刘典是湖南宁乡人。他自小有几分痴气，少年时代常闭门苦读，读到入迷处，将墨水当茶喝，弄得满脸乌黑。

刘典在科考上也不太顺，13岁那年参加童试，因不愿为八股格式所缚，字数过限而未被录取。

没有功名，做官没有机会。但乱世成就了刘典。他与罗泽南是朋友，少年时代起，两人常在一起，互相砥砺。

太平天国运动爆发后，受罗泽南启发，刘典模仿其在宁乡办团练，保卫家乡。因镇压当地罗仙寨"斋教"会众起事有功，被保为训导，辅佐知府，负责宁乡县教育事务。

刘典与左宗棠认识，缘于两人都曾在城南书院就读。虽然左宗棠早已毕业，因气味相投，私交很洽，两人常通书信，交流时事看法。左宗棠评价他"品端守正，熟习营务，堪资赞画"。

左宗棠是个爱才的人。因为刘典没有功名，无法来湖南巡抚衙门工作，左宗棠在做幕僚时，便热忱地向曾国藩推荐，希望他能为湘勇团练效力。但曾国藩只欣赏左宗棠本人，对有几分接近左宗棠味道的刘典，颇不以为然。

左宗棠没办法，只好再荐于湘勇水师统领杨岳斌，"并奏请帮办杨岳斌军务，而杨岳斌尤不以为然"。

曾、杨不以为然的原因，在于他们认为刘典性格有问题。

什么问题呢？他们没说。

我们今天从左宗棠当时评价刘典的一段话里，隐约可以找到答案。"临阵必身先士卒，以倡勇敢之气，然性稍褊急，有所见必直达其是。"用今天的话说，刘典性格耿直，有点偏激，是个直性子，有什么想法，不会憋在肚子里，一定要当面说出来。传统社会里，这种人被看作"情商低"，容易得罪人。曾国藩、杨岳斌因此本能排斥。

但左宗棠本人却一直记挂着刘典。1860年6月，左宗棠出山筹办楚军，首先想到重用刘典。他第一时间咨请湖南巡抚骆秉章，希望他同意将其时在长沙府宁乡县做训导的刘典调给他任楚军营务处的副手，与杨昌濬并列平级。骆秉章二话没说，当场同意。

在楚军筹备情况汇报奏折中，左宗棠向朝廷解释自己保举刘典的原因：刘典是个人才，虽然不被曾、杨看好，原因不在刘典，而在曾、杨。是人哪能没有缺点？关键是要看人家优点。主帅自己有本事，能将人才用对地方，自然就可以带领他做出成绩；反之，是人才也会变成为酒囊饭袋。

左宗棠原话这样表述：

> 同一军也，用之或胜或不胜，则将帅之才否不同也；同一才
> 也，用之或效或不效，则任使之宜否不同也。

左宗棠决定重用刘典，除了固知他的性格缺点，更多看中他人所难及的优点。

左宗棠称：刘典刚直、聪明，能吃苦耐劳，崇尚气节，擅长分析地势，敢于冲锋陷阵，既能不辱使命出色完成任务，又知仁民爱物，不拿民众一针一线。

> 其为人刚明耐苦，廉干而有志节，臣可保其断不负国，断不
> 厉民。其用兵最长于审察地势，临阵必身先士卒。

因为两人是素交，加以相互信任，刘典当即爽快入营。从楚军成立起，左宗棠对刘典便完全信任，视他如同左右手。

楚军从出山到平定太平天国，刘典果然不负期望，英勇善战，独当一面。《清史稿》对刘典出色的战功，有详细记述。

凭借出色的战功，1866年，左宗棠调任陕甘总督，他顺利保举刘典为甘肃按察使，做自己的军事助手。左宗棠西征的士兵，全由刘典从湖南新招募，首次便达两万人。

剿灭捻军一战，刘典助力很大。他驻兵潼关，"逼渭而军，扼其南渡"。捻军当时是仅次于太平天国的起义部队，朝廷十分重视。因此战之功，1868年，经左宗棠保奏，刘典升为陕西巡抚。

作为左宗棠一手提拔起来的疆吏，在其后平定陕甘之乱与收复新疆战役中，刘典举陕西之财力、兵力，对左宗棠竭诚支持。

1878年，刘典病死于任上。他虽然有为人正直、不愿委屈天性与世俗混同的"毛病"，但完全符合左宗棠所规定的"廉干"标准。刘典死后，杨昌濬见他家里"环堵萧然，一如寒素"，丧事因故居过陋，无法办理。左宗棠从养廉银中拿出五千两做礼金，料理刘典后事；另捐一千两，为刘典母亲建牌坊垂世，肯定她为国家培养出了一个好儿子，给自己培养了一个好帮手。为表达深情厚谊，左宗棠安排二子孝宽（长子孝威已因病去世）代表自己前去吊孝。

左宗棠与刘典私交之深，信托之重，古今罕见。

1875年，刘典请假回乡探亲，左宗棠请他顺道为妻子周诒端、儿子左孝威在长沙岳麓山、湘阴八尺坳一带相改迁的墓地，顺带为自己百年后也找一块"迁神"（安葬）之所。刘典死后，左宗棠向朝廷鼎力建言给予厚待。因为左宗棠的极力推荐，刘典终得按诏视侍郎赐恤，朝廷赐谥号"果敏"，并在江、浙、陕、甘四省建祠堂纪念。

刘典其人固然以武功垂世，但受左宗棠"书气"的影响，他对文教同样有执着的追求。

1863年回乡探亲，他在村内捐建云山书院，成为当地文化盛事。到1867年春，云山书院158间房屋落成，刘典自题院联：

为将十年，每思禁暴安民，愧无格致诚正本领；

读书万卷，须知明体达用，不外乎臣弟友常经。

辛亥革命后，书院改名为云山学校。

这所学校对后世影响颇大，1909年春，何叔衡、谢觉哉先后在这里任教与担任校长。

同乡何叔衡身上，隐约可见刘典的影子，这是地域特性使然，更是文化影响所致。

刘典在文教上的作为，开湖南宁乡风气之先，为变革社会培养青年，这也是左宗棠不避人才缺点、敢于大胆起用予后世的遗泽。

左宗棠用人有道，他出色的帅才，表现在兼收并蓄各类人才。

也就是说，他不单起用时人认为性格有缺点的武人，也起用时人认为性格有缺点的文人。

杨昌濬就是一例。

杨昌濬：以"文治"替左宗棠支援一方

刘典在武功上独当一面，为左宗棠守住一方，杨昌濬则在文治上尽忠尽职，为左宗棠支援一方。

杨昌濬是湖南湘乡人。湖南民间数千年来习武成风，在这样一种大环境下，1849年，杨昌濬拜罗泽南为师，学习程朱理学和武艺。两年后，考中生员。罗泽南办成团练后，杨昌濬在里面做了个小头目。

1852年10月，罗泽南率湘勇在田家镇对岸半壁山攻下太平军，杨昌濬参战有功，积功升为训导。

1853年初，罗泽南随曾国藩来到长沙，创办湘勇；杨昌濬则留在湘乡，继续做他的训导。

1856年，刘蓉在家乡办起团练，杨昌濬加盟，积功升为教授（府学教官）。

杨昌濬是个怎样的人？

左宗棠给朝廷的保举奏折里评价他"性情恬裕，屡辞保荐，廉明笃实，晓畅戎机"。也就是说，杨昌濬为人实在，业务精熟，性格平和。这让人一下子联想到骆秉章。骆秉章曾被朝廷批评"没欲望"，杨昌濬这方面确实有点像他。

杨昌濬与左宗棠性格气质没有什么接近之处。左宗棠为什么还特别欣赏他？基于三点：

一、有文才，打下某地后，能不辱使命，治理一方；

二、有超强的执行力，能出色完成任务；

三、性格平和，为人实在，不虚谈阔论，踏实肯干。

1860年7月，楚军升旗纳将，左宗棠在全省招兵买马，杨昌濬在首选之列。

杨昌濬其时丁忧刚满，并无意出征。这样一个功名欲望并不强烈的人，在乱世很容易被忽视跟浪费，要激发他的潜能，开发他的本事，靠拉。左宗棠的方法是盛邀，左宗棠是一个情感强烈的人，他一旦用心付出，会执着得让杨昌濬感到拒不出山既对不住自己，又对不住朋友。杨昌濬终于被左宗棠的诚意打动，答应随军襄助三个月。

三个月晃眼过去，杨昌濬喊要回家，左宗棠又极力挽留，杨昌濬拉不下情面，答应待下来。这一待，就长期留下来了。

那种别人反复求，自己又不怎么情愿的人，一定有他绝对过人的地方，杨昌濬就是如此。他决心留下后，跟随左宗棠从江西一直打到浙江，屡立战功。短短五年，一路升迁，历任衢州知府、浙江盐运使、按察使、布政使。

杨昌濬打仗的本事不会超过刘典，但他的"文治"本领比刘典高。左宗棠用人之初，已计划做好战争与建设两方面的人才储备。杨昌濬偏重建设型官员标准，左宗棠有意将他的职位朝这方面安排。

1866年，左宗棠准备从福建出师西征，特意将他留在浙江任上，临行前反复嘱咐他：要注重洋务，留心实学，科学技术既是力量，也是国家未来的方向，当下需习外人之器，师外人之长，当务之急，在兴修水利，提高农业收入，改善民生，为西征筹饷做好后勤保障。

1870年9月，左宗棠极力举荐，杨昌濬正式担任浙江巡抚一职。杨昌濬不负左望，他按照左宗棠的嘱托，在浙江凿湖导河，兴修水利，发展农桑。战后萧条渐复生机，他曾自作诗一首，描述当时浙江战后重建中崛起的盎然生机：

手植垂杨三万株，春来新绿满西湖。

他年若过双堤路，漫道棠阴继白苏。

浙江在杨昌濬的勤恳经营下，经济日见复苏，有能力承担军饷。朝廷曾指定东南三省对口支援西征军，广东总在拖欠，福建也常敷衍，只有浙江一分不落，全力支持。

杨昌濬经左宗棠一手举荐而位居巡抚，这种有能力无学历、有本领无欲望的人才，能够骤然显贵，是乱世带来的。但他毕竟只是个秀才，以军功起家，既没有左宗棠的实学底子，也没有多年主政地方的经验，与多数由进士钦点的翰林一样，治事安民靠边做边学。

这一学就学出了问题。

1872年，杨昌濬处理"杨乃武与小白菜"案不当，意外惹出祸端。

案件发生在浙江余杭县，形式同"西门庆与潘金莲"。葛品莲是余杭县一家豆腐店的伙计，身材、长相与武大郎有几分相似。妻子毕秀姑白净水灵，平时爱穿白色上衣、绿色裤子，看上去像棵白菜，人称"小白菜"。

杨乃武是余杭举人，高大帅气，平日里爱打抱不平，常去官府找麻烦，由此得罪了知县刘锡彤。

忽一日，葛品莲暴病身亡。母亲喻氏怀疑小白菜与杨乃武勾搭成奸，毒害亲夫，请人写好状纸，告到县衙。

余杭县令刘锡彤酷刑逼供，屈打成招，判处小白菜"谋杀亲夫罪"，凌迟处死。杨乃武"通奸杀人罪"，斩首示众。判决上报到浙江按察使署，浙江巡抚杨昌濬未经细察，直接批转上报刑部备案。

杨乃武与小白菜不甘被冤，开始了漫长的进京上访。终于闹得江浙朝野震动，英国报纸也刊载了此案。英国外交官面见慈禧太后时称：贵国的司法公正如果像"杨乃武与小白菜"一案那样的水平，我们可不敢恭维。

慈禧太后听出了问题，下旨命杨昌濬复查。

这一查，内幕浮出水面。真实的案情是，刘锡彤曾滥收钱粮敛赃贪墨，被杨乃武联络士子举报，心怀怨隙，让儿子刘子和用迷药奸污了小白菜，再移花接木于杨乃武。

杨昌濬已经铸错，骑虎难下。为保住面子和众多参审官的顶子，他没有勇气据实上报，反过来会同藩台、臬台合伙造假，维持原判。

编造一个谎言，需要更多谎言，谎言链条一长，容易掉链。到1878年，真相泄出。慈禧太后盛怒，将刘锡彤判处流放黑龙江，涉案30多名官员同时被革职、充军或查办。浙江巡抚杨昌濬也被革除顶戴花翎。

杨乃武与小白菜雪冤，杨昌濬被骂作昏官，千夫所指。左宗棠其时远在新疆，得到消息，百味杂陈，他因过于信任杨昌濬，还为他辩白过，称没有错判。

杨昌濬在浙江的势力垮台，左宗棠的精心培育毁于一旦。西征军筹饷更加困难，这对左宗棠是一次不小的打击。

杨昌濬再次出山，缘于1878年5月，西征帮办、陕西巡抚刘典因病求退，左宗棠因事务繁杂，上奏清廷，调杨昌濬代刘典主持后路军政事务。

再次出山后，杨昌濬继续勤勉办事，做左宗棠贴心的后勤部长。

1880年2月，因筹解西征军饷出力最多，杨昌濬获一品顶戴。左宗棠在哈密奉诏回京时，举荐他护理陕甘总督，与刘锦棠会办新疆。

有了杨乃武与小白菜的教训，杨昌濬其后按官场套路，小心谨慎，击鼓传花，以这套标准官僚的手法，得以一路顺利升迁。1888年3月，杨昌濬调补陕甘总督；1894年2月，赏加太子太保衔。但到1895年8月，甘肃又起事，杨昌濬因防范不严，镇压不力，被清廷革职留任。

杨昌濬性情温和，偏文气，与谭嗣同父亲谭继洵一样，是左宗棠一手提拔上来的安民治事的技术型官员。尽管位居总督，历史功绩不薄，政绩上也并不输于由进士提拔起来的督抚，但《清史稿》对他的评价仍颇有微词，称他有点老好人："性和巽，而务为姑息。"即是说，杨昌濬为了让治下显得一团和气，有点粉饰太平，包庇坏人。

尽管政声在后世有异言，但与同时代的官员比较，杨昌濬至少也属中等。

杨昌濬对左宗棠后世声誉传播的最大贡献，是留下了一首《恭诵左公西行甘棠》：

> 大将筹边尚未还，湖湘子弟满天山。
> 新栽杨柳三千里，引得春风度玉关。

不能小看这首诗的历史地位，今天许多人第一次听说左宗棠，就是通过这首诗。

蒋益澧：翻版"小左宗棠"

刘典"武功"，杨昌濬"文治"之外，蒋益澧是左宗棠按照自己的模式，一手培养起来的巡抚。

蒋益澧与刘典有几分相似，不同之处在于刘典憨直，蒋益澧灵活。左宗棠比较二人，各有优长：刘典气急善谋而不能耐久，蒋益澧攻坚耐久而少奇谋。

蒋益澧少年时代便个性彰显，不喜约束。他的游侠风格与汉朝将军韩信有几分接近，湘乡乡里难容，于是他开始云游四方。

1852年，罗泽南在湘乡办团练，19岁的蒋益澧加入，做了个小头目。曾国藩出山后，蒋益澧被调配过去，帮办亲兵营。1854年改隶于罗泽南部，后随之到江西、湖北镇压太平军，因战功升任知府。

1856年，罗泽南在回援武昌时中炮阵亡，李续宾接任。蒋益澧与李续宾性格合不来，遂告假回乡。

处身乱世，有才气的人像家藏黄金，总会被人惦记。

1857年，广西兴安、灵川农民再次起义，占领柳州、平乐、庆远。广西巡抚劳崇光向湖南巡抚骆秉章紧急求援。左宗棠代表骆秉章出面，邀正居家中的蒋益澧从乡下新募1500人，并带永州驻防绿营3700人前去支援。蒋益澧能征善战，迅速收复各大失地，朝廷嘉奖，提拔为道员，加按察使衔，留广西补用。

1859年夏，永明农民军北走灌阳，与石国宗农民军会合，攻占兴安，直逼桂林。蒋益澧闻报即回兵。但他没想到，出省作战不但战事复杂，人事关系更加复杂。处理关系非蒋益澧所长，广西学政李载熙弹劾他"贻误战机，冒饷妒功"。朝廷采信，下旨降为道员。

蒋益澧本来就不是冲着官衔才跑出来带兵打仗的，对降级也没在意，仍与湘勇将领刘长佑、萧启江配合，终于解了桂林之围。稍后，又奉命前去镇压贺县农民起义，攻下昭平、平乐、浔州。因战功显著，朝廷收回处罚，再授广西按察使。

楚军创办后，左宗棠向骆秉章申请挖来蒋益澧，骆秉章自然乐得成全。

左宗棠对蒋益澧格外欣赏。他认为蒋虽然性格不与时合，但个人能力超强，能出色完成任务。能干的人，要看他的优点，不要揪住缺点不放。三年的战场检验，印证左宗棠最初的眼光没错。

蒋益澧也许确实太桀骜了点，连向来宽容大度、幽默风趣的胡林翼对他都不怎么感冒。要知道，湘军体系中，真正最具容人雅量的是胡林翼。左宗棠能容忍，倒不是他比胡林翼还有雅量，而是自己身上缺点鲜明的人，不会在意别人的缺点。

《清史稿》对这一点有直言不讳的记述：

益澧年少戆急，曾国藩、胡林翼素不满之，而左宗棠特器重。

1862年，身为浙江巡抚的左宗棠举荐蒋益澧为浙江布政使，命令他回湖南征集8000兵力，招满后带到广东，由两广总督劳崇光免费配发武器、军饷，再从广东绕道来浙江，开赴前线打仗。

蒋益澧进军浙江后出手不俗，第一战与刘典联手，在裘家堰大破李世贤营垒。

蒋益澧攻打浙江战功显赫，奠定了左宗棠对他信任的基础。

1864年10月，闽浙总督左宗棠去福建追剿太平军，提拔蒋益澧做"护理巡抚"，直接代表自己，信任至于极点。

这段时间，蒋益澧发挥了出色的治事安民才能。

浙江经太平军战乱，社会秩序混乱，经济凋敝，财政拮据。蒋益澧从省情出发，核减漕粮，酌减关税，兴修水利，使农、工、商业都有一定恢复。同时，增加书院经费，修复名胜古迹，兴办慈善事业。生产建设搞得风生水起，东南几省的战后重建工作，浙江走在最前面。

正史对蒋益澧这段事迹的记述是：

> 疏陈善后事宜，筹闽饷，浚湖汊，筑海塘，捕枪匪，又核减漕粮，酌裁关税，商农相率来归。增书院膏火，建经生讲舍，设义学，兴善堂，百废具举。东南诸省善后之政，以浙江为最。

凭着守土尽责的建设成绩，1866年，左宗棠再次倾力举荐，蒋益澧取代郭嵩焘，担任广东巡抚。

蒋益澧与前任郭嵩焘"和气为尚"的主政思路截然不同，他以军人的气魄，一上任就拿广东财政开刀，裁减太平关税四万两，撤销收税丁胥，改由巡抚直接派人征收，以杜绝办事官吏截流贪污。

广东不同于内地，商业活跃，洋人众多。广州城内专为外商设有机构"欧洲人公所"，与中国人经常产生纠纷，蒋益澧遇公事则与洋人论理，寸步不让。他干得热火朝天，一心扑在工作上面。

熟悉省情后，他主张在广东造船购炮，写信与左宗棠商议，计划在沿海一带建铁厂，制造轮船，雇洋人工匠做教授，选聪明子弟入厂学习。

这些主张因任期过短，最终都没有实现，但可以见出福州船政局的影子。

蒋益澧不会想到，他触动了广东官场十分敏感的利益分配与权力资源。他一心只想办事，政治智慧与为官权术却都不够，各方利益没有平衡就仓促上马，不自觉犯了与前任郭嵩焘同样的错误。

守旧官僚利益被触动，颇为不快。在派系严重的帝国官场，左宗棠安插过来的人打破了广东官场生态，引起一批官员不安。1868年，两广总督瑞麟与闽浙总督吴棠找了个理由，联手弹劾他，罪名是"任性不依例案"。用今天话说，蒋某人"有权就任性"。这样的指责，本就莫须有，但朝廷居然予以采纳，蒋益澧不幸又被降二级，以按察使留用。

左宗棠其时已调任陕甘总督，无法荫护。蒋益澧孤身居粤，官势一落不可收拾。不久，瑞麟找个借口，干脆将他调往广西赴任。

人家是官越做越大，自己这官越做越小，政治前途每况愈下，蒋益澧深感难有作为。办事无权，他无意恋栈，一气之下，请病假回湘乡乡居，一隐就是好几年。

对于有个性、办事能力强的官员，朝廷在危机时总会惦记。

1874年5月，日本侵犯中国台湾，蒋益澧奉诏复起，朝廷"属以边事"。但才走到北京，却病发猝死，事业骤然止步。

蒋益澧是一个实干型官员，一生才干稍展，却被弹劾站边稍息。虽不尽己意，但官方评价颇高：

　　蒋益澧经挫折而奋起，平浙、治浙，并著显绩，信乎能自
树立。

蒋益澧死后，社会对他个性的非议、指责，突然都不见了，响起一片赞扬与同情声。这是传统中庸文化的必然。他主政期间的主张，许多人本就如蒋益澧这么想的，只是不敢学他这么说，这么做而已。

朝廷在蒋益澧身后也格外关照，将他诏复原官，依巡抚例赐恤，诏允建祠纪念，赐谥号"果敏"。

以上三人，代表三种类型，从正面与背面基本可以看出左宗棠的用人策略与风格，他就是依靠这样一些有不同缺点的个性人才，给予充分信任，

点石成金，一群人联手，最终成就历史大事业。

但左宗棠哪里料到，他放手起用个性有缺点的武人做将，"得罪"了文化人。

清朝崇文抑武，武人并没有地位；有个性的人喜打破潜规则，让人难堪。这两点都让文人无法释怀。因此，左宗棠起用人才，不单曾国藩皱眉头，在纯粹的文化人眼里，似乎也多不以为然。

光绪皇帝的老师翁同龢是欣赏并支持左宗棠的学者，他多次在日记中提到左宗棠，对他的绝世才气、深刻洞见，欣赏钦佩。但他只认可左宗棠本人，对左宗棠欣赏的人才，并不感冒。

1875年12月22日，伊犁将军李云麟受左宗棠委托，拜访翁同龢，匆匆聊过数语，翁同龢在当天日记中写下并不太友好的第一印象："察其词气，近俗。"

文人与武人确实存在冲突，武人拥有军事实力，文人掌握了话语权。文人按自己的气场标准，习惯虚拟一个"文人王国"，对不合自己味道的人，一概排斥。其实这也是一种性格弊病。左宗棠用武人带兵，以文化节制武人，这种打造职业化军人的方法，是成就事功的根本。曾国藩的湘勇之所以战斗力偏弱，就因多用"才堪治民"的文人所致。湘勇吉字营例外，战斗力超强，是因为统领曾国荃就是一个自称"挥金如土、杀人如麻"的武人。如果楚军按照文人的眼光选将才，将领词气虽雅，战绩却俗，两者实在难以调和。

根据左宗棠标准选拔与培养出来的将才，全是能独当一面的狮虎。狮虎善于搏击，要他们优雅，则不及仙鹤。既势大力沉，又飘然翩跹，只有想象中的"飞虎"。

左宗棠并不追求将才完美，反倒主张"藏拙"，将不同缺点的人才巧妙融汇，造就完美团队，不得不相信，这是一种高明的用人之道。因为历史上之前还很少有这样一位统帅，用了这么多有着各种性格缺点、为社会所难容的人，而最终却成就了左宗棠的大业。

不过，左宗棠独特的"人才观"，不但当时遭文人指斥，即便后世，也颇存争议。

坚持自我，不被世俗拖累

用人不唯学历唯能力，带来尴尬与孤独

中国历史上，但凡才大气大有个性的人，总能一眼看出传统的弊病。

这类人，他们年轻时站在传统的侧面甚至反面，批评与否定传统，进而创立自己的一套方法体系。他们的成功，得益于早年反叛，但最终却总要为自己前面的叛逆付出代价。

左宗棠也没有逃出这一历史规律。

左宗棠与曾国藩、李鸿章、郭嵩焘等同时代的人从性格气质到价值取向再到办事能力、方法截然不同，他也由此强烈地感到孤独和不被理解。

面对孤独与不被理解，人可以有三种态度：一、做个超脱的高人，自我欣赏；二、改变自我，大而化之；三、坚持自我，与世俗对抗。

左宗棠选择了最后一种。

他撕破"裱糊匠"虚伪的面纱，颠覆积习与潜规则，注定带来非议。

1867年，左宗棠由闽浙总督调任陕甘总督，北上经过九江，接见了当地官员。

九江官员多是进士出身，擅长吟词作赋，左宗棠见

面没有共同语言。等九江王同知前来拜见，左宗棠知道他是举人出身，故意问：你说是进士好，还是举人好？

王同知说：举人好。

左宗棠问：怎么说举人好呢？

王同知说：中进士后，进翰林院学的都是诗词歌赋，练的都是小楷书法，即使外放到地方做县令，忙的也都是官场关系，没空治实学。举人则不同，志向专一，讲究经济学问，且屡上公车，历名山大川，开阔心胸，看各地风土，见多识广，办事能力强。这些难道不是举人好过进士的理由？

左宗棠连连点头称是，褒奖王同知说：在九江见了这么多父母官，我认为王同知是第一好官。

消息传出，士林大哗。毕竟，举国官员基本都是进士，举人不到一个零头。左宗棠以总督身份臧否进士，百官脸面往哪里搁？

左宗棠褒举人而贬进士，跟他在40岁前多年的农村生活经历有关。他的逻辑是：官员要廉洁，关键看办事，办事不行，学历再高，也只适合做学者、文人，不应把持权柄，尸位素餐。

这些话，左宗棠并不是出于情绪意气说着玩的，也不是因自身文凭不过硬妒忌、护短，他是真心实意这么想的，这么做的。

1862年2月，左宗棠刚授浙江巡抚，就向朝廷上奏《请敕调各员赴营差委片》，保举李云麟、邓绎、夏献纶、谢大舒等18人分任各省抚臣。其中没有一名进士。其巡抚浙江三年，一共保举过23人，悉数是进士以下学历。

起用施补华，很能见出左氏的用人眼光。

施补华，浙江乌程人，多次乡试而未能中举，郁郁忧愤。有人推荐给曾国藩，曾氏见面后一番交流，嫌他学历低、口气大，骂他是"狂士"，当场赶走。

杨昌濬适时将其推荐给左宗棠。

左氏当天约见，一席对谈，认定他识见超群，有办事能力，爱惜有加。左宗棠也不顾施只是个秀才，直接起用他负责参议军事，替自己草拟文稿、奏折。其后，施氏谋划迭出，随军出生入死，屡立战功，深得左氏亲信。

十余年后，他跟着左宗棠出嘉峪关征战。1877年，又随西征军驱逐阿古柏。施氏虽然学历偏低，但在实践中锻炼出来，他不但是"应用文"高手，而且确有文学才华，后来出版《泽雅堂文集》，就是证明。

对于进士出身者，左宗棠就不会录用得这么爽快了。他对进士似乎有一种近似本能的担心，一定得判断他到底是花拳绣腿，还是有真才实学，弄清之前，宁弃亦不轻用。

偏偏是哪壶不开提哪壶，1868年，朝廷推荐翰林袁保恒入左幕。左宗棠本不想录用，但碍于朝廷情面，又不得不用，左右为难。在他看来，袁氏"学士清班，非如僚属之可加以督责"，此类学院派文人好清谈，又压不得担子，如何是好？左宗棠从侧面打听，旁人论袁"姿性警敏，素尚圆通"，不是不懂办事的书呆子。左氏这才释然。

他因才施用，任命袁氏办理西征粮台，专门负责向广东、江西、湖南、湖北等省催协饷，兼处理与各省办事处的关系，意在用其所长，避其所短。这次真是用对了地方，袁保恒翰林出身，在京城有人脉，加之性格外向，督催协饷格外卖力，地方官都有点惧他，即使敷衍拖延，也常交纳部分。西征军后勤保障到位，少不了他的一份功劳。

鼓励读长识见、增本领的书，反对一心只求高学历，左宗棠不但用于外人，首先将这一标准直接用于自家。

长子孝威17岁乡试中举，跃跃欲试要进京会试，左宗棠坚决反对。

理由是：本朝为国家办事的大才，基本上都不是八股文作得好的。八股文作得越符合标准，进士考试分数越高，人的道德品质越平庸，办事能力越低下。

左宗棠说："试看近时人才，有一从八股出身者否？八股愈做得入格，人才愈见庸下。"

这句话在后世传开，文人学者意见很大，后世拥有博士学历的作者，看后尤其反感。这不但挑战了官场，也得罪了所有高学历低能力的读书人。

左宗棠坚持"秀才能任天下事，布衣可佐王侯业，雅不欲以甲第中人为评骘之定鉴"，事实虽然是如此，但他哪里想到，能有他这样超凡天资，从小有远大理想，勤奋过人，同时又能被各种机遇垂青的举人，百不一遇。中国传统的文化心理是，真理往往不在你说得对不对，合不合事实，而是有多少人支持你。支持你观点的人多，你就代表真理。支持你观点的人少，虽有真理，等同荒谬。高学历且掌握话语权的人谁敢支持左宗棠？

所以，他虽切中要害，却一直势单力孤。

平心而论，科举考试制度不合理，只是考试内容与实践脱节，造成社会后果严重。用作选拔人才，大致也不错。一个基本事实是，即使八股取士，也能将绝大部分天资高、勤奋好学的人才选上去。而竞技考试最基本的功能，不就是将天资高、勤奋好学的考生选出来？

天资高的考生，多因八股入仕，他们虽然也有不满，但因终生声誉与八股已经连为一体，一荣俱荣，一损俱损，所以多在圈内抱怨，进入社会又是另一番声音。批评科举，否定进士，会引起他们的强烈反感。

这一事实在当时已经十分明显。

徐珂在《清稗类钞》中记称，左宗棠被朝廷赐"同进士出身"后，按例入翰林院大拜受职，诸翰林对此百味杂陈。左宗棠感觉出来了，他端坐于清秘堂说：你们从哪里来？怎么突然在此聚集？意思是自己不敢惊动大驾。诸翰林这才释怀，转而对左宗棠尊重，请他为翰林院题写一块匾额。左宗棠谦虚地说：你们都擅长八股文，今天却推选我这个粗鄙武夫来做这等雅事，足见引重之心。恭敬不如从命，我今天就当自己是个刚入学的蒙童来临摹字帖，写得好被诸位老师圈圈点点表扬一番，我也就感到开心了。这番顽皮的谦虚话，引得诸翰林一阵哄笑，气氛这才缓和。

缓和是暂时的。后世的学院博士对他不无忌讳，既然无法否定左宗棠的大才气、大事功，便抓住他敢于"心忧天下"的大气人格，将之矮化为一种傲气与意气，加以丑化。

这对左宗棠是一种致命打击。毕竟，事功靠笔传，事业做得再好，传世还靠文章。

左宗棠到晚年终于体味到颠覆传统、积习与潜规则的尴尬与无奈。妻子提醒他说：你不喜欢那些玩花架子的文人，难道不担心死后没人写文章替你说好话？左宗棠貌似很洒脱地说：我要求的人，在我不用去求的真正的文人学者中。

实际上，左宗棠内心深处，还是盼望有人能客观真实地将自己的优点与缺点全部写出来。60岁那年，他给朋友王子寿写信说：我都60岁的人了，恐怕再活不了几年，新疆还没收回。多年来，我照着直性子办事、说话，得罪过不少人。将来恐怕一死，这些文人学者就来写文章、编故事，将我骂成一个不堪的人，希望老朋友到时能照实帮我写出来，既不要夸大，也不要虚构。你在深山老林里著成一部传世大书，让后人明白真实历史里的是非曲直，这不会比保卫国家边疆的功劳小。

> 行年六十，自嗟来日无多，不能为国家卒捍西徼，恐一旦溘
> 先朝露，与世之汶汶者同实谗匿之口，愿吾子卒有以雪之。意者
> 名山箸录，或胜国门耶？

中国传统的矛盾是，如果没有左宗棠这样倔强的叛逆者，整个民族
会变得缺乏激情与创造力，在一团和气的表象下钩心斗角，大家一起逐
渐走向萎缩、颓废，难以为继。但真正出现这样胆敢痛医文化劣根的个
性人物，现实虽然大致接受，但传统却很难容忍，最终必以强大的惯性将
他湮没。

人被人论，这是必然。对于左宗棠的用人，一代文士王闿运早就有
看法了。

自用其才，打破惯例

王闿运不只批评左宗棠，而是一竿子打翻一船人。

他说：曾国藩只知道收容人才，却不知道求人才；左宗棠只知道使用
人才，却不能求人才。胡林翼最糟糕，他干脆既不识人才，更谈不上收而
用之。

在致左宗棠的一封信中，王闿运如此发表高论：

> 运行天下，见王公大人众矣，皆无能求贤者。涤丈收人材不
> 求人材，节下用人材不求人材，其余皆不足论此。此胡文忠之明
> 果向道，尚不足知人材，何从而收之用之？

这句批评，初看多少有点道理，因为曾、左、胡手下都漏掉过一些人

才，而且也都有失手过。但细看之下，逻辑漏洞同样明显：人才自己都跑上门来了，曾国藩只管收容就是，何必画蛇添足去求？左宗棠已经将人才用起来了，容不下的人才一定是不合己用，又怎么能叫"不容"？至于胡林翼，一生荐贤满天下，他都已经推荐给朋友使用了，自己又如何再将他们收留使用？

晚清识才、容才、用才，左宗棠、曾国藩、胡林翼事实各有特色，冠居时代。

我们不妨拓开眼光，来看看曾、左识人、用人的成效。

据统计，出自曾国藩提携而后官至督抚以上的计有大学士两人：东阁大学士左宗棠、文华殿大学士李鸿章；军机大臣两人：左宗棠、钱应溥；督抚堂官二十三人：丁日昌、刘蓉、刘瑞芬、许振祎、沈葆桢等。光绪元年至十年，全国先后担任过地方总督一职的共有十八人，其中湘、淮官员十二人，占总人数的三分之二，出自曾国藩幕僚的有六人，占总人数的三分之一。最为鼎盛时期的光绪三、四两年，八大总督全部是湘、淮官员，而出自曾国藩幕府的就有六人，占领总人数的四分之三。

左宗棠幕府出过哪些高官？全面统计下来，官至督抚一级的至少有十二人：杨昌濬、刘典、蒋益澧、沈应奎、王若农等；官至二品的就更多了，有夏筱涛、张树菼、吕庭芷、成定康、康国器、李云麟等。

比较之下，左宗棠幕府人才要逊色一筹。晚清幕府人才与左宗棠可以并论的是李鸿章，官至督抚同是十二人。

谈论领导者识人、用人，标准不外三点：识人有智，容人有量，用人有术。

左宗棠论识人之智，确实比曾胡高明；但论容人之量，曾胡表现得比左宗棠要好，具体原因是：左宗棠个人能力太强，一眼能看出问题，爱挑部下毛病，又喜欢事必躬亲；加之左氏专注事功，不能做到像长于辞令、回旋台阁的文官那样长袖善舞。论用人之术，三人中以左宗棠最为杰出，因为左宗棠为官办事的方法论是"以术运经"，困难面前，他的方法最多，即使以胡林翼之足智多谋，临事前仍屡屡不忘写信请教。

比较而言，曾国藩擅长节制"外部人才"。比如左宗棠、李鸿章，曾国藩对两人皆有提携之恩，但也仅限于此。从1863年5月起，左宗棠已是与他平级的闽浙总督；李鸿章在1868年剿捻成功之后，与曾国藩事实上也只有师徒之恩而无节制之实。

左宗棠则擅长培养"内部人才"。比如陕西巡抚刘典、陕甘总督杨昌濬、新疆巡抚刘锦棠，都是左宗棠一手栽培并提携起来的，且自始至终归左宗棠直接领导。

胡林翼则擅长举荐"社会人才"。七荐左宗棠，即使一例，此外，张亮基、林则徐都得到过他不遗余力地举荐。胡林翼一生都在将人才举荐给他人使用，他亲自栽培提携起来的人才，寥若晨星。

曾、左、胡三人识人、用人，应该说各有所长，各自在自己擅长的范围内臻于完美。总结起来说，要营造一个宏大的人才局面，曾国藩方法可取；要打造一个无往不胜的一流团队，左宗棠方法可取；要立志做当代伯乐，为国家、社会竭心尽力，让天下人才皆有所用，胡林翼方法可取。三者自成逻辑，基本上没有可能同时统一到一个人身上来。

左宗棠为什么会落得个不容人才的差评？

跟他晚年声名过盛有较大的关系。庄子说："名也者，相轧也；知也者，争之器也。二者凶器，非所以尽行也。"左宗棠在收复新疆之后出任军机大臣，位高权重，其难以企及的高度，对同时代人是一种压力。比左宗棠小21岁的王闿运在通信时言语不敬，两人差点打起笔墨官司，可见一斑。

晚年时，有人当面问左宗棠：骆秉章幕府有左宗棠，请问左宗棠幕府里有左宗棠吗？左宗棠听后一愣，表示自愧不如。

左宗棠用人为什么不如骆秉章？

薛福成在《庸庵笔记》中这样分析说：骆秉章看起来像个乡里的老儒，粥粥无能，貌似笨拙，内心却十分通透，别人是不是人才，一眼就能辨别出来。左宗棠外表也像个来自农村的老学问家，但他潇洒自如，谈笑风生，外表看起来与骆秉章相反。

薛福成最后结论：这两人根本没有可比性，因为骆秉章不擅带兵打仗，只能用左宗棠之才；左宗棠擅长带兵打仗，当然自用其才。

> 盖骆公能用才，而左公喜自用其才者。

关于这点，比较之下更容易看清楚。

曾国藩幕府全盛时期达400多人，生活秘书、机要秘书、政治秘书各安其职。曾国藩本人则做起"甩手掌柜"，大量时间用来读书，写家信，记日记。主帅"无为"，幕僚得以大显身手，曾国藩军幕中脱颖而出的封疆大吏27人，所出人才为清朝之冠。

左宗棠一生纵横万里，闽浙剿发、规复新疆、护卫台湾，坐镇东南，比曾氏办的大事多出一倍以上，但从1860年到1885年，历时26年，先后入幕的人才，加起来才266人。留下名字的，不过王文韶、吴观礼、袁保恒、饶应祺、陶模、施补华、严咸、李云麟、王开化等数十人。

左宗棠幕府里有两个明显特点：其一是"绍兴师爷湖南将"；其二是幕僚中以边地人才居多，颇有点民间高手云集的味道。

左宗棠自述其人性格"操心危，虑患深"，他凡事像诸葛亮一样事必躬亲，普通士兵罚20军棍以上都要亲自到场。在这种全能型的统帅手下做幕僚固然轻松，多数时候只需帮他查找资料，起奏折草稿，整理文档，安境治民，在军事会议上提意见即可。武将在战场上充分锻炼、展现，固然不受影响，但谋士多数没有机会独当一面，无法成长出来。

这不只是左宗棠个人用才的缺点，也是历史上多数强势人物的通病，值得警醒。

左宗棠"自用其才"的观念，又与晚清官场主流观念格格不入。

大清朝认为，办事是吏的职责。左宗棠官、吏皆通，打破惯例，让官场难以接受。肯定他，只懂道德教化而不擅具体办事的百官往哪里摆？

官、吏分工，官员不懂办事，下吏把控事权，是导致清朝腐败的重要原因。但大环境如此，顺应主流，适应环境，和光同尘，即使朝廷灭亡，个人照样可以博得身后名。封建社会两千年的历史，往往如此。

以办事能力考核官员，是晚清帝制转入共和以后才有的事。

关于晚清人才评价，李鸿章女婿、张爱玲祖父张佩纶在1880年1月2日写的日记中，有一段比较中肯的评价：胡林翼、曾国藩、左宗棠的才干，源头在陶澍。曾国藩学到了他"讲求史事，考订掌故"的本领，胡林翼、左宗棠学到了他"包罗万象、以天下为己任"的心怀。张佩纶总结道：左宗棠虽然了不起，但也有个大缺点，才气锋芒太锐，用人气度不宽，"霸道"有余，"王道"不足，虽然名盛一时，但后世没有第二个可以跟得上。

他最后一句是"绝无传衍衣钵者"。换用今天话说：左宗棠的成功不能复制。

张佩纶说的固然不错，但事实上，任何人的成功都无法复制，因为时势变了，环境变了，模仿与复制，无疑在刻舟求剑。前人真正能够留下的，只有智慧的启迪。

左宗棠的处世之道，突破传统的创新之举，百年之后，仍能给我们诸多启发。

身为乱世高官，平乱与治民，破坏与建设，是两条平行线。

左宗棠治军以"霸道"，在治事安民、整顿吏治上，方法却是"王道"。

这是一种完全不同于刚性治军的柔性方法。

国家之坏，根在"吏治不修"

行"王道"基于左宗棠尽心识人、用人，背后有一个根本目的：挽救乱世危局，再开太平盛世。

左宗棠认为，本朝所以步进衰世，社会混乱，官场腐败，根本原因在于"吏治不修"。

"吏治不修"给社会带来哪些严重后果？

左宗棠说：官场腐败、堕落的直接后果，是各级官员既忘记了自己在道德上有教化民众的天职，也忽视了带领老百姓发家致富的本分，进而丧失安身立命之本。官员失职，牵一发动全身，导致自朝廷以下各级政府部门将道德、法律、公平、正义视作无物。社会散了，人心乱了，民众被生活所逼，纷纷起来造反。社会既没有道德舆论来谴责造反不对，国家也没有公平的地方可以让想参加造反的人相信道德还有力量，造反者于是纷纷突破道德底线，不再将打砸抢当作一种没脸见人的羞耻之事，反而视为一种光荣。寡廉鲜耻，是国家灭亡的先兆。

原话是这样写的：

> 吏治不修，官司不知教养为何事，治本之策已亡；官司不知政刑为何事，治标之策复失。民

无耻为盗贼之心，复无惧为盗贼之心。

左宗棠认为，"吏治不修"带来的问题还不止于此，它给清王朝官场内部也造成了极坏影响。突出表现为官场暮气沉沉，人才流失。年深日久，官场已经养出三种坏官，一曰贪官，二曰庸官，三曰懒官。

在左宗棠看来，自己带兵平乱，东征西讨，南征北战，不过是治标。真正要天下太平，民富国强，则靠治本。从根子上清除这三种坏官，对他们坚决进行组织调整。

清除贪官最容易，发现一个，法办一个。难在后两者：庸官无大错，不深入考察，难以发现；懒官虽有自身原因，但全国吏治腐败，不少是随波逐流，要分清他们到底是真懒，还是可以通过训练再次变得勤政，需要进一步深入考察。如果不分青红皂白全抓出来开除，怎么说都有点冤枉，对国家也是一大损失。

左宗棠将庸官、懒官分门别类，一概拉进黑名单：

一、年力衰颓，昏聩不职。

二、年老才庸，难膺表率。

三、貌似有才，心殊狡诈。

四、轻佻放纵，有玷官箴。

五、庸懦糊涂，不堪造就。

六、性情乖谬，嗜好甚多。

七、才庸识暗，贪利忘公。

七种官员，进一步归类，可概括为三种：太老的、心坏的、心贪的。

左宗棠决心整顿官场，用霹雳手段，显菩萨心肠。

刚任闽浙总督时，他开门办的第一件大事就是查贪官，打老虎。他认为，治理闽浙行省，首先是打土匪，要打土匪，首先要盘点官员，谁是跟土匪勾结的？谁有本事打土匪？必须逐一查清楚。而要盘清官员，整顿官场，要害在杀贪官。

左宗棠杀贪官雷厉风行，一旦证据确凿，铁拳出击，打得贪官魂飞魄散。为什么要出手准狠？左宗棠的理由是，杀贪官只会弄得一家哭，不杀则弄得全社会一起哭，与其一起哭，不如一家哭。

但左宗棠要如何系统地"修吏治"，并列出具体可行的标准，才能真正让官场风清气顺？

晓之以理，汰劣导贤

左宗棠将"修吏治"细分为"察吏""训吏""恤吏""课吏"和"亲吏"五项。

其中，"训吏"包括"课吏"，"恤吏"包括"亲吏"，因此，可以概括为三项：一、察吏；二、训吏；三、恤吏。

"察吏"即对官员的治理成绩做一个全面的科学考察、分析。方法有二：对成绩优秀的，给予表扬、奖励；对误政殃民的，清理淘汰，严厉惩办。

任陕甘总督时，左宗棠特派甘肃总兵周东兴到中卫县赈灾。周东兴奉命开设粥厂，采购粮食时却巧立名目，虚报铜钱一万余串；报销救济粮时，又多报米、麦，发给灾民的却是黍豆稀粥。连救济灾民的数量、每日口粮数量、救济的起止日期、发放救济粮款总数，他都统统造假。

1871年1月1日，左宗棠查出赈灾漏洞，写奏折向朝廷检举，指控他侵吞倒运私卖粮草。1月9日，朝廷采用左宗棠的意见，下旨将周东兴军前就地正法。

左宗棠虽忙于淘汰劣官，但对当时官场流行"察吏"，并不赞同。原因是，他清醒地意识到，考察官吏的道德品行，只是表面文章。毕竟，官员也是人，人跟人差不多，容易受贪婪蛊惑、受懒惰支配。严格说来，考察任何一个人，如果过深过细，不是有问题，就是有毛病。官员要跳出"前腐后继"的陷阱，不在总抓他们的小辫子，拖出来打棍子，关键在教育与引导。将官员朝好的方向引导，则不至于变坏；平时多关心体贴，大多数可以变好。

左宗棠这样表述上述意思：

今日道府以上至督抚均言察吏，而不知察吏之外尚有训吏、恤吏两端。训之使不至为恶，恤之使可以为善，斯其成就者多，而转移自速也。由前言之，表端则影自正，修身以上之事也；由后言之，以人治人，改而止，忠恕之道，齐家以下之事也。

左宗棠治吏的直接目的，换成今天话说，是不能让干得不怎么样的照样得好处，让干得好的还得坏处，而要及时把那些忠诚、干净、敢于担当的干部，想干事、能干事、干成事的干部用起来，切实增强干部队伍活力。

从人心、人性的角度理解官员，左宗棠治吏的重点，着重后两项："训吏""恤吏"。

为什么重点是"训吏""恤吏"？

因为，"欲知民事，必先亲民；欲知吏事，亦须亲吏"。

左宗棠说："亲吏"的重点，不是天天接见，也不是有事无事都说上几句话，这些都是表面文章，没有什么作用。真正"亲吏"，首先要自己

"心诚"，心术要正，用心要善，做得好就表扬，做错了就指出，能力达不到的事，多宽容，少指责，对下级官员的艰苦，多体谅。

亲吏的目的呢？

是为了让官吏亲民。

亲民的标准是什么？

是每天上门找老百姓拉家常？或者，跟他们同吃同住同劳动？

对于这种感性而又难以量化的指标，左宗棠只说了一个很形象的比喻："一片心肠都在百姓身上，如慈母抚幼子，寒暖饥饱，不待幼子啼笑，般般都在慈母心中，有时自己寒暖饥饱反不觉得。如此用心，可谓真心矣。"

"训吏"的方法有二：一是立榜样，二是将心比心。

立榜样既立正面典型，又抓反面教材。

将心比心则主要通过下属呈文，以春风化雨的方式，认真对待他们的报告，在报告的批示中对下级官员进行引导。

左宗棠对症下药，将官员考核标准量化，分为四等：

第一等，随时随处切实体贴民众，所欲与聚，所恶勿施，官民融洽，有如家人、父子；

第二等，勤理案牍，操守端谨者；

第三等，每天忙于官场应酬，从不干治事安民的正事，官场套路十足，官僚习气浸染严重；

第四等，前任怎么办，我就怎么办，全盘照抄；辖内出了问题，赶紧粉饰太平；平时麻痹粗心，毫无爱民之心；办事专门依赖丁役。

左宗棠说，第三、四等官员，属于严重需要教育的对象。教育的方法是告诉他们，怎么振作起来，积极为民办事，争取在身后留名。

"训吏"的具体做法，是首先跟官员讲清职业的特点与道理。

左宗棠苦口婆心地教导属下：官帽子莫嫌细，办好了事，帽子自然会变大。做官的地方莫嫌贫苦，贫苦的地方，更容易发挥才干。老百姓莫嫌他们刁蛮、顽劣，正因为他们刁蛮、顽劣，才需要官员教导他们做个有文化、守规矩的好人。想当年，明朝的王阳明也曾被贬到龙场做守亭子的驿丞，但他兢兢业业，克勤克俭，最后还不是成为一代名臣？官帽子的大小，跟能不能流芳后世，好像没有什么关系。

左宗棠总结道：做官的目的，绝对不是赚钱，而是造福一方，身后留名。为什么？因为当官不过是"数十年勾当"，如果当得数十年好官，"干得无数济民利物的事业"，岂不比那些土豪强得多？官员社会地位已经不低，工资也不少，生活并不比土豪差，还贪利做什么？土豪一死，多数灰飞烟灭；官员为任一方，改变数万数百万人的命运，这种成就感不是用钱可以衡量，也不是花钱可以买得来的。而且，好名声的影响力百年后还在，万年后仍存，仔细想想，做个好官的收获实在比其他职业都大。做官付出虽多，但收益超越时空，官员还有什么心理不平衡的？

为此左宗棠打了一个形象的比方：当官就好比进到一座宝山里去。如果没有造福一方，让民众获利，就像进宝山里转了一个圈，又空着手回来。

以策略改变官员陋习

左宗棠这种苦口婆心的劝说与晓之以理的引导，只能在思想层面上影响官员。对于真有道德的官员，道德的力量是强大的；但对于人品不端、贪婪成性、道德意志薄弱的官员，这种教化就显得无力。

轶史记载，左宗棠在陕甘治下州府有一"纨绔官员"吴太守，"夙精烹饪，沿途供帐，择食殊苛"。常年锦衣玉食，吃香喝辣，饕餮排场，当地民谣颇有讥讽。左宗棠闻知后，邀他来总督府谈事。

吴太守上午9时赶到，在接待室坐等。

午饭时，肚子咕噜直响，左宗棠却还在忙公务，像是忘了。

直到下午6点，才端来晚餐，全是糙米、腌菜，难以下咽。

吴太守饥肠辘辘，顾不得难吃，狼吞虎咽，一口气吃了四大碗。等他吃饱打嗝，左宗棠才过来，招呼厨房上山珍与海味，并抱歉说：我公务繁忙，耽误吃饭时间了。来来来，开吃！

吴太守肚子胀得难受，连连说：吃饱了！吃饱了！

左宗棠笑道：原来是这样啊！味道怎么样？

吴太守苦笑着说：好吃，好吃。

左宗棠叫厨师再换上糙米、腌菜，一边吃一边说：那些是招待你准备的，我就喜欢吃糙米饭。我看糙米饭比山珍海味还是强些，关键时还得靠它活命。饭菜味道好不好，不在米饭精不精，肉食细不细，关键还得看自己饿不饿，你看是不是这个道理？

吴太守无地自容。回去后，再不大搞排场，虽然仍时不时生馋虫，但挨饿的记忆实在过于深刻，从此一改"择食殊苛"的陋习。

将心比心，恤官用情

与历史上有过一番大作为的治国能臣相比，左宗棠面临的时代比较尴尬，工商业文明随着欧风美雨吹进来，原本耻于言利、节欲尚俭、知足常乐的中国人，越来越见利眼开，人性中的贪婪与欲望被激发出来。利不一定是坏事，贪婪与欲望也是人性的一部分。但利是商人的事，官员不能掺和；贪婪与欲望要有个度，才符合道义。

如何正确获利，把握贪婪与欲望的尺度？

大清帝国既没有制度规范，官员又缺乏引导，最终导致乱象丛生。

左宗棠在家书中多次慨叹，当下社会人心已被"自私自利蚀尽"！从官吏到老百姓，每个人都将私心私利放在首位。民众贪利，自然人性；官员贪利，后患无穷。造成吏治败坏的原因，根源在官吏不分公私，不辨义利。

按当时的观念，大清王朝是皇帝的，国家的财产也归皇帝个人，官员只是代理皇帝行使权力，打点家业，超出薪俸以外的收入都是损公肥私、以私害公。由此，"明辨公私、义利之分"，成了左宗棠"训吏"的第一课。

但当时法治观念缺乏，解决"义利不分"，只能依靠道德。

为了在道德上遏制人心被"自私自利蚀尽"，左宗棠定下"廉、俭、惠"三字为标准，身体力行，试图带头在官场开启新风气。

数十年为官生涯，左宗棠一日三餐只按中等标配，总督衙门里不来客人，则不吃大菜。做上浙江巡抚后，宁波海关照惯例送来平余银八千两，作为巡抚津贴。这种合法的"灰色收入"，左宗棠建议取消。但朝廷立下的规定，不是喊取消就能马上取消。

左宗棠采取折中的办法，第一年将这笔钱先拿过来，捐给衢州、山阴、会稽、萧山灾民，购买谷种。第二年起，平余银就自动取消了。

担任封疆大吏期间，他每年将四万两白银工资的大部分捐于国家公事，八个子女、两位夫人，每年就靠他寄回的二百两白银度日，生活水平仅及中产。

左宗棠的"恤吏"着眼"心术"，也独具个人特色。

他认为，官员也是人，只要将心比心，用心去关心他们，则"恤之可以使为善"。从这一理念出发，左宗棠治官首先充分尊重人性、人情。

他带头勤政，鼓励官员勤政，但更关心他们的健康，希望官员爱惜身体，在工作上多想方法，不要勤政伤体。

陕甘属下绥德知州成定康常年奔波一线，累出了病，又带病坚持工作。左宗棠并不支持，他批示说，你工作这么卖力，都累出了大病，可见你是真正的血性男子。但你更要注意休息，注意工作方法。如果当官要付出健康代价，这不符合古人的教导。你要静下心来多想一会儿，自己的工作方法是不是值得改进？方法对头，应该不至于累出病。

成定康读后，感动得泪奔。

左宗棠恤吏，不仅是体恤生者，也抚恤死者。

1838年，左宗棠第三次进京会试，在河北栾城游历，看到了知县桂超万所张贴的劝民耕种的安民告示，当时触动很深，记下了这个名字。后来，桂超万因政绩升迁福建按察使，一生勤勉清廉，1863年病死于任上，身后萧条。新任闽浙总督的左宗棠得知后唏嘘不已，这位曾经的偶像、如今的下级，当年给了自己多么振奋的精神力量，怎么可以让他人死骨寒！左宗棠不仅遣人前去吊唁，赠送礼金助葬，还奏请朝廷下旨，令史官将他的政绩立传，以存其人。

在左宗棠的鼓励与引导下，浙江出现了一批勤政清廉的官员，衢州知府魏良、道员顾菊生、台州知府徐台英，就是代表。他们廉洁能干，又都在英年早逝，身后萧然。左宗棠不仅厚礼资助丧事，而且专门表彰他们的贤能惠政，以为良吏之劝，求安民之效。

行"土道"的官员左宗棠，与行"霸道"的军事家左宗棠，形象反差巨大。

作为治事安民的官员，"恤吏"的左宗棠与战场上那位气吞山河、指挥若定的大英雄判若两人。

难怪熟知左宗棠正面与背面的杨昌濬，评价他"外严厉而内慈祥"。

带头廉洁，不搞"道德绑架"

秦始皇凭军事起家，以法家治国，征服海内，凌驾中国，想当然试图消灭儒学，大搞焚书坑儒。结果呢，二世而亡。汉武帝吸取教训，以儒术治国，内法外儒，天下垂拱得治。从此，"王道"思想延续下来。

"王道"不但创下了汉唐雄风，也成就本朝康乾盛世。

但回头去看，"王道"单纯的道德教化作用毕竟有限。在工商业的冲击下，传统的世道人心正在变化，人口流动让舆论道德的约束力大幅下降，商品交易频繁让货币的社会影响力提高，以"王道"治吏，理论与实践脱节，难免会出现论人失察，用人失误。

施补华在《泽雅堂文集》中记述了左宗棠几则此类轶事，见出"王道"之短。

左宗棠任陕甘总督时，秦州知府彭某每天坚持吃差穿坏，出门只坐露天骡车，带老弱仆人，常去乡下转悠，开展田野调查，左宗棠知道后，称赞说：这个人真是廉能。

大通知县邵某听说后，比彭某外出还简朴。左宗棠见后，又忍不住表扬说：这个人也很廉能。陕甘官员听说，纷纷向两人学习。

两人由此成了官场明星，在任上都得到提拔，但退任后都以富贵归乡，再不见俭朴影子。

西征新疆时，左宗棠移军肃州，在营外开辟几十亩地，自种蔬菜。每天公务之余，他都拄着根棍子，亲自到菜地里浇水、施肥。低级武职的材官吴某听说后，特意穿着短衣烂鞋，挑一担粪，专门等左宗棠出营时从大门前经过，连续坚持几天，天天如此。左宗棠大加赞赏，认定吴某勤劳能吃苦，提拔他做肃州金塔副将。但提上去数月，本性暴露，因贪污被查处。

以"王道"治吏，虽然注重人性、人情，不搞官员道德运动，但还是容易滑进"道德陷阱"。

左宗棠将浙江巡抚任上的平余银捐给灾民后，并不鼓励官员向自己学习。理由是，自己生活简单，这是在农村劳动时养成的，已经习惯了。每个官员的生活习惯、家庭特点不同，自己捐款后如果大力宣扬，就会对其他官员造成"道德绑架"。

左宗棠早年长居农村养成生活俭朴的习惯，出山做官后习性不改，他发明一种衣袖，后世称之"宫保袖"。

"宫保袖"的发明纯属偶然。左宗棠平时最爱读书，常年伏案写字，衣袖处常遭磨损。为保护衣袖，他请人专门制作一副袖套。

1871年端午节前一天，门人王家璧见了，颇受启发，回去仿效。还写信给左宗棠说：以前伏案写字，经常弄破袖口，昨天在营中见左老师作军书，戴着布袖套，我也仿做了一副，取名"宫保袖"。他即兴写了一首《宫保袖》：

> 夫子袂，何短右？宫保袖，何有偶？
>
> 勤邦俭家可大受，衣锦尚䌹通则久。
>
> 鲧生投戈诵《尚书》，禹皋稷契来庭除。
>
> 袖中间却拜颙手，尧衣待补当何如。
>
> 日日据案不知久，经生问道吾何有？
>
> 不闻苏轼出一头，但见原思露两肘。
>
> 书生虽惭不知兵，仍时往来大帅营。
>
> ……………

左宗棠读完，莞尔一笑，幽默地回信道："孝风先生阁下，奉读大著

《宫保袖》一首，兴会飙举，为方袍幅巾大增声价，读之不禁为之起舞。乃一舞而袖长，屡舞而肘见。"写到这里，他自己也觉得有趣，忍不住开起玩笑来：看来我的袖套没有你的漂亮。即使这样，难道我就收手，弃之不用吗？不。人还得敝帚自珍啊。最后郑重落款："愚弟宗棠顿首，五月晦。"

宾主间这场戏谑，很快传扬开来，一些官员开始模仿。

左宗棠没有指望以"宫保袖"在官场倡导廉洁风。他清楚，改变人心，要靠自觉，依靠权力推行道德，对改变人心，并不能起多大作用。

他将察吏、训吏、恤吏统统只当作手段。因为，这些都是"标"。天下之乱起于人心不正，治国之"本"，当在正天下人心。

要正天下人心，为万世开太平，只有通过讲求学术一道。

左宗棠如何具体运用儒家学术的"道"，来安定人心混乱的大西北？

办甘肃贡院，大西北文教由此兴起

文化是"心术"之根，是天下太平之本。

基于这一想法，左宗棠每平定一地战乱，第一件事是恢复与弘扬文化。

1863年，时任浙江巡抚的左宗棠考虑到"乱后书籍板片多无存者"，便在宁波刊刻"四书五经"。

战后举目废墟，经济极度匮乏，印书的钱从哪里来？左宗棠用的是"羡余"。

"羡余"即当时浙江省借助官方力量，组织官差在战后赈济灾民，购买灾民在山中采挖的茶笋，再把茶笋卖进集市，赚得的一些运输差价。

利用这笔钱，左宗棠在宁波创立浙江刻书处。

战后经济萧条，经费十分紧张。浙江刻书处成立时只招聘陈正伦、吴克文两位职员，刻工也只有16人。左宗棠调任福州后，继任坚持下来，成为浙江官书局前身。

左宗棠任陕甘总督期间，在甘肃再做文化盛举，修建甘肃贡院。

甘肃与陕西原来属同一行省，省会设在西安。1664年，康熙皇帝颁旨，陕甘分治，甘肃单独立省，管辖范围包括今天甘肃全省、宁夏全区、青海河湟地区、新疆乌鲁木齐及哈密等地。

尽管两省分设，但士子合闱。甘肃考生考举人，必须赶到西安。甘肃入西安路途遥远，往返一趟，多则几个月，开销巨大，有财力赴试的考生不到三分之一。读书人不取功名，难有出头之日，士人由此荒疏，甘肃文教日见衰落。

1874年，左宗棠向朝廷奏请陕甘分闱，清廷批准。

政策有了，落实需建试院，经费何来？

甘肃正历兵事，政府财政亏空，拿不出这笔钱。左宗棠看中兰山书院山长吴可读，请他去募捐。

吴可读是兰州人，与左宗棠同岁，忠肝义胆，1850年中进士，曾任刑部主事，因守母孝回兰州，被聘为兰山书院山长，与左宗棠很谈得来，私交也不错。

吴可读欣然领命，每天穿梭于各州县衙门，游说于富绅商贾之家，发动甘肃各界募集资金，遭了不少白眼，终劝捐得白银50万两。

劝捐的艰难过程，吴可读在其诗《除夕有怀率成七律三十首寄呈》中有过详细自述：

> 酒醒乡关听漏终，小窗独坐一灯红。
>
> 亡羊此夜悲歧路，失马当时说塞翁。
>
> 无限低回千载上，许多感慨卅年中。
>
> 平生不洒穷途泪，泣向流光诉转蓬。

"劝捐"相当于"割肉"，没人主动认捐；迫于社会舆论压力，富户、乡绅、商人又不得不捐。吴可读费尽口舌，好容易求得一笔捐款，又有人谣传他已卷钱跑路，也有说他挪作他用，还有人说朝廷风向有变，贡院建不起来。被各式谣言蛊惑，有钱人家人心惶惶，有时吴可读连跑几家，求不到一个铜板。

挫败感让他只能在旅馆借酒浇愁，独灯枯坐到天亮。"失马当时说塞翁"后曾有自注："时余劝捐已就绪，以浮议暂止。"写尽过程之艰。

1875年，经左宗棠通盘筹划，崭新的试院落成，即甘肃贡院。这是当时中国最大的试院，长一百四十丈，宽九十丈，外筑城垣，内建棘闱，可容纳考生4000人。

左宗棠应邀欣然题写院联：

共赏万余卷奇文，远撷紫芝，近搴朱草；

重寻五十年旧事，一攀丹桂，三趁黄槐。

上联的意思是，自己来批阅试卷，各类人才如"紫芝""朱草"，群芳辉映，百花齐放，不用担心被埋没。下联回顾自己坎坷的科考路：一次乡试便中了举，三次会试却名落孙山。换成白话说，同学们考中了固然可喜可贺，没考中也没什么大不了，还可以学习我。

这是左宗棠平生第一次拿自己做"励志教材"。

1875年秋，甘肃省在甘肃贡院举行有史以来第一场乡试，考生多达3000余人，比以往多出三倍。

此后30年，全省共录取举人681名，中进士116名，超过了陕甘分闱前200余年录取人数的总和，一大批人才从这里脱颖而出。甘肃贡院由此成为近代甘肃文化教育最重要的发祥地。废除科举后，甘肃贡院又作为甘肃法政学堂、国立兰州大学办学所在地，延续了百年文脉。

左宗棠驻节兰州期间，每年都要给兰山书院捐资2000两。甘肃贡院开考后，左宗棠对家境穷困的考生，总给予特别关心。第三次乡试，他给

62位考生捐赠了路费，甘肃举人进京会试缺路费，他一概私赠济助。

吴可读对践行"王道"的左宗棠佩服得五体投地。

吴可读其人个性彰显，是晚清少见的风骨之士，1879年4月25日，因反对慈禧太后"垂帘听政"，他不顾一切进行"尸谏"。

吴可读颇有点海瑞式的"忠君"。当天举行同治皇帝大葬，随行到天津蓟州，住在三义庙内。葬礼上，吴可读站出来当场指斥慈禧借"皇太后"名义继续"垂帘听政"，只是为了满足个人私欲，完全违反朝廷体制。骂完，他在白绫上题下一副对联："九重懿德双慈圣，千古忠魂一惠陵。"再从容将白绫绕在义庙正室的梁木上，套上脖子，双腿一蹬，上吊自杀。不料庙宇年久失修，梁木已经腐朽，才蹬腿，"咔嚓"一声，拦腰截断。

上吊不成，吴可读改服毒自尽，并留下一首绝命诗：

回头六十八年中，往事空谈爱与忠。

抔土已成黄帝鼎，前星预祝紫薇宫。

相逢老辈寥寥甚，到处先生好好同。

欲识孤臣恋恩所，惠陵风雨蓟门东。

就是这样一位耿直忠厚的气节之士，在甘肃贡院落成后，为表达对左宗棠德政的感恩，不惜打破左宗棠从不为自己做寿的习惯，为他操办63岁大寿。

1875年11月10日，是左宗棠63岁的生日，吴可读专门撰写寿联相赠，一表景仰：

千古文章，功参麟笔；两朝开济，庆洽义爻。

上联意思是，左宗棠平生的道德、文章、事功，可以与孔子作《春秋》并列。下联称左宗棠开济咸丰、同治两朝，足胜"当代诸葛亮"。"羲爻"指伏羲氏所画八卦，两两相重，演为64卦，指代64岁生日（虚岁）。

这是当时一流学者对左宗棠做出的最高褒奖，比起潘祖荫、杨昌濬的评价，内涵要深出许多。也正因这两句话实在过于高深，不但普通读者看得吃力，文人学者也难以参透，所以一直没能流传开。

文人高士的赞誉，让左宗棠心悦。从小"喜为壮语惊众"，他对于别人的高度评价，来者不拒。喜欢他人夸奖，追求一种成就感，这种近似虚荣的心理，也是左宗棠尽心办事的一大动力。

要获得成就感和尊敬，背后要付出成倍的努力。做上总督后，左宗棠位高权重，他人看到的多是表面的荣耀，只有他自己才能感到肩上沉重的责任与超常的压力。

置身大西北，左宗棠不但要面对战争，恢复经济，顾及民生，还要处理民族问题、宗教信仰问题、国际纠纷。

战争的事归战争，建设的事归建设，两者目的一样，但方法完全不同。他化解这些错综复杂矛盾的利器，又是儒学。

频说

"信人颇笃"的用人原则，是左氏用对人才的关键。

衡量一把手是否合格，关键看两点：一是拍板，二是用人。

一项事情到底做不做？需要有预见性，既能猜到开头，也能猜准结局，拍板的一把手除了凭经验、逻辑，更多时候须赖直觉。拍板之后是用人，用人的关键是要有方法，将合适的人才放到最合适的位置。

一把手用人最终能不能办成事，关键依靠三点：一、知人有智；二、容人有量；三、用人有术。

以这三项指标考量左宗棠，结论是：刘典、蒋益澧、杨昌濬这样被曾国藩舍弃的"二渠道"人才，被左氏慧眼识珠，悉数挖掘、栽培出来，可谓"知人有智"；保举蒋益澧巡抚广东，刘典巡抚陕西，杨昌濬辅助自己，刘锦棠接替自己，各自独当一面，不负使命，可谓"用人有术"。

左氏容人之量如何？后世颇有指议。理由是，终其一生，其培养督抚不过数人，比曾国藩相去甚远。左氏幕内人才不盛，主要有三个原因：

一、独立领军太晚，通过"二渠道"挖掘的人才，天资与起点均太低，多数难以栽培成一流大员；

二、左氏个人办事能力太强，幕僚在其手下难以得到全方位锻炼；

三、因"察人颇严，用人颇缓"，对入幕谋士高度信任，人才流动性不大，经常不见招募，可能因此错失一些奇能异士。

第八章

『模范父亲』是这样炼成的

不落『君子之泽，五世而斩』的俗谚，

避开『富不过三代』的谶语，

左宗棠的家族堪称三千年湖湘第一『文化世家』。

其规范家庭、定位家族、引导家风，

能给今人哪些启发？

教子先问"心安"

1868年春节，湘阴左家如往年一样，在忧虑与喜庆交织的气氛中平静度过。

家人虽然其乐融融，但遗憾"两大家长"不在。"家君"左宗棠离别家人，在千里之外的望都行营，指挥前线将士奋勇作战；"家督"左孝威也没能在家陪母亲、弟妹们一起过年，悄悄地去了一个左宗棠不知道的地方。

孝威到哪里去了？

左宗植一封"告状信"透露了秘密。

原来，左孝威瞒过左宗棠，此时已步进与望都行营近在咫尺的北京城内，准备参加本年会试。

左宗棠看完信，内心五味杂陈。上年他已经得知，妻子周诒端旧病复发，生命危在旦夕，眼下正卧病长沙司马桥住宅休养。远隔千里，他的心一刻也不能放下。祸不单行，这段时间恰逢剿捻遭遇一连串失败，朝廷震怒，为示惩罚，已收回之前授予的全部爵位、封赏。左宗棠以"戴罪立功"之身带兵，如履薄冰，生怕再出事。

节骨眼上，孝威动了考进士念头。

左宗棠不得不分心家事。他越想越感到不对劲。1868年2月18日，在获鹿行营安排完战事，他赶紧抽空寄信，命令孝威速回。

信中，左宗棠苦口婆心，给儿子讲了不少大道理：按照古制，长子有在病床前照料母亲的责任，母病期间绝对不允许会试，母亲一旦有三长两短，儿子则是不孝"罪人"。

左宗棠想不通，自己15岁那年得知母亲病重，当即放弃最后一堂秀才考试，回家在病床前服侍，这事子女们都知道，如今怎么就不肖自己呢？

信末，他带着一点伤感，不无赌气地说：世上哪有你这样的读书人？父亲时刻处在危险的战场，倾覆只在转瞬之间，母亲又重病在床，生命危在旦夕，你却处之泰然，还有心思优哉游哉进京赶考！如此大逆不道，你的心难道没有一丝不安？如果你还觉得"心安"，那你就这样做好了！

左宗棠写在家书中的原文是：

天下有父履危地、母病在床，而其子犹从容就试者乎？汝安则为之矣！

孝威是个大孝子，听从父亲教导，准备弃考返乡。如不是左宗棠后来见妻子病情有所缓解，追加一信勉强同意续考，孝威这次就要直接离京了。

信中"汝安则为之"引用的是孔子在《论语》中的原话。

古人的"心安"观念怎么来的？最早缘于孔子与学生宰我的一次辩论。

一天，宰我反问孔子：老师，您规定父母去世后儿子要守孝三年，我觉得这个时间太长了点，可不可以改成一年？一个大活人，在荒郊野外守坟，三年内不能参加礼仪，礼仪也就荒疏了，三年不去奏乐，音乐一定会失传。我看改成一年则刚刚好：老米刚吃光，新米刚入仓，打火用的燧木又经过了一个轮回，新旧接得上，不影响生产、生活。

孔子一听，不高兴了。反问宰我：这话也只有你问得出口。父母去世不到三年，你便吃香喝辣，穿金戴银，难道真的可以心安？

宰我认真地回答：心安啊。

孔子一听，十分生气，出口痛骂：好你个宰我，居然心安理得！那你就照自己说的去做，试试看好了。反正你说的这种事，君子是做不出来的。君子逢父母过世，吃饭不香，听歌不乐，睡觉不安。你这么叛逆，我看是不孝之子啊。你再仔细想想：父母生你、养你，辛辛苦苦，熬了三年；父母去世，子女守孝三年，这是对等回报，难道不是天经地义？我告诉你，三年之孝是社会公理，不可以再拿出来讨论！

因为孔子坚持，儒家三年之孝此后沿袭下来。19世纪60年代的中国，仍然严格恪守孝道古制。

左宗棠幼读四书五经，儒学的孝顺观念已深植于心。左宗棠以"行吾心之所安而已"作为教子的基本准则，不同之处是，他根据时代变迁和社会进步，给传统"孝义"融入了时代新理念。

以"心安"重新定义"义利"

这次"教子事件"，左宗棠背后的逻辑是，儿子应该放弃"会试进士"之利，成就"儒家孝道"之义。

义、利在中国古来矛盾对立。传统儒学的价值取向是舍利求义。

子贡当年问怎样治理国家，孔子答：国家粮食充足，军备充足，老百姓信任统治者，就可以了。

子贡问：如果必须去掉一项呢？

孔子答：去掉军备。

子贡又问：如果必须再去掉一项呢？

孔子答：去掉粮食。

为什么？孔子说：自古以来，人总是要死的，如果老百姓对政府不信任，政权就一刻也不能存在。

孟子将这一价值观做了发挥，说："何必曰利，亦有仁义而已矣。"说什么利益呢，只要有仁义道德就可以了。

"只要义，不要利"，从反面造成一个大问题：民众没有私产，则无私权；既无私产，又无私权，则"民为贵，社稷次之，君为轻"成了缥缈不定的主张。道德因此成了幌子，每每逼人做"伪君子"。

是否可以"只要利，不要义"？更有问题。人为了求利，不择手段，而且可以冠冕堂皇，"如果道德也是相对的，则人肉只是口味问题"。

孔子并不放弃利，他只是看重获利的手段："不义而富且贵，于我如浮云。"

后世的读书人在义利的对立中，逐渐找到了调和的方法，他们在"义利兼容""工商皆本"上研究出一整套的理论体系：以义取利，以利养义，义利合一。

左宗棠的家教观念，将儒学"心安"观念做了创新。它到底是怎样一种观念？

《名利说》一文，讲得很清楚。

左宗棠说：全世界人形形色色，样子不同，学问不同，追求也不同。但有两点相同，一追求名，二追求利。这世上哪里有脱离利的名呢？名其实也可以归结为利。

世上的名分三种：一曰"道德名气"，二曰"文章名气"，三曰"办事名气"。

三种名气，以"道德名气"最不靠谱。古代以道德出名的人怎么样？我没看到，不太清楚，所以不敢轻易评价。但当今活跃在社会上的那些

"道德名人"，我看得不少。他们到底因为道德好才出名，还是因为出名后沐猴而冠，才被人再戴上一项道德高帽？今日世上多的是"道德贩子"。他们打着"道德名人"招牌，或者进朝廷沽名钓誉，或者入江湖招摇撞骗，最后赚得盆满钵满，目的还不是贪图那点利。

> 以道德名者，人因其道德而名之乎？抑已因其名而道德者也？或市于朝，或市于野，归于厚实已矣。

"文章名气"呢？只能远观，不能近看。顾炎武批评过一种文化人，巧言令色，八面玲珑，他们打着"文化大师"的名号，这里讲学，那里开课，社会需要什么，他就提供什么，貌似百科全书，只要能够捞到好处，就乐此不疲。一旦发现捞不到金，马上改门换面，另起炉灶，美其名曰传播国学。这种文化人，整天东奔西走忙出名，你以为他真在忙名？说到底他在忙钱。

> 以文章名者，亭林顾氏所谓巧言令色人哉？负盛名招摇天下，屈吾身以适他人之耳目，期得其直焉，不赢则又顾而之它尔。

"办事名气"则不同，它是个手艺活，靠技术与汗水吃饭，很不起眼，但事实上就这个最靠谱。官员办事，跟农民作田、工人做工、手艺人干活，本质上没有差别，同属"百工之事"。工人靠自己的本事、汗水吃饭，做出来的东西拿到市场公平交易，对别人有好处，又不侵占别人的财产，这是最好的名气，我们为什么不站出来提倡？

> 以一艺一伎名者，其名细，今之君子不欲居，然亦百工之事

也。吾益人而不厉乎人，尽吾力食吾功焉，斯亦可矣。顾伎庸术劣，抑人炫己以求自利者又何比比也！

左宗棠最后总结道，三种名气，以"办事名气"最放心。因为看得见，摸得着，经得起历史检验。反过来，凡不是通过自己的智慧与汗水付出得到的利，或者所获之利超过付出，都会让自己良心不安，因为它是通过出卖良心与尊严换来的。

农之畔，工之器，商贾之肆，此以其财与力易之者也。此之所谓求利者亦有其具，不以其财，不以其力，以其廉耻易之而已。

于国于家，这在晚清都是一个惊世骇俗的结论。根据儒家理论、帝制要求，官员的基本职责是教化民众，至于办事，那是农民、工人、商人才做的事，将官员看成"办事员"，这叫目无官长。

左宗棠对官员的职责定位，无疑是一次观念大革命。他的这些新思想怎么来的呢？

左宗棠本是内陆湖南的一个读书人，固守"耕读传家"，并无商业思维。他早年读杂书，习实学，养成了技术理性思维，后来又深得农人耕种的扎实。再后主政浙江、福建，才感受到工商文明与海洋时代的气息，两种思想碰撞，新的价值观念逐渐成型。

这是一种融农民的"朴实"与商人"平等"于一体的义利观。

左宗棠将它用于教导官员，更直接用来教育子女。

以新"义利观"教子

左宗棠教导官员与教育子女方法不同，背后的理念却是一样。

从他教导官员的观念，可以看出他的家教思想。

左宗棠以"王道"治官，成绩出彩，首要一条，在他分清了官员的"义利"。

左宗棠认为："利"既讲权利，也讲义务，即权利与义务对等，付出与回报相等，核心是等价交换。从政为官，则超越了利，进入"义"的层次。以"义利合一"做标准，官员的权利是代表民众，官员的义务是为民众办事。

根据"利"的等值原则，智慧与汗水付出越多，事功越大，官员名气越大。巡抚、总督年收入正常在四万两白银，超过普通民众家庭数千倍。怎么理解？这些金钱回报，是朝廷的恩赐，并不完全是个人劳动所得。官员如果还吝啬聚财，则属于贪婪。

根据这一"义利观"教育子女，左宗棠得出这样一个结论：既然每个人在社会的所得，全在个人的付出，那么，个人真本事的大小、能力的强弱，才是决定个人社会地位的关键。

从道理上想清楚了这些，左宗棠着意锻炼后辈的真才实学，反对后人为应付科考而读书。

早在1856年3月3日，左宗棠就与侄子左癸叟写信表达了这一看法：科举考试总在考八股，会写文章的人中了进士，没有真本事的人也中了进士；道德人格优秀的人才考上去了，品行恶劣的人也考了上去。今天社会正是需要真本事的时候，与其削足适履考个进士光宗耀祖，满足虚荣，不如埋头在家苦读实学，学到办事能力，不愁将来用不上。

左癸叟按照左宗棠的设计，后来被左宗棠选拔进浙江军营作文案，后被提拔做了地方官，成为左宗植三个儿子中最优秀的一个。

对于自己的四个儿子，左宗棠更加用心培养。为了打消儿子们"官二代"的特权思想，左宗棠有意安排他们去办一些资助贫困考生的事。

1868年6月4日，左宗棠安排孝威从胡雪岩的阜康钱庄里取1000两白银，专作资助回不起家的湖南籍考生的回程路费。

当时正逢捻军出没，京师来往的车辆供不应求，车主趁机发"战祸财"，回一趟湖南，喊价80两。要知道，左宗棠当年会试，两马一骡一仆，往返半年，全部食宿、车马费加在一起，也才百两。

一两白银到底相当于今天多少钱？当时湖南猪肉价格每斤50文，鸡蛋每颗2文，一两白银可兑换1620文。以肉价推算，约500块，以鸡蛋推算，约800块。

回不起家，就有饿死京城之虞。古人赶考因各种原因死在路上，是家常便饭。左宗棠自己就遭遇过一回"被死"。1835年第二次会试期间，有同乡回湖南传闻，称左宗棠已经病死。妻子周夫人忧思成疾，竟卧床不起，后虽证实是虚惊一场，但悬惊数月，从此落下病根。左宗棠深知赶考艰苦，给儿子在信中说：同乡下第寒士进京一趟太不容易，你见一个就应帮一个。回想我当年三次进京赶考，吃尽了苦头，受够了白眼，现在想起来还感到心酸。

他试图用行动让孝威明白，寒士与世家子弟虽然家境不同，但人格平等、机会均等，不能因为父亲是总督、钦差大臣，就感觉自己也高人一等，人最终要靠本事说话，自己的条件比别人好，利用这难得的条件学到本领，才是唯一的出路。

孝威的态度如何？似乎很不痛快。他的办法是消极对待。从胡雪岩的账房里提出1000两后，他并不亲自去，而委托一位湘潭籍考生代替自己去发钱，而这个考生左宗棠刚好认识，素来鄙夷其为人，孝威免不了又挨一顿批评。

孝威大概也想不通，一个对自己要求十分严格、抠着手指头花钱的父亲，对别人家的孩子怎么格外体谅，动辄花费上千两？

左宗棠这次的教育效果并不如意，在于他这种"义利观"太超前。毕竟，19世纪中国是一个家族社会，家人都相信肥水不流外人田。左宗棠经常济困帮难，儿子逐渐不满，心生抗拒。

因为常年带兵打仗，无法身教，像这样通过书信手把手教导的机会，也不是很多。更多的时候，左宗棠通过言传，以家庭琐事，指点与引导儿子们。

以烦琐小事，教子平实

以家庭琐事教子，与左宗棠自身特点有关，也与他着意锻炼儿子具体的办事能力有关。

就自身特点来说，左宗棠立体多面，深入他的内心，初看如万花筒，细拣如百宝箱。随处打开一箱，看到的几乎都是琐细小事。

这多少让人意外。毕竟，他早年已有"身无半亩，心忧天下"的壮语，"开口能谈天下事，读书深抱古人情"，很容易让人贴上大气的标签。但生活中的左宗棠，全然不见慷慨激昂，清一色归于平实、素朴。

左宗棠记忆力惊人，他不但装了一脑子中国地图，对隔年生活小事也全都记得。教导起儿子来，不厌其烦，甚至还有点婆婆妈妈。

1872年6月17日，左宗棠给儿子们写信，开头就关切地问：孝威，你的腰痛好了没有？还咳嗽吗？你二伯父左宗植最近儿子去世了，自己又得了重病，我说过，你们在家平时要多关心他，安慰他，想方设法哄老人家开心。宽心话不一定真能起到什么作用，但能让老人暂时忘记病痛也好。何况，宽心话说不定真能起到一点作用呢，你们为什么不去试试？还有，孝宽你上次背着我花了六百两银子修理长沙司马桥那套房子，我早说了，浪费。你既然已经来信认错，我也就不再深究你的责任。你们的母亲去世已经三年，你们还能像母亲生前教导的那样，持家有方，友善亲邻吗？你们的庶母也已经老了，个人生活中有什么烦恼事，尽量不要打扰她，给她添堵。我呢，还是老样子，经常腹泻，好在我懂中医，自己开药方调理，保养见效，身体没什么大毛病，西北荒漠气候比不得江南水乡，但我还是能挺过去的。总之，"办一日事，尽一日心"，就是这样。

这种唠家常的话，出自军事统帅之口，多少让人意外。何况，"办一日事，尽一日心"，语气接近"做一天和尚撞一天钟"，见不到半点激昂的影子。

左宗棠年轻时自比诸葛亮、仲长统，面对家人，他的风格更接近曹操。

作为三国大英雄，曹操既有"日月之行，若出其中；星汉灿烂，若出其里"的雄浑大气，也不乏"神龟虽寿，犹有竟时；腾蛇乘雾，终为土灰"的哲学思考。但他死前遗嘱却让人大跌眼镜。

曹操在遗嘱中这样对儿子们说：亲爱的孩子们，我已经接到阎王的邀请函，看样子活不了几天。我死之前，有几件事放心不下，这里要特别交代一下：家里还剩余一些香料，你们可以分给我的几位夫人；我死之后，她们没事干，没饭吃，你们就安排她们去学编草鞋，拿到市场上卖，多少能赚点生活费，总比看着饿死好；至于我做官获得的勋章和绶带，死后多少也算个纪念品，你们不要随便拿起来就给丢了；我穿过的华丽的衣服，能值好几个钱，这些宝贝，你们最好找个地方好好藏起来，不要被人顺手牵羊给牵走了。如果藏起来还不放心，你们兄弟干脆分了算了。

一世大英雄临死前不留豪言壮语，却为家里的鸡毛蒜皮操碎了心。苏东坡看到这里读不下去，嘲笑曹操"平生奸伪，死见真性"。

以苏东坡评价曹操的标准看，左宗棠不但算不上英雄，连称男子汉都勉强。

家事不分巨细，左宗棠不但全部记挂心头，时不时要拿出来絮叨，儿子写信粗心弄出几个错别字，他能纠结上半天，最后不忘反复叮咛，夜晚躺在床上还在想这事。

生活中的左宗棠因风格琐细，颠覆了文人墨客笔下的大英雄形象。其间巨大的落差证明，真正力救时艰的本色大英雄也许并不都是诗人笔头想象的"大江东去""谈笑间，樯橹灰飞烟灭"那般英雄气概。

民国早期军阀混战，文化界曾流行过一段短暂的"左宗棠热"。抗日战争时期，左宗棠的军事天才再次引起不少军人的兴趣，但《楚军纪事本末》流产，想研读也找不到教材。左宗棠的家教风格在晚清同时代人物中实在太特殊，有学者深入研读后恍然悟出了一个道理：真正能成就历史伟业的大英雄，往往就是左宗棠这种类型。日常生活中像个管家婆，絮絮叨叨，磨磨叽叽，让人感到几分慈祥，几分亲切；一旦大事临身，却能迅速果断，霹雳手段，快刀斩乱麻。也就是说，左宗棠生活中像只麻雀，战场上像只雄鹰。

左宗棠为什么总记挂生活琐事？

一则是在早年研究农学、地理时锻炼出来的思维方式；二则是在柳庄亲手种地时养成的习惯。毕竟，画地图必须细心，比不得画山水画，错一个地名，整张图都要重作；在柳庄种地，夏天少浇一次水，庄稼就烧坏了。

左宗棠不但是"细节决定成败"的实践者，而且是"细节决定人生"的立论人。他自创有一段名言："粒谷必珍，富之本也；只字必惜，贵之原也；微命必护，寿之根也；小过必惩，德之基也。"换成白话说，要想发大财，必须珍惜最不起眼的每一粒谷；要想身居高位，必须珍惜笔下的每一个字；要想长命百岁，再渺小的生命也要加以爱护；要想道德圆满，对小过错也必须加以惩罚。

左宗棠考核官员，先叫他办小事。小事办不好，一定无能办大事。这一方法用到家教上来，左宗棠从来不像理学家那样在家书里大谈义理、天下、国家、道义，反倒颇有耐性教儿子们做小事。

最有趣的一例在1878年底，左宗棠计划退休回长沙。长沙司马桥住宅的邻居李氏将屋子卖给了左家。左宗棠将自己当成"装修师傅"，凭20年前的记忆，回忆邻居家的结构、布局，安排儿子做改修计划，对正室、大厅、客厅、夹室、住屋、厨房做了规划设计图，隔空指挥，手把手教孝宽去操作。

1880年7月，在接到调令入京前夕，左宗棠还写信给四子孝同，要他购买大包的红、白萝卜种子及天鹅蛋种子寄去新疆，称"此间地脉甚厚，种蔬最妙"。

今天新疆产的鳝鱼，也是左宗棠当年安排家人从湖南带种苗去的，只是新疆人将它当成蛇，并不敢吃。

左宗棠这些不避琐细的教子举动，在当时根本看不出作用。但百年后，历经数代，效果显现，孙辈读到他遗下的家书，感慨唏嘘，奉为家宝，严格遵行。

引导后人专注琐细实事，效果至少有三：一是锻炼了后人的动手能力，二是培养了子孙办实事的兴趣，三是避免后人将时间、精力花费在养狗斗鸡、抽烟赌宝、提笼架鸟上。

这也是湘阴左氏能够从左宗棠这一代起成为大门庭的一大原因。

教子也烦恼，后代如何跳出『富贵陷阱』？

家风根本，在于"积德累善"

家教内蕴深厚与否，由"传教者"的思想洞察力决定。

左宗棠一生以军事著称后世，他的战略水平之所以高人一筹，在于思考问题的方式与人不同：一地的事情，他习惯放进全局中去分析；一时的事情，他习惯放进历史中去考察。事情有了历史纵深感，也就了然于胸。

左宗棠将这种思维方法用于分析自身，对自己从哪里来，此生应该做什么，又将到哪里去，想得清清楚楚。

他的根据是：从左氏祖先繁衍时起，已历数十代人，人数成千上万，将左氏放进全球看，湘阴左氏只是其中一个分支。左宗棠是谁？湘阴左氏中的一个。个人的繁衍，家族的兴衰，此生的尊卑荣辱，看上去很了不起，其实真看清楚了，也只是历史中的一段。

左宗棠说：中国姓氏、宗族万千，为什么有些家族崛起，有些家族衰落？世上没有谁可以无缘无故地崛起，也没有谁会无缘无故地衰落。崛起还是衰落，祖辈那里可以找到原因：祖辈如果做了很多有益于社会的好事，则个人的成长环境从小健康积极，这样的人走进社会，帮助他的人就多；反之，祖辈如果做了许多恶事，历代累积下来，家族文化扭曲，社会关系紧张，后人的成长环境则负面消极。这样两类家族，置身同一个时代竞争，差别显而易见：积德累善、有益于社会的家族崛起；无德有恶、有害于社会的家族衰落。

左宗棠分析家族的思想，来自《易经》。《易经》抽象艰涩、内容复杂，普通读者很难看懂。但它的核心价值观一经说出，谁都能懂——"积善之家，必有余庆"。

以"积善之家，必有余庆"考量家族，纵向分析，横向比较，左宗棠想清楚了人生的根本问题：个人活在世上的时候，作为家族一代人中的一个，崛起靠自己努力，但也依赖祖辈积德累善。所谓"一命、二运、三风水、四积德、五努力"，前四者受祖辈影响，个人努力只能在这个基础上发挥。将自己放进家族中看，若干年后也会成为祖辈。个人努力的作用，主要是为了后代。要想给后人最好的遗产，唯一能做的就是积德累善。

想清楚了这些，左宗棠不聚财。他认为世上最大的悲剧是后人"蠢而多财"。从小捧着金饭碗长大，本事没学一点，嗜好滋生一堆，每天坐吃山空，人家觊觎你的财富，自己又没本事守住，父亲一死，先倾家荡产，后断绝子孙，这难道不是家族悲剧？财富简直是家族的慢性毒药。

左宗棠选择散财，这与其说是无私奉献，不如说是运用新"义利观"权衡后做出的一种精明计算。后代"蠢而多财"与"贤而寡财"两人选项，历史上多数显贵选择了前者，左宗棠果断选择后者。他的理由是，后代"蠢而多财"，必然导致"蠢而寡财"，选择"贤而寡财"，就总有希望"贤而多财"。因为社会财富竞争，说白了是贤愚竞争、能力竞技。因此，"子孙强于我，留钱做什么？子孙不如我，留钱做什么？""家有万贯，不如薄技在身。"在世时散财行善，内可以正家风，外可以广人缘，这才是治家的苦口良药，是真正的发家强族之道。

左宗棠这种"积德累善"观念，也是受家风熏陶与影响产生。

湘阴左氏始祖叫左志远，南宋时从江西迁到湖南，世居湘阴东乡左家塝。

左志远有个儿子叫左汤盘，读书了得，考取过宋朝嘉定年间的进士，做过采访使，掌管检查刑狱和监察州县官吏。

明朝万历年间，家族又出了个显赫的人物，九世祖左天眷。左天眷做过直隶行唐县知县，后升做辽东监军道，直接对总督负责。左天眷因工作成绩突出，后被提拔为辽东经略熊廷弼的军事参谋。这一代中，左天民也是个出色的读书人，他最醒目的特点就是骡子脾气，倔强清高。赶上张献忠杀进长沙府，左天民被威逼出山做官。为捍卫士人气节，他严词拒绝，被张献忠当场杀害。此后，湘阴左家沉默于乡间，再无闻人。

进入清朝起，湘阴左家以读书耕田为本，也没人再出山做过官。

左宗棠曾祖父左逢圣是县城秀才，舌耕养家。左逢圣一生有两大特点：一孝顺，二慈善。族谱上记录下一则他的故事：一次，他在外教书，碰上爷爷病重，饮食起居完全不能自理，左逢圣将爷爷弄坏的脏衣服用盆子端到河边洗，边洗边想起爷爷，不禁痛哭流涕。他教书虽然没挣多少钱，小日子过得紧巴，但心慈人善，在本县人口流动频繁的高华岭设立一处茶室，自己买茶烧水，免费供往来行人解渴。1752年，湘阴发生大水灾，民众颗粒无收，左逢圣找有钱的富户合伙，在湘阴袁家铺开了一个粥厂，免费救济灾民。为了办成这桩义举，他不惜将唯一一件上好的衣服卖给了典当行。

左宗棠祖父左人锦是国子监生，一等秀才。虽然舌耕为生，家境不宽，但继承了左逢圣的慈善家风，曾仿照社仓法，在县城修建"族仓"，以应对灾荒年月。左宗棠记忆里，祖父是一个对自己要求十分严格的人，平时在家里闲居也一脸严肃，为了帮助邻里乡亲和睦，救济村里那些贫困到难以自养的人，总是不遗余力。

先生律躬之严，闲家之肃，敦睦家族、推济邻里之义，余于是而又知其世德相济，积累深厚。

父亲左观澜留给左宗棠最深的记忆，是个穷困的好人。左观澜为人勤恳，爱好慈善，由于国家整体衰落，经济日益萧条，养大六个子女，花光了他所有积蓄，歉收年份，家里要等着钱买米下锅。但历代积德与逆境磨砺，最明显的好处是让左宗棠与二哥左宗植特别发奋，1832年双双考中举人，成为家族史上200年未有的荣耀。毕竟，到父亲一代，湘阴左家已历七代秀才。

700多年家风传承，左宗棠继承得最好的是孝顺与慈善。

受家风熏染，左宗棠的慈善义举在21岁那年便表现醒目。四子左孝同在《先考事略》中记载，左宗棠第一次进京会试缺钱，新婚妻子周诒端将娘家带来的金银首饰卖了100多两银子送他做路费。临行前夕，左宗棠的大姑妈朱老夫人家里穷得揭不开锅，找上门来求救，左宗棠一感动，一手相送。如不是亲戚朋友再次凑齐这笔钱，第一次会试就泡了汤。

左宗棠第一次大规模的社会慈善活动，发生在1848年。当时湘阴遭遇洪灾，全城被淹，举乡逃难。左宗棠发起义务捐赠倡议，募集了5000多两白银，办成粥厂义务救灾，这次也花光了家里全部积蓄。

做上浙江巡抚，左宗棠年收入在40000两白银左右。随着官越做越大，品级越来越高，"陋规"外快也多得惊人，仅陕甘茶马使一职，便为他累积了38万两白银。

面对巨额财富，左宗棠不但没有欢喜，反而充满了警惕与忧患。钱多好办事，但对家族并不见得是好事，他的办法，是大笔捐款。

为什么要大把捐钱？除了前面的"心安"、独特的"名利观"，还缘于他读《易经》，悟出人类社会有个平衡法则。人在一个地方得到，老天必会在另外一个地方让你失去，以实现总体平衡。这种因果，有时是当代出现，有时会隔代循环。

凭《易经》参透了人世"阴阳平衡、好坏转化"规律的左宗棠说："富贵怕见开花。"因为花开之后便是花谢；又说："暴得大名不祥。"骤然发迹者易骤崩。没有积淀的富贵，瞬间改变家人固有的发展轨迹，打破了家族成长的规律，拔苗助长，像鸡笼里冒出黑孔雀，不是好事，反预示大灾。

《易经》里有句话："君子终日乾乾，夕惕若厉，无咎。"君子一方面自强不息，一方面对处境心存警惕，有一种忧患意识，才有望免除荣耀带来的灾祸。左宗棠将这句话刻在心头，对照自家检点反省。他劝孝威不要考进士，很大程度上还因为他知道儿子天资中等，17岁就中举，很可能是湖南主考官冲着自己面子给的。左宗棠对此颇不以为然，儿子没有高水平，靠关系占了寒门子弟指标，堵死他们的上升通道，一方面自己于心不安，同时为儿子才不及位担忧。人是上是下，得靠真本事。这看似在对社会负责，其实首先是在对后代负责。

子女中，长女左孝瑜能干又孝顺，最像左宗棠。嫁给陶桄后，闲居安化小淹，日子悠然清淡。她看不得丈夫清寂，一天到晚吹枕边风，劝得陶桄捐了个道台。左宗棠知道后，气恼不已。但朝廷准许买官，自己不知道说什么好。他开始考虑，怎么才能刹住后人的这股"求官风"？他拿孝瑜做反面教材，写信告诫儿子们说：你大姐这个人啊，我也不知道她是怎么想的，一心怂恿陶桄去当官，她是不知道当官的难处与苦恼，你等着看吧，她将来总有一天会后悔的。

意识到家大族大，族内缺少灵魂，自己辛苦打下的基业，不出百年将走向毁灭，左宗棠开始焦虑：是时候得好好想清楚，自己辛苦大半辈子，到底为了什么？

国家的事，已经问心无愧。家人呢？不理想。哪有能平定天下却治不好家的道理？！

但治家似乎不见得比平天下容易。眼下，后人各想各路，有衰落迹象。自己死后，到底还能给儿孙们留下什么，给百年后的左家留下什么？

顺着这点往下想，左宗棠彻夜难眠。担忧的很大原因是，他已见过太多富贵之家一夜衰败。

远的不说，岳父周衡在当年何等荣耀。现在两个外甥纨绔得厉害，书没读好，事不会做，又抽鸦片，数万两银子能经得起数十口人几年折腾？如今要靠从自己这里谋点差事，混点银子，勉强度日。

亲家陶澍呢？位居两江，官拜宰相，名动中国，不谓不显。但死后骤然萧条，虽留下几万两银子，但陶家为争遗产，已经闹得四分五裂，各类募捐也时常找上门来，东敲一块，西敲一笔，陶桄如今只能靠爵田收租维系家庭正常运转。

曾国藩呢？拜相封侯，号令天下，名震朝野，不谓不重。但他一生清廉，工资全用于国事，曾纪泽、曾纪鸿兄弟又非常重情，吊丧者所赠礼金全数返还。好在纪泽、纪鸿争气，能独当一面，但曾氏子女众多，如今有些还要靠自己接济，才能勉强维持下去。

看来，高官无论贪婪还是清廉，富贵还是安贫，都很难走出"富贵陷阱"。

左宗棠是个心思很重的人，这个"富贵陷阱"切实将他难住了。想了数个夜晚，比较了各种可能性，在脑海里预演、推断了家族的各种结局，终于想明白了。他提起笔，给子侄写下一联，要求刻在湘阴左氏公祠门上，作为族训：

要大门闾，积德累善；是好子弟，耕田读书。

翻译成白话，要成为显门旺族，靠祖辈多做善事；要出好儿孙，靠种地读书。两者都做好了，家族才能百年兴旺，屹立不垮。

为什么左宗棠不定位于"仕读传家"？入仕是读书人本分，也是主业，能够实现固然很好，但国家官位有限，后代有才干且适合做官的人不多，尤其做官的机会与平台，百不一遇，终归不能定为家族主业。家族要兴旺，扎根于"耕读"。民间读书人家庭，介于国家管理者与被管理者之间，社会地位、声望、财富高过普通民众，又低于管理者。这种身份进可做官，退可做民，即使不进不退，仍可以做社会中等阶层，符合中庸之道。子孙后代不管才人辈出还是平庸守常，乱世无倾覆之祸，治世无衰退之忧，家族都是"不倒翁"。

按照自己的定位设计，家族固然可以求进保不退，但怎么保证自己死后族训不改？人死不能说话，核心靠家风熏染。家风胜于家教、家规、家法，在于它潜移默化的影响力。

家风说一千道一万，核心是"积德累善"。

那16字族训属于主张，还不是方法。

在日常生活中，如何"积德累善"，求家族兴旺，保基业长青？

说到不如做到，身教胜于言传。左宗棠用行动在阐释。

要避开"富贵陷阱"，唯有"惜福保家"

国人有为儿孙积财富的传统。后世传闻，李鸿章为子孙后代积累了2000万两白银的遗产。左宗棠如果聚财，也可以超过李鸿章。他的私账支票，一概由老部下胡雪岩在开。

身为侯门之贵，湘阴左家无疑是"富贵之家"。从发迹时起，左宗棠着意避开"富贵陷阱"，主要从三个方面教导后人"惜福保家"：

一、早年尽力让儿孙们经历、体验社会艰苦，在无依无靠中锻炼出真本事。

左宗棠发迹后，后人享福显而易见。身为陕甘总督之后，孝威在湖南受到官场与学界的特别对待。1868年3月24日，左宗棠写信告诫他：你年轻学浅，又无阅历，切记"凡事以少开口、莫高兴为主"。

1862年做上浙江巡抚，家人开支日增，经常伸手要钱。这时起，左宗棠开始意识到，家族出现了"富贵陷阱"。

其时，左宗棠虽握军事实权，官衔仍不过是虚职"太常侍卿""三品京堂候补"。这在湘阴县已是大官。传统社会讲人情世故，一人得道，鸡犬升天。湘潭周家在左宗棠最落魄的时候给予过大力帮助，现在要他还"人情"了。周家后人周佑生、周履祥都赶到江西楚军行营来求官，周佑生还附带将妻兄刘顺东带来了。

左宗棠对岳父家人心存感恩，有心栽培，用心考察。但军营不是乐园，训练极苦，刘顺东适应不了，不到一个月，得了重病。左宗棠打发他一些银子，遣回湖南。至于周佑生，左宗棠考察一段时间后，有点担心地对孝威说：此人没有什么大志，倒有些不良爱好，特别是来到江西后，丢掉了在家时养成的忠厚、认真的好习惯，喜欢在军营里高谈阔论，我看他在这里恐怕要流于庸碌，我要对不起你外婆家了。周履祥这孩子呢，固然没有什么大过，但也看不到什么优点，到军营后没有一点长进。现在他是可以依靠我混过一阵，但人哪里能混一辈子？将来难免要回到老家，到时恐怕连农民都当不好，你说这事情可怎么办呢？你绝对不能将他们两个作为榜样，老老实实在家读好书才是正道。

随着官品越升越高，亲戚、故旧、同乡、同年陆续找上门来，左宗棠不得不分心照顾。后人树荫乘凉的想法苗头，让左宗棠加紧对儿子的教育，引导他明白世事之艰，成事之难。

1864年11月27日，针对孝威跟他母亲谈论自己"打下福建已经容易"，左宗棠不无忧虑地说：唉，你只看到我这几年来连打胜仗，以为容易，却不知道我背后下了多少功夫，你是站着说话不腰疼。《书经》上说：事前考虑得周全细致，做起来才相对容易。古人办大事都格外小心，即使成功了，也不敢夸海口。你现在少年意气，我不怪你，但你"视天下无难事"，这个想法很危险，我不得不指出来。你现在将一切都看得简单，等长大后出来办事，面对一团麻的具体事情，理不清，解不开，茫然自失，到那天再后悔就晚了。

左宗棠感到，有必要将自己多年来遭遇挫折的心路当作经验告诉儿子，让他提前掂量轻重。他说：古来功名震世的人，都在早年吃尽苦头，碰尽钉子，被社会反复锤打，练达了人情，洞明了世事；晚年得到办事权，才取得大成功。人不要想着"早慧"。"早慧"是骂人的话，早成即早毁。人见过少年老成，谁见过少年大成？社会现象如自然规律：天道不经过翕聚，便不能发舒；人事不经过历练，也不能通晓。人要大成，得牢记六个字："操心危，虑患深。"

1865年，左宗棠已经获得"一等恪靖伯"封号，妻儿都有奖赏。左宗棠想到，四个儿子还小，此时获得家族历代未有的奖赏，不但会形成一切得来容易的错觉，还会对父亲产生依赖。这绝对不是小问题。当即写信回家，告诫儿子们：福泽不会长久，人只能自立自强。你们因为我，已经成了"世家子弟"，社会从此对你们多了吹捧。但你们心里应该明白，自己学业未成，能力暂时还跟不上，多听坏话没害处，若一味听好话，容易滋生"矜夸之气""纨绔之气"。尤其要警惕，不要应了流俗，落入"富贵陷阱"。

1872年6月17日，儿子们都已相继成人，左宗棠再次重申：我每年从工资中提取200两银子寄回家，供你们安顿家庭、教育子女用，家里除了孩子母亲的医药费、老师的伙食费，一切能省则省，不能乱花钱，败坏左家清白家风，要知道，"惜福之法"才是"保家之法"。钱省着点用，用后如有节余，就散给穷亲戚，因为"惟崇俭乃可广惠"。何况，"广惠之道，亦远怨之道"。你们在家吃香喝辣，人家啼饥号寒，这就难怪社会要仇恨你。相反，你们生活俭朴，平时乐于分享，出门不在乡人面前人五人六，大家自然也就不会用有色眼镜看你们。

长子按古代称呼叫"家督"，意思是"家里的总督"，总管一家之事。长子品性决定家风，因此，左宗棠对孝威一言一行十分留心。

尽管多年书信言传，点滴耐心教导，意外还是发生。毕竟，"官二代""富二代"天生的优越感，不是父亲写几封信就可以改变。

督兵剿捻期间，孝威在京会试，左宗棠有心锻炼，交代他办两件事：第一件，用100两银子为母亲买高丽参，以治疗多年未愈的旧病；第二件，就是前面说到的，用1000两银子接济在京会试的湖南籍贫困考生，作为他们往返两地的路费。

交代后，左宗棠虽然戎马繁忙，却并没有忘记。带兵经过宁津时，他无意中碰到两个姓张与一个姓高的考生，一问，是孝威同年的朋友，曾帮孝威母亲买人参。左宗棠饶有兴趣地交流起来，他们闪烁其词，左宗棠很不高兴。他们学问不深，鸦片瘾倒大，居然当着左宗棠的面抽起来。左宗棠平生最恨抽鸦片的人，他在军营里定下铁规，私抽鸦片，一律死刑。外人抽鸦片，自己管不着，他皱起眉头，右手一扬，亲兵毫不客气将他们当场赶走。

回营帐后，左宗棠坐立不安。他越想越感到哪里不对劲。儿子怎么跟几个鸦片鬼混到一起了？朋友如此，自己品性能好到哪里去？他马上去信追问孝威：你给母亲买人参，这么慎重的大事，为什么要托付"吸烟好友"？

这是左宗棠一生中最绝望的日子。忧虑中他反思，自己常年立身严谨，为什么儿子不肖自己？自己能教好来自五湖四海各种偏才、怪才，为什么教不出来自家儿子？探根寻源，他总结道，自己常驻军营，没时间带在身边教。没有身教，言传失效。他顿时后悔出山做官。自己虽然功成名就，但儿子如果坏了，自己辛苦奋斗一生，到头来有什么意义？

但孝威后来带给左宗棠的打击更大。1873年，因先天肝急脾虚，加上在西北军营积劳咳血，孝威不幸病死。老年丧长子，左宗棠精神崩溃，终日茶饭不吃，神思罔罔，如同行尸走肉。

二子孝宽代替孝威，成了家督。其时左宗棠已过61岁，步入晚年，积大半生阅历、识见，家教观念日臻系统。

二、后事安排以"中庸"为标准，不多积遗产，逼迫儿子们"勤俭持家，享下等福"。

1876年5月28日，左宗棠年逾花甲。带着沉重心事，他开始回顾一生，安排后事。

他跟三个儿子说：我们湘阴左家，祖辈积德累善，之前虽然没有大富大贵，但生活自得其乐，这是我们家族的幸运。这些年来，虽然我多次告诫你们，不要有做"官二代""富二代"的想法，但家里还是出现一个不正常的现象，家庭开支日增，出现不能抑制的势头。这是衰亡前兆。我老实告诉你们，我的养廉银不是用来养家的，我随便得很，只要发现手头有余钱，随手拿起来就送人了，你们赶紧自作打算，不要想着靠老爸，老爸最靠不住。

1879年1月11日，左宗棠对自己的遗产分割第一次做出明确安排：从本年度陕甘总督的养廉银中拿出两万两，分成四份，每份五千两，分给四个儿子。孝威其时已经病死，其妻贺氏也忧伤而死，此份由孝威长子左念谦继承。其余三份给孝宽、孝勋、孝同。因为兄弟四家人仍合在一个大家庭里同吃同住，这份遗产需等左宗棠去世后，四兄弟分家才能兑现。

限定五千两，左宗棠的用意很明确，儿子如果有本事，凭这点钱，也可以奋斗出来；即使能力有限，难以上进，但只要踏实勤恳，守好"耕读"家风，有了这笔钱垫底，不至于饿肚子。这比起寒门读书人，境况已经好出许多。

这不能说不是一种超远的预见与规避。比较贺长龄就一目了然。作为左宗棠的亲家（其弟贺熙龄之女嫁左宗棠长子孝威）、老师、朋友，贺氏以云贵总督之尊退位，家底不可谓不厚，但他对家族既缺乏左宗棠这种明确的"耕读"定位，家教中亦缺乏这种"惜福保家"的规范与警醒，在他死后不出半个世纪，遗产被后人挥霍殆尽，诗书家风烟消云散。辛亥革命前夕，美国有传教士在长沙一家餐厅点菜吃饭，托盘子给美国人做服务生的，就是贺长龄的孙辈。富贵之家固已不保，斯文扫地，让人唏嘘叹惋。

晚年对儿子越是关切，左宗棠的要求越是严格。1880年1月16日，左孝同根据古制，从长沙赶到肃州大营服侍左宗棠。名义上是服侍，事实上是左宗棠给儿子提供实践锻炼的机会。他规定孝同一家人的生活标准，只能参照长沙住家的规模，不能在军营搞特例，沾染"官场气习，少爷排场"。左宗棠细致到厨房分工都亲自做了安排：总督府的大厨房，只准改两口灶，一口煮饭，一口熬菜。厨子只能用一人，打杂一人，水火夫一人。

但对于儿女们的人情往来，左宗棠并不主张抠门、小气。1879年1月11日，左宗棠与孝宽、孝勋、孝同商量湖南老家的人情与应酬时说：人情的总体原则，我的想法是不能太节省，太节省显得小气，但绝对不能铺张奢华，这貌似大方，其实浪费。每次具体拿多少？你们兄弟共同商量，看着办就行了。

人事应酬随宜点缀，太俭不可，过丰又难为继，当共酌之。

1879年2月19日，左宗棠为断绝儿子们的依赖心理，再次与孝宽、孝勋、孝同明确自己不积遗产，他说：

仕宦而但知积金遗子孙，不过供不肖之浪荡，并其同气亦受其累，可胜慨叹。

不积遗产，不是一时头脑发热的偶然想法，而是左宗棠积一生阅历与智慧的决定。

想法最早源自左宗棠从冯钝吟一句话中得到的启发："子弟得一文人，不如得一长者；得一贵仕，不如得一良农。"与其盼子孙后代有才华，还不如培养他有品格；与其望子孙后代做高官，不如从小教他知民间疾苦，先做个实在的普通人。

左宗棠第一次以这一观点教育后人，在1867年3月3日。他对侄子左癸叟说：湘阴左家世代寒素，论功名不过是乡下举人，论家产薄田不到15亩，但正是这种处境，子弟都朴素、古拙，跟奢靡、轻薄不沾边，左家靠这点繁衍生息，兴旺起来。现在我们号称名门望族，一些讲究门当户对的官员，都过来跟左家子弟攀亲论姻，这不是好兆头。照现在这个趋势，我看不出几年，祖宗积累的好家风，到你们这一代就要丢干净，养成一些不知哪来的"贵游气习"，脚跟站不稳，社会诱惑遍地，要摔跟头的。你们千万不要让我这个预言成为事实啊。

三、后人盛衰不偏重看一世一代，而以家书立规，以祖辈世代所累积的家风为榜样，着眼感化百代后人。

左宗棠的家教影响与家风熏染，在儿子一代中作用事实并不明显，原因除了古人的"儿子必须肖父亲"观念限制了儿子个人的兴趣与爱好，还因长子六岁起，他已离家在外。左宗棠晚年深切地意识到这点，对儿辈不尽如人意有所妥协。但他同时也看到了，只要不改家族定位，强化家风熏染，后人一定有再次崛起的时候。

如今，湘阴左氏如左宗棠所规划，后人已历七八代，成员数百，严守祖辈家风，在民间过起耕读传家的小康日子。从家族中走出来的人物，以工程师、医生、教授居多。醒目的人物，第二代左孝同以举人功名署江宁布政使；第三代如左宗棠所愿，积累家族元气，以居乡秀才为主，其中，左念惠出山为官，做过滁州知州；第四代果然赢得人才全盛，其中，左景鉴是全国政协委员，外科专家，左景权是旅法历史学家，左景伊是全国政协委员、北京化工学院教授；第五代则全面开花，单是工程师、教授就数以十计。

这一家教的积极作用，在孝同身上最先发挥出来。孝同论天资不及孝威，但仅因22岁起，左宗棠把他带在身边教了一段时间，就凭真本事拼了出来，没靠父亲余荫。

"惜福保家"的家教，真正对家族发挥强大的作用影响，是在家书出版之后。

民国期间，四子孝同步入晚年。他翻读父亲多年书信，对当年那些掏心入情、苦口婆心的教导，有了完全不同的体会。他流着热泪，系统整理手头搜集的书信原稿，编成《左宗棠家书》出版，目的是让家人、亲戚内部阅读，以规后人。此书被左氏后人奉为珍宝，家人研究讨论，找出其中警句、箴言作为范本，子孙诵习，身体力行，影响深远。

以三子左孝勋一脉为例，他分得五千两白银后，并没有用作"奋斗基金"，而用它置办了一些房产。他生有二子四女，这本就不多的银两，经得起几下花？在他为四个女儿置办嫁妆后，所剩无几。到其子左念恒一代，六个兄弟姐妹，再无家产可资，境况与爷爷左宗棠当年寒士情形类似。左念恒被逼勤俭读书，一举考取"拔贡"，一个相当于举人的功名。但就在他准备会试前夕，朝廷宣布科举取消。其后，辛亥革命爆发，功名之路彻底中断。民国改元，其姐夫在浙江省教育厅担任厅长，左念恒应姐夫之邀，在浙江省教育厅里做个科长，每月赚得工资一百多块大洋，养家糊口。他工作出色，1925年出任临安县知事。就在仕途一路通畅时，不幸患了伤寒，误服中药致死，享年仅44岁。

左念恒生有八女二子，在他死后，其妻带着子女，靠着田租、房租生活，每年可收二百石租谷、三百六十元租金，合计金额九百大洋。可以说，左念恒子女的境遇与祖辈左观澜靠教书收入养活左宗棠兄弟时又完全一样了。侯门之家又一次回到原点，左宗棠家教通过家书影响，开始发挥作用。四世孙辈谨守太爷爷遗教，崇尚俭朴，在清贫中自强崛起。持此信念，仅左念恒一脉的十个子女，就有四人脱颖而出，且卓有成绩。

与清朝同时代人比较，左宗棠家书最醒目的特点，无论家国大事还是琐细生活，一律采用具体的方法——"以术运经"，将中国传统文化的道阐述出来，践行出来，从头至尾没有一句空洞的政治说教。这得益于左氏"儒学"加"实学"的知识结构。

 频说

　　左氏确立家风的理论基础是儒学的"心安"价值观，建立家教的方法论是儒学的"中庸"原则，规范家人的日常言行准则是自己创新的"义利观"——"一艺一伎之名"。

　　生活在义利剧烈冲突的晚清，如何保证家族长久"心安"？

　　以"中庸"原则，践行新"义利观"，真正做到"积德累善，惜福保家"。

　　左氏曾用两句话形象阐述这八个字：

　　一、发上等愿，结中等缘，享下等福；

　　二、穷困潦倒之时，不被人欺，飞黄腾达之时，不被人嫉。

　　区别于"诗书传家""孝友传家""仕读传家"，左宗棠"惜福保家"的做法主要有两点：

　　一、坚守"耕读传家"传统，将侯门家族定位到低起点，进退有据，避免树大招风；

　　二、从"利"着眼，通过"节俭"来"广惠"，通过"广惠"来"远怨"。

通观史上富贵之家，导致家庭覆没，往往因为树大招风；导致家族覆亡，不外空洞与奢华。左氏"修身、齐家、治国、平天下"的思想脉络，到此构成一个完善的体系。

第九章

既生左，何生曾

左宗棠与曾国藩如一枚硬币的两面，
有合作，有冲突，
背后深层原因是什么？
前者是事功本位的政治家，
后者是学问本位的政治家，
深入比较两人，
会有怎样别于以往的发现？

曾左交往的台前与幕后

团练之初，人才"互挖"

将曾国藩与左宗棠第一次拉拢到一起的，是办团练。

机缘始于左宗棠第一次出山。

1852年10月8日，左宗棠应张亮基邀请，从湘阴柳庄赶到长沙。张左一见如故，"握手如旧，留居幕府，悉以兵事任之，至情推倚，情同骨肉"。

左宗棠其时刚进不惑之年，长年待在民间，知民情，晓世事。作为湘上农人，他受权主政湖南，发现官场弊端在腐败，吏治不修，土匪横行。他想到起用地方人才，保一方平安。"团练"两个字第一次冒了出来。

谁来主持团练？左宗棠找张亮基商量。

两人将湖南人才逐一盘点，初列名单精心筛选，最终锁定四人：罗泽南、江忠源、郭嵩焘、曾国藩。

罗泽南，乡下秀才，1851年由附生举孝廉方正，其时44岁。他的优势是已经在湘乡带出了1000余人的团练，有经验，有基础。不足是如果从县城提拔进省城，笼罩湖南，学历、声望、资历都不够，一时难以服众。

江忠源是最理想的人选。他1837年考中举人，1844年已经在湖南宝庆府新宁县创办了团练，命名楚军。凭借这支军队，1847年成功镇压雷再浩起义。1852年，他又三败太平军，解桂林之围，被提拔为知府。问题是，他作为官方军事指挥，此时正在全面负责长沙城防，抽不出身。

郭嵩焘呢？虽为进士，但他文人气太重，并不擅长统兵领将。

最后，两人都将目光放到曾国藩身上。

曾国藩本来人在北京，但1852年7月28日，他突然接到母亲去世的讣告，从江西主考任上赶回，以礼部侍郎身份在家守孝。作为朝廷要员，他在湖南声望高，能凝聚人才。

张亮基根据与左宗棠商量的结果，给曾国藩写去一封言辞恳切的邀请信。

张亮基在信中谦称：鄙人来湖南做父母官，是为了保卫曾大人您的家乡。但我能力不够，所以恳请曾大人移步出山。就小处言，是为了扫清叛军与土匪，建设"平安湖南"；从大处说，是为了报答咸丰皇帝。

为了打动曾国藩，信的末尾，张亮基用了"朝夕听命"一词。暗示曾国藩只要答应出山，自己愿意听他指挥。

但张亮基第一回吃了个闭门羹。

曾国藩很直接地回信谢绝：感谢明公雅意！我守母孝，回湖南一年了。这一年来的乡下生活让我发现，我以前亏欠父母与家人太多了！我正打算辞掉京官，专意服侍父亲，哪里还有心思出山办团练？再说了，母亲都没安葬好就匆忙出山，这事情今后传出去，岂不是在官场里闹笑话？自己人前也抬不起头，还盼张大人多多谅解。

曾国藩谢绝理由是实，但系托词。他不方便说的原因，还有两点：其一，自己不过一介书生，带兵打仗这事儿到底行不行，不知道；其二，拉人打仗，等于劝人送死，自己多年客居北京，本乡情况并不熟悉，哪里去筹钱招人？

关键时候，郭嵩焘出现了。

郭嵩焘知道湖南巡抚衙门正在邀请曾国藩出山，便借去曾府吊孝的机会，给曾国藩做起思想工作来：子城兄您不是从小立志要平天下？如今机会来了，怎么不抓住它，一展才华？自古圣贤教导，臣下忠君报国。如今平定叛乱，就是忠君报国。忠孝如难两全，忠即是孝，穿着丧服出山办事，古来多有先例，不为不孝。

公素具澄清之抱，今不乘时自效，如君父何？且墨绖从戎，古制也。

这些大道理，曾国藩未必不懂。郭嵩焘真正打动曾国藩的，是基于正常人都有的心理：连比自己还要文气得多的郭嵩焘都觉得可以，看来真可以。

1853年1月22日，朝廷根据湖南巡抚衙门的推荐，下令曾国藩办理团练。1月26日，曾国藩接到命令后毅然出发，去长沙找张亮基见面商谈。

这次见面会谈的主要人物有四位：张亮基、左宗棠、江忠源、曾国藩。

曾国藩与左宗棠第一次见面了。

这次见面的主讲是左宗棠。一则他作为幕僚，直接经手湖南防务，业务最拿手，介绍得归他；二则他代表张亮基，抛出观点后，只做建议，不做定案，张亮基与曾国藩万一不合，彼此有个缓冲。

四人商谈的核心内容，据《左宗棠年谱》记载，邀请曾国藩仿照明朝戚继光，带出一支两千人的队伍，加强操练，以备不时之需。

会谈下来，张亮基同意曾国藩将罗泽南训练的三营一千余人的团练纳入旗下，作为湘勇班底。

第一次见面会是个"交友会"，也是一次"人才互挖会"。曾国藩发现左宗棠才气过人，识见超人，得知他未受"关聘"，动了念头。

离开巡抚衙门，曾国藩立即去信，盛情相邀。他将自己放得很低，诚心写道：接过朝廷任务，压力很大。我能力欠缺，办不好团练，所以很想请左先生前来助我。您来营后，专心帮我出谋划策、练兵打仗。官场关系方面的纠葛，您想听就听，不想听就捂起耳朵走开；您想看就看，不想看就闭上眼睛移步。我保证不委屈您，不勉强您。

意外的是，左宗棠拒绝了。

拒绝的理由，左宗棠在给女婿陶桄的信中说了出来：曾国藩是个正直的官员，也有担当，只是能力稍微差了点。

> 曾涤生侍郎来此帮办团防，其人正派而肯任事，但才具稍欠开展，与仆甚相得，惜其来之迟也。

左宗棠拒绝曾国藩，还有一个不方便说的原因，见面之前他与张亮基同力推荐曾国藩，看重他是朝堂命官，可以凝聚人、能服众。见面后发现盛名之下，其实难副，未免有些小失望。

照曾国藩的意思，左宗棠加入湘勇后可以做个"首席专家"或"特别顾问"。这完全不符左宗棠的职业规划，他一心要做当代诸葛亮，连誊录、知县、知州都会毫不犹豫放弃，偶像林则徐的邀请也果断拒绝，这次当然也不会委曲求全，答应做个"书呆专家"或"老头顾问"。

阴差阳错的是，乡下举人左宗棠此时代表湖南官方，代言地方一把手，与办团练办成"民兵团长"的曾国藩来谈合作。身份完全错乱，唯学历则曾国藩为上，凭能力则左宗棠为上。

"名"与"实"，"能"与"权"严重错位，注定两人以后会有磕碰。

为救曾国藩，左宗棠骂他是"猪"

左宗棠与曾国藩第一次共事，在湘勇练成出山之后。

1854年4月中旬，曾国藩经历岳州失败，退守长沙水陆洲。

太平天国东王杨秀清因1852年秋未能攻入长沙，正发起第二次"入湘战役"，命令石祥祯、林绍璋统帅三万兵马，从汉口出发，长驱直入。太平军迅速占领了樟树港、乔口、靖港等水路要塞。长沙城四面楚歌，十面埋伏。

曾国藩代表湘勇，左宗棠代表绿营，合谋解长沙之围。曾国藩部下将官主张正面出击，以靖港为突破口，打回岳州，报战败之仇。

左宗棠站在全局战略的高度，却是一番新见。他力排众议，主张进攻湘潭，理由有二：一、湘北已经全线失守，湘潭成了太平军打通湘南的要塞，一旦湘潭失守，衡阳、永州将门户洞开，全湘不保；二、保住湘潭，则可以在西南方向给长沙城留出一条通道，保存实力，仍可与太平军作长久对抗。

曾国藩在战前讨论会没有更多意见。一则不懂，二则不便，所以专心在听。自己不懂，但别人好在哪里，他懂。比较之后，他拍板赞同左宗棠。于是部署塔齐布、彭玉麟分头带领水陆两师一万余兵，出击湘潭。此战消灭太平军一万余人，成了湘勇创办以来首场大胜，证实左宗棠的战略眼光确实过人。

靖港战役是曾国藩在这一战闲时节以统帅身份直接发起的第一场主动出击战。直接目的是配合湘潭战役，先打个胜仗，以鼓舞士气。兵力倾巢出动，水陆两师各五营，战船四十艘。

靖港惨败，曾国藩跳水自杀。

曾国藩被救起后，一心求死，他爬起来给咸丰皇帝写遗书。作为败军之将，他既伤感，又羞愧，带着这样一种情绪，他提笔写道：

我的本事已经用完了，仗打不赢，特此报告皇上，我要以身殉国。

四月初二我亲自带领水陆各五营兵力，开赴靖港前线剿匪，才打半个小时，士兵死的死，逃的逃，一败涂地，我当场气得说不出话来。唉，怎么说，这都是我治兵无方、指战无能造成的。我出山带兵剿匪，不但没能帮您肃清湖南，打到湖北去，反而在本省丧师失地，这条罪过太大了，无颜见您。即使我以死谢罪，也还是掩盖不了对朝廷的辜负，真是死不瞑目！

曾国藩再提笔给左宗棠写张便条，交代后事：

季高老弟，我死之后，你抓紧安排人将我的遗体运回老家，越快越好。丧事就没必要办了。我还存有一些钱，你用这笔钱帮我买棺材，做运费。剩下的全部捐给湖南省粮食局。这是我的绝笔书，来生再见。

左宗棠接到信后，吓了一跳，马上命士兵放下城墙吊绳，赶往水陆洲曾国藩的座船。其时曾国藩躺在床上，脸色惨白，只剩一口气。

看到此情此景，左宗棠气不打一处来，见面就开口痛骂：男子汉大丈夫，说什么自杀，你是个猪啊？！

左宗棠自述经过：

其晨，余缒城出，省公舟中，则气息仅属。所着单襦沾染泥沙，痕迹犹在。责公事尚可为，速死非义。公瞑目不语，但索纸书所存炮械、火药、丸弹、军械之数，属余代为点检而已。

曾国藩这次寻死觅活，对自己形象实在不利。人交往凭第一印象，开头几次以什么态度、方式交往，会逐渐形成稳定的"心理结构"。一旦定型，以后见面会自觉回到这一心理定位。

开头两次交往，左宗棠像兄长。这种心理定位固定下来，让小一岁的左宗棠日后对曾国藩缺乏应有的敬意，总像训斥老弟一样教训曾国藩，在讲究尊卑上下的中国，这种出格做法，给后世留下口实。

左宗棠看问题眼光准，用到骂人上来，一句话就能点中要害。对被骂者来说，如果理性直面，有如针石良药，可以起死回生。但就情绪说情绪，左宗棠的逆耳忠言，确实让人难以忍受。

左宗棠责人精准，从他教育儿子也可以看出来。

1860年2月21日，左宗棠避"樊燮事件"风头，借口进京会试。过洞庭湖后，想起自己不在家，儿子们会不会留恋玩耍？这一想不要紧，哪里还放得下心？赶紧写信回去敲打，指责长子孝威"气质轻浮，心思不能沉下……屡经谕责，毫不知改"，批评次子孝宽"气质昏惰，外蠢内傲，又贪嬉戏，毫无一点好处"。

在儿子面前，左宗棠有一说一，想怎么教训就怎么教训。但到了朋友面前，没有经过修饰的直骂，流于"村野"。时人也纳闷：一个上知天文、下知地理的一流大知识分子，怎么会如此粗俗激进？

"村野"与左宗棠40岁前居乡有关。湖南乡下人开起玩笑来都没大没小，骂起人来更是没遮没掩，左宗棠青年时代在这种环境里度过，被村民同化了。

"村野"的优点是真实、坦诚、接地气，缺点是野性、粗俗，不合礼仪。但湖南民间几千年来一直是如此习俗，野性，火辣，想说就说，说得痛快，绝不遮掩。仔细说来，这也是湖湘文化活力的源泉。说话温吞，讲话弯弯绕绕，哪里像个什么湖南人？但这种敢爱敢恨的性格，有着强烈的地域特性，出了湖南，总被误解。

当时曾国藩的火爆性格与左宗棠骨子里并没有什么不同。但两人天性有异：左宗棠属于血气旺的那种，口快心直；曾国藩属于血气黏滞的一类，心里想得快，嘴巴跟不上来。

在北京学习官场礼仪，让曾国藩注意外在修养，也是导致二人言语表达差别的一个方面。曾国藩再怒火冲天，面对一大堆文人学者，也绝无可能当面骂人是猪。

官方修养遭遇民间村野，各有各的眼光，各有各的活法。很难说哪种就绝对好，哪种就绝对坏。

"民间实干家"批评"官场政治家"

曾国藩再次被左宗棠痛骂，是因失礼而起。

1857年2月27日，曾国藩父亲曾麟书去世。3月6日，曾国藩在江西瑞州大营接到讣告，如释重负。办湘勇四年来，每天除了要处理繁杂的军务，还要应付纷乱的官场关系，曾国藩有职无权，被地方各派势力戏弄，折腾得快要崩溃。他接到讣告，烧香拜佛，刚好借机抽身远离。他违反朝廷礼制，先斩后奏，私下抓紧交接湘勇统帅大印，再向咸丰皇帝打请假报告，不等朝廷批准，径直赶回老家。

他的举止为何如此失礼？士林哗然。但很少有人去想过，曾国藩其实已经憋坏了。

1857年初，曾国藩将战场拓到江西，但没有想到，他与江西地方官的矛盾，剧烈到一触即发。

湘勇名义上属民兵，没有国家正式编制，经费全靠自筹。曾国藩为了激励士气，将湘勇兵饷提高到绿营兵的三到五倍。结果造成军费支出数目庞大。哪里找这么一大笔钱？

湖南解决超额军费的方法有二：一、发动大户人家捐款，民间商人与乡绅，每户少则几万两，多则数十万两，威逼利诱，不捐也得捐（陶桃被逼捐银五万两，左宗棠追来长沙论理，还与曾国藩争论过一场）；二、通过湖南巡抚出台政策，允许曾国藩在衡阳、湘乡等地州市设厘金局，对茶、盐两项大宗商品收税，每单取百分之一，一年下来，可收几十万两。

曾国藩根据在湖南的经验，出省作战依然实行"就地筹饷"，不料一下碰到敏感区。傻瓜都知道，经济是一省命脉，江西巡抚陈启迈不干了。

江西在宋朝时是全国人才重镇，走出的进士、宰相，全国居冠。但人才全面勃兴之后，像民国之后的湖南，做官渐成风气，全省从官方到民间，形成浓郁官气，积成深重暮气。官气重、暮气深的地方，扯皮的事情多，什么话都不好说。曾国藩官衔虽是礼部侍郎，但职事是湘勇统帅，名与实脱节，陈启迈借口不知道怎么跟他打交道，拒绝配合。理由是，如果曾国藩是礼部侍郎，大可以回京城主抓全国教育工作，江西巡抚衙门保证不拖欠教育款；如果是湘勇统帅，则对不住，"民兵团长"的事，归江西主管民间社团的机构负责，统帅品级太低，见巡抚还不够资格。

曾国藩心里这个气啊，江西防守一塌糊涂，你陈启迈死到临头还跟老子摆资格。恨不能将他的官帽子摘下来，甩到赣江里打水漂。毕竟，战争容不得官气，太平军的枪，可从来不跟你讲等级。

打仗看似属军事，其实是民事，它不单需要经济开路，还需要民政支持。招募新兵，购买军备物资，离开当地政府支持，寸步难行。

江西不配合，曾国藩兵饷无着，如身陷沼泽，心同热蚁。他终于看出问题症结，关键在自己无权。他赶紧向咸丰皇帝打报告，公开伸手要实权。

咸丰皇帝却有着自己的小算盘：曾国藩汉人带兵，原本没指望他干出什么大名堂，不想一举竟然将太平军赶到江西，这是好事，也是坏事。一介书生，振臂一呼，天下影从，一旦实力坐大，对朝廷岂不构成威胁？得防他一手。何况，湘勇是民兵，如果过分偏爱，会引起朝内抗议，八十万八旗、绿营正规军，置于何位，如何平衡？

比较权衡之后，咸丰皇帝初步形成想法，仗则任由曾国藩打，权力下放悠着点。反正，湘勇即使全军覆没，朝廷也没负担。

本着这一想法，朝廷提早在南京南北两面，分设江南大营与江北大营，由满洲贵族出任统帅，专等时机成熟，抢在曾国藩前面，一举杀进天王府，端掉太平天国巢穴。

曾国藩看出了咸丰皇帝这个如意盘算，也开始打起皇帝的算盘来。他有无尽委屈只能憋在心里：朝廷办事用他，荣誉却归别人，手心是肉，手背就不是肉了？这朝廷也太偏心。他决计跟咸丰皇帝较劲：既然我在江西处处受制，朝廷装聋作哑，那好，我丢下不管了，看你放不放权？

曾国藩借守父孝开溜，目的是做给朝廷看，附带也让江西那些老是躲在背后冷嘲热讽的士绅闲人看看，我老曾可不是个逆来顺受的泥菩萨。

曾国藩没有料想到，江西战事一撒手，全国炸开了锅。

远在湖南并不知内情的左宗棠有意见了。作为主政湖南的幕僚，他当然有发言权，五年多来，自己拼力守住湖南，奋力整顿湖南，对全国日益颓败的局势忧心如焚。他当然不能眼看着局势走下坡路，也不会站在曾国藩的角度，设身处地去体会他的难处，而是希望他死命顶住江西，以减轻湖南压力，共谋大局，争取最后的胜利。

曾国藩临阵抽身，左宗棠认为他在当逃兵，窝了一肚子火。左宗棠认为，男人上了战场，不是胜利，就是马革裹尸还，这没有什么价钱可讲。逃兵最让人看不起。曾国藩四年前自杀的一幕，又浮现在眼前。必须将他拉回战场！

怎么逼他出山？有了上次的经验，左宗棠接着骂。他将曾国藩当成老弟来教训：涤生，你来信说，自带兵打仗以来，过多功寡，自己无足轻重，所以，你说聪明能干的大臣，皇帝可以夺情，不聪明不能干的大臣，皇帝不能夺情，哪里有这种说法？

我以为，有过错也没什么了不起，谁都不是完人。面对错误，什么最重要？自己的心。办事的人，只要心到了，力尽了，事情干得好还是坏，别人都没什么好指责的。孝顺的儿子，不能因为父母得了绝症，连药都不熬了；忠心的大臣，不能因为事情办不下去，就半路放弃不办了。做臣子的，尽心竭力，为国家办事，这是本分。做一件事，就了断一件事，活一天，就过好这一天，人生在世，大概就是如此。

为什么要忠心办事？因为现在国家整体上不容乐观：江西全局糜烂；金陵、镇江、扬州太平军不可一世；安徽清军被困于城中，接近崩溃；湖北也难以支撑；湖南虽然独好，但忙于军事输出，财政十分紧张，也难以为继；两广、云南、贵州诸省陷于兵祸，看不到出头之日；东南江浙、福建一带，也即将燃起战火，后患巨大。更糟糕的是，去年全国多地发生数十年一见的蝗灾，不少地方颗粒无收，军粮捉襟见肘。恢复太平，暂时还看不到一线转机。

说完这些悲观的事实，左宗棠忍不住生气了，他开始语带激愤：老兄你还出不出山，我不知道。出山后能不能挽救时局，我也不知道。但你不等朝廷批准，就匆匆忙忙回家奔丧，既不符合礼制，也不符合道义，我不得不帮你指出来。

信中，左宗棠还说起曾国藩的恩师唐鉴，对其做法表达严重不满。称这位理学大家退休回乡后，每天将自己陶醉在语言文字里，跟他见面讨论，无论学术还是时事，观点严重不合。亏他老人家做得出，看时局混乱，他不去安定民心，反而带着全家跑到宁乡一个深山里躲兵祸去了。这么怕死，不顾人民死活，哪里是什么"圣人"呢？我觉得，理学鼓吹圣人，都是瞎吹的，我打心眼里看不起这种口头说得天花乱坠，行动上苟且庸懦之人。朱熹说，"圣人无死法"，并不是说圣人在乱世里可以贪生怕死。他就继续躲到深山老林里接着吹吧，反正我是不再听了。

说到这里，左宗棠不无痛心地感叹：现在的人都太自私了，世道坏就坏在这里。唉，拿这些人真是没办法。

近今人心、学问，均蔽于一"私"字，不独嗜利无耻之人为然，即谋学问、负声誉者亦往往而是，可慨也！

信寄出后，曾国藩没回。左宗棠才意识到，曾国藩生气了。

这封信刺痛了曾国藩的心。因为他遭遇的不只是左宗棠一个人的痛骂，后面还有一群官员在指责。连地方乡绅都对他冷嘲热讽，江西那些官员也趁机起哄，这让他生不如死。

在所有的责难中，左宗棠的骂，让曾国藩最为伤心。毕竟，他佩服这位贤弟的能力，也欣赏他的血性，拿他当亲密战友。

欧阳兆熊在《水窗春呓》中的记录可以对照印证："（曾国藩）闻讣奏报后，即奔丧回籍，朝议颇不为然。左恪靖在骆文忠幕中，肆口诋毁，一时哗然和之，文正亦内疚于心，得不寐之疾。"

虽说曾国藩被骂得患了失眠症，左宗棠负有不可推卸的责任，但客观地说，左宗棠说的都是实情。左宗棠自己认为，他这些话不过是践行儒家"君子人格"与孟子"浩然之气"。但他哪里想到，曾国藩既没有他的办事能力，又没有他的气魄，更无法采用他的方法。何况，左宗棠的观点带有明显的理想色彩。

虎有虎道，蛇有蛇踪。曾国藩按照官场套路与传统士人都遵循的游戏规则，有自己的另一套办法，一曰甩手，二曰拖，三曰磨。

1857年6月，朝廷批准的守孝三月假期已满。曾国藩赶紧上奏申请，希望朝廷同意他在家守满三年，咸丰皇帝不同意。曾国藩瞅准时机大倒苦水，渴望得到实权，称"非位任巡抚，不能治军并兼及筹饷"。咸丰皇帝开始只感觉到曾国藩在负气，现在终于明白他守孝先斩后奏的真实意图，更加恼火，当即下圣旨说：我看这事难办啊，那你还是在老家守满三年再说吧。

曾国藩哑巴吃到黄连，打落的牙齿也只有和血吞了。

曾国藩这种工于心计的斗法，在中国源远流长，今天被认作是中国传统文化的糟粕。左宗棠惹恼曾国藩，关键在他没有体会曾国藩的"良苦用心"，站在传统的角度看，左宗棠确实不近人情，但以现代眼光看，左宗棠突破了"官官相护"的传统弊病。

待朋友主张"居心宜直，用情宜厚"的左宗棠，一年内再没有接到曾国藩的信，他开始反思自己。人毕竟不是生活在真空里。自己心是够直，但朋友之情呢？难道也鸡飞蛋打？他"忧思郁结"，十分伤感。

再次接到曾国藩的信，已到1858年下半年。

左宗棠高兴自不待言。他马上回信说：我上几封信只是就事论事，没有他意。了解我的人，都不会因此怀疑我、责怪我，说我轻狂。对别人高要求，对自己宽容，这是不对的。你来信说自己对古书的"义理"一端，并没有参透，所以才负气，这说的就是我啊。

这是左宗棠与曾国藩第一次实质性冲突，因曾国藩宽容，左宗棠善反思，温和化解。

1857年是曾国藩一生中最重要的一年。这年，他隐居乡下，闭门静思，像蟒蛇蜕皮一样，开始了人生一次大蜕变，从信奉法家，转向道家柔术。

曾国藩之所以摇身一变，缘于帝国官僚制度已经走进末路，理学无力回天，传统文化的弊端积重难返，他只有回到先秦的道家，抓住最后那根救命稻草，才不至被帝国抛弃。

与尚刚、尚直的左宗棠完全相反。两人从性格、气质到价值取向，逐渐形同一枚硬币的两面。左宗棠占阳面，曾国藩据阴面。

一般来说，道家适用于太平盛世，尤其是开国初期。汉初信黄老，唐初信老子，就是这个原因。道家主张无为而治，不折腾，有"小政府、大社会"的意味，这有利于激发民间的活力与创造力。但衰世、乱世、末世，法家才是王道，信道家只会加速灭亡。

曾国藩不是皇帝，不至于决定一国意识形态，他只以道家治军、处世，负面影响并不大。以柔术处世，曾国藩万事释怀，包括对左宗棠刚直无私的批评。

心态一变，世界跟着转变，属于曾国藩的机会很快又来了。

1858年9月29日，清军江北大营被太平军无情攻破，天京之围化解，北京面临空前危机。朝廷已如危巢累卵，再不重用湘勇就要鸡飞蛋打。咸丰皇帝不得不服软，急召曾国藩出山。

曾国藩有了上次的教训，知道自己的细胳膊拧不过朝廷大腿，找到台阶，这次不再提任何条件，马上复出。

再次出山后，曾国藩从头到脚换了个人，不但意气不见了，连性格都没有了。他一面调兵遣将，一面遍拜长沙官场，逢人说好话，向所有得罪过的人道歉。他亲自跑到左宗棠所在的长沙司马桥住宅，请他题写"敬胜怠，义胜欲；知其雄，守其雌"一句，以示尽弃前嫌，和好如初。

但曾国藩的问题才解决，左宗棠很快又陷入危机。"樊燮事件"一时风声鹤唳，风雨欲来。

正是这场突如其来的危机，促使左宗棠与曾国藩真正开始了第一次共事。

两人第一次商议合作，话题生猛，是决定中国命运的绝密级"高峰论坛"。

我们不妨再走近会议室门边去听听。

动荡岁月的"高峰论坛"

左宗棠从长沙赶到安徽见曾国藩，已到1860年仲春时节。

促成左宗棠此行的机缘，一是左宗棠刚从"樊燮事件"中脱身出来，朝廷任命已成定局；二是曾国藩经过上次较劲，已经触发咸丰皇帝放权的念头。

左宗棠到来，令曾国藩喜出望外。回想起1853年冬尽春来时节，两人第一次见面，那次会后，曾国藩专门去信相邀，直接被拒绝。七年过去，时间像车辘轳，转来转去转回原点。

"樊燮事件"未了结之时，因有湖广总督官文撑腰，杀气氤氲。左宗棠其时内心灰暗到极点，有点破罐子破摔的情绪，请求加入湘勇营，"以一营官自效"，直接带兵上前线，为朝廷壮烈捐躯。曾国藩知道这是激愤之语，不予同意，邀他来安徽讨论天下大势。

1860年5月14日，曾国藩在当天日记中留下这样一笔："写左季高信，专人去英山迎接。"5月16日，曾国藩幕僚李元度陪同左宗棠，一起来到安徽安庆宿松大营。

第二天一早，两人共进早餐，正式畅谈。

曾国藩沉迷理学，持身严谨，有个奇怪的特点，早起。每天早上5点，天蒙蒙亮即起床，下床第一件事直奔餐桌。据说李鸿章在他手下做幕僚时很不习惯，反问道：老师，早起还说得过去，为什么一起床就要吃饭？没道理。可不可以改一下？曾国藩淡淡地答：道理是养出来的，坚持成习惯了，就是道理。为这点小分歧，李鸿章差点离开曾国藩幕府。

左宗棠也有早起的习惯，两人生活习惯倒还接近，没有冲突。

曾国藩接来左宗棠，不分昼夜，整日商谈。《曾文正公日记》里，接连九天记录有"与季高、次青畅谈"一句。其中有四天在"早饭后"，三天在"中饭后",一天在夜里。刚到那天,见面时间是"未正",畅谈至二更尽,即深夜23时。

5月30日,胡林翼应曾国藩之邀,也从黄冈英山赶到安庆宿松,参加商谈。

这是三人毕生唯一一次"头脑风暴高峰论坛",现场精彩程度可以想见。曾国藩九弟曾国荃也参加了,还有一位不知何人的"张君"。

第二天一早,五人蒙蒙亮起床早餐,开始畅谈,这一聊就是整天,及至深夜23时,意犹未尽。左宗棠与胡林翼精力充沛,谈锋仍健,准备开夜车。但曾国藩眼皮开始打架,身体快撑不住,宣布趁早休息,明天再谈。他的记述是:"余已倦甚,而诸公尚兴会淋漓。"

随后几天,三人照旧在军营闭门密谈。曾国藩日记每天都记载有见面时间、人物,而畅谈内容,毫不涉及。比如在6月5日这一天简单荡开一笔:"饭后清理文件。旋与胡中丞、左季高熟商一切……傍夕,与胡、左诸公谈江南事。"

这一笔给后世留下无尽的想象空间。"熟商一切"的内容是什么?"江南事"到底指哪些事?不见于任何正史。逸史野闻倒很详细,称是三人"推翻清朝,另立新朝"的密谋。

6月6日,曾左胡"三人团"继续畅谈。这次很可能谈到具体出山办事,左宗棠无意中说:姚石甫这个人,到底是老了,那样子真是看不得。所以我说,人老了,精力日渐衰退,还是不出山任事为妙。曾国藩一听,陡然一惊,吓出一身冷汗,他联想到自己,精力已经一天不如一天,是不是也要考虑退休了?

闻之悚然汗下,盖余精力已衰也。

这个细节说明，曾国藩确实非常在意左宗棠说过的每一句话，哪怕是玩笑。

6月8日，天蒙蒙亮，三人早饭，继续畅谈。到九点整，曾国藩与胡林翼情谊殷殷，送左宗棠上马车，转水道回湖南。

见面会共二十五天，胡林翼参加十天，三人都似乎意犹未尽。但左宗棠决计速返，倒不是朝廷有什么要事，而是他接到家信，长子孝威得了重病。

左宗棠最看重人是否孝顺，他自己就特别孝顺，教得孝威也十分孝顺。正因为此，年前"樊燮事件"，孝威生怕父亲有个三长两短，既忧又急，累垮了身体，卧病在床。左宗棠精通医术，急于回家为儿子把脉开方。江湖郎中多骗子，他不放心。左宗棠在1848年救灾时积累了丰富的医学经验，看病不求人。

这次"高峰论坛"，因内容隐秘，外人无从得知。期间生活花絮，于是成了士人阶层津津乐道的话题。胡林翼回湖北后跟朋友李续宜说起，不无欣赏地调侃左宗棠："饭牛之奇才，有舐犊之私爱。"

私下里，曾国藩与左宗棠除了天下大势、军国大计，闲时也开玩笑。曾国藩跟郭嵩焘写信，风趣地回忆说：季公在我营时，我笑话他有"惧内癖"，怕老婆。左宗棠马上接话道，只有自己有这个癖好的人，才反过来说别人有这个癖好。他反应太快，我玩笑开不过他。

这段紧张与轻松交替的欢畅日子，是曾国藩与左宗棠一生中最为融洽的一段时光。

见面会后，左宗棠命运逆转，如上高速超车道。

左宗棠忧心如焚地回到长沙司马桥，治好儿子的病，朝廷任命书同时下来：命左宗棠作为曾国藩的助手，襄办湘勇。

左宗棠与曾国藩迎来生平事业波澜壮阔的合作期，其间精彩迭出、异彩纷呈。

相互倚依，蜜月与阳谋

1860年7月，左宗棠在长沙升旗纳将，招兵买马。他跳出办团练的条条框框，第一次以职业军人的标准选拔、训练士兵，打造楚军。

按照朝廷的任命书，楚军当属湘勇的一支。

取名楚军，一则江忠源原来用过，名正言顺，公开与八旗、绿营并列；二则另立门户，为将来创建事功，做好准备；三则有仿项羽之意。项羽江苏下相人，属于古代楚国，项羽力能拔山，气能盖世，军事水平一流，兑现"楚虽三户，亡秦必楚"，成为西楚霸王，号令天下，终古以来，未曾有过。

曾国藩对楚军名号，没有不同意见。他作为朝廷高官，一言一行要注意政治影响，采取"低取高打"策略，命名"湘勇"。左宗棠则采取"高取高打"策略，命名"楚军"，更合他本意。

左宗棠以当代诸葛亮自称，长处首先体现在战略。

战略高超，与左宗棠早年的知识结构与成长经历有关。他研究农学、地理时锻炼出精细的技术思维，习儒家义理、养浩然之气培育出大气心怀，两者结合，让他有过人的眼光：既能凭"望远镜"看出远景、趋势，又能用"显微镜"看清末节、苗头。两者同时兼具，成就左宗棠看问题的稳、准、狠。

左宗棠第一次骂曾国藩，一语能击中要害，起死回生，这种能力迁移到战略上来，他一条计策，就能置敌于绝地。

左宗棠的战略水平已经得到过两次验证：1852年10月13日，他第一次上长沙天心阁城楼调兵遣将，献上"西渡围歼"之计，不输《三国演义》中诸葛亮出山火烧博望坡；1854年4月下旬，左宗棠独自主张将战略重心放在湘潭，迎来湘潭大捷。

第三次制定战略水平如何？

1860年9月22日，左宗棠率领楚军从长沙金盆岭誓师出发，经醴陵取道江西，给曾国藩定下战略——"偏师保越"。

当时太平军锋芒正盛。清军的江南大营第二次被攻破，主帅和春受伤病死。太平军趁势攻下苏州、常州，计划大规模南下。

曾国藩三年来与咸丰皇帝不遗余力地较劲，功夫没有白费，终于争得实授两江总督大权。有了施展平台，他长袖善舞的政治运筹才能淋漓尽展。

但曾国藩最大的短处在制定战略、指挥军事。军事起家不懂军事，只好外行按外行的办法。他根据自己"笨拙"的特点，以湖南人"霸蛮"的办法，"扎硬寨，打死仗"。这种"牛皮糖"式的风格，见效一时。太平军被缠上，不死也得脱层皮。但因不符军事规律，难以为继。胜后怎么打？脑袋一团麻。眼下，曾国藩准备去江苏缠住太平军，面对面硬碰硬。

左宗棠跳出一时一地的得失，站在全局洞察战机，认为当务之急，不是求得江苏一仗胜利，而应移兵江西，进则可以守住南大门，退则可以保住浙江、福建，机动部队还可以对江苏构成威胁。他从地理、政治、军事、人心四个方面，深入剖析为什么要"跳出江苏打江苏"。

曾国藩深为叹服，他果断采纳，将"偏师保越"战略确定为现阶段指挥湘勇、调配绿营的指导方针。

江西由此成为全国战场的中心。

左宗棠在江西战场的出色表现，集中体现在1861年4月21日乐平一战。此战冒险成功，逆转战局，化解祁门危机。

左宗棠两招锁死太平军命门，导致太平天国内部空前紧张，战略上针锋相对，作出相应调整。

1861年9月5日，李秀成从安庆败逃，兵力转移到江浙。从江西东向的侍王李世贤部及从广西回师的石达开部，根据李秀成新战略，纷纷避开江西锋芒，杀入浙江。

浙江防守极为衰弱，大兵入境，防线土崩。到11月1日，短短不到两月，太平军已经打下绍兴、龙游、金华、浦江、义乌、东阳、严州、萧山、诸暨、汤溪、临安，余杭也落入掌控。

到11月中旬，浙江巡抚王有龄已完全丧失抵抗力，联名杭州将军瑞昌向朝廷发去紧急求助奏折，称"全浙糜烂，浙省不保"，指名道姓要朝廷委派左宗棠来督办浙江军务。

11月20日，朝廷根据王有龄要求，给左宗棠发去紧急任命书，同时给曾国藩发布紧急命令："即饬左宗棠带领所部，兼程赴浙，督办军务。"

曾国藩与咸丰皇帝上回较劲，已经较出成熟的政治经验。眼下皇帝急，他就不急了。他知道，凭左宗棠的本事，入浙江即能迅速平定。但作为两江总督，他得考虑，胜后怎么奖赏？总不能将王有龄开除，由左宗棠取代。道义上说不过去。唯一的办法，借太平军之手，除掉王有龄。

策略定下，曾国藩不忙着派兵，而是"合理拖延"，假装积极向朝廷请示，郑重其事地联名江西巡抚毓科向朝廷申请，要求朝廷独派左宗棠率楚军入浙。他以极其尊重的口吻，认真汇报他的部署：

> 臣等往返熟商，即请左宗棠督率所部进援浙江，并将驻防徽州之臬司张运兰、驻防广信之道员屈蟠、驻防玉山之道员王德榜、参将顾云彩、驻防广丰之道员段起各军，及副将孙昌国内河水师，均归左宗棠就近节制调度。兵力稍厚，运棹较灵，于援剿

浙、皖之时，仍步步顾定江西门户，庶于三省全局有裨。

恭亲王跟慈禧太后看后，立即批准。这本来就是朝廷的意见嘛！难道上封圣旨他还没收到？再快马加急，日行六百里送达。曾国藩坐在军营里，掐着指头算，王有龄还能坚持多久？他必须巧妙地打出这个时间差。

浙江战局没有逃出曾国藩的预算。1861年12月29日，王有龄举家及数百名官员被困城中，弹尽粮绝，被迫自杀。朝廷批复同意的圣旨，到曾国藩手中已是1862年1月7日。

接到圣旨当天，曾国藩书信通知左宗棠紧急开赴浙江，同时第一时间向朝廷全力保举左宗棠任浙江巡抚。

书信在三地间来回寄送。

1862年1月24日，左宗棠接到朝廷颁发的浙江巡抚任命书。2月13日，左宗棠才接到曾国藩的命令，二话没说，率楚军从汪口出发，奔赴浙江。

浙江战场是左宗棠的独立战场，他独当一面的才干，得以尽情施展。

1863年2月，左宗棠经过一年奋战，将太平军在浙主力摧毁。部将蒋益澧一举攻下汤溪、兰溪、龙游，太平军在浙防线切断，浙江大局已定，杭州攻克在望。

胜利如此神速，朝廷大喜过望。1863年5月5日，朝廷在并没有显著事功可表彰的前提下，再次破格提拔左宗棠做闽浙总督，同时兼任浙江巡抚。这天起，左宗棠与两江总督曾国藩平级并列，同为封疆大吏。

这两年半是左宗棠与曾国藩合作的蜜月期。两人发挥各自长处，配合得天衣无缝：曾国藩依靠左宗棠，挽狂澜于既倒；左宗棠依靠曾国藩，打破官场惯例，取得办事大权。

随着地位、权力的变化，两人并列成为中国两座军事山头，关系也开始走到一个转折点。

面前的路开始波谲云诡，风险莫测。

走向决裂：争执的正面与背面

1864年7月19日，曾国藩等来一生中最重要的日子。

这天正午时分，曾国荃率领吉字营，用大炮轰开南京城门，大兵哄抢入城，轰轰烈烈的太平天国农民起义运动宣告失败。

曾国藩安排曾国荃攻打南京，是从政治角度考虑的部署。

朝廷早前试图以八旗攻下南京，勘定乱局，随江南大营、江北大营先后两次被摧毁，化作泡影。

南京太平军实数只有五万，而分散全国的兵力，多达三十余万。吉字营之外，左宗棠的楚军、李鸿章的淮勇都有能力独立打下南京。

两人都很识相。李鸿章稳稳守住江苏、上海，对曾国藩言听计从；左宗棠只打浙江、福建，绝不抢功。毕竟，两人名义上都是曾国藩提携起来的，曾国藩还是一手栽培李鸿章的老师。

南京城破，曾国藩出离喜悦。回想十一年来出生入死，苍黄变幻，他颤抖着提起笔，给朝廷报捷。

朝廷当即下圣旨封赏：曾国藩为一等毅勇侯，曾国荃为一等忠襄伯爵。朝廷上下额手称庆。

左宗棠这时却站了出来，给朝廷上奏折，陈述一个惊天秘闻：

据金陵出逃难民招供，太平天国伪幼主洪天贵福并没有被抓住，更没有被处死，他已逃至广德，被太平军将领黄文金迎入湖州府城，黄文金正打算借伪幼主名号，召集太平军余众。而江西的李世贤、汪海洋也还在蠢蠢欲动，试图东山再起。他们即使不能在江西建立根据地，也必然还会窜入浙江、福建，以全局眼光看，东南大部中国并没有收复，太平天国有卷土重来的危险。

慈禧太后接到奏折，勃然大怒，当即责问曾国藩：你上报称洪天贵福已经"积薪自焚"，毫无证据。说南京叛军已经全部剿灭干净，是在撒谎。南京到底逃出多少人？你老老实实查清楚再报上来，将防范不力的将领名字查报上来，一定要从重从严处理！

曾国藩一方面积极为自己辩解，同时向朝廷举报，左宗棠的屁股也不干净，他打下杭州城，也有数万叛军逃出，而左宗棠报告上称只有几千人。

慈禧太后听出曾国藩在转移话题。她回头一想，浙江已经收复，不存在后患，若细追究，一无对证，二无价值，三得罪左宗棠。而南京才打下，逃兵全是后患，不追究不行。

慈禧太后下圣旨说：曾大臣，一码归一码，我现在只跟你说南京逃兵与伪幼主潜逃。左宗棠如实举报你，属于公事公办，你不要有意见。他也说了，虽然举报你了，以后还是会和你同心协力，不会带一丝陈见。左宗棠正直能干，朝廷还有更重要的事情、更远大的目标，需要他来完成。你应该向他学习，不要辜负众望。

慈禧太后精通权术，故意当面褒左宗棠贬曾国藩，企图激起他的怒气，加深二人关系裂痕。

曾左两人笔墨争论，你来我往，有如一场大戏。

事实真相呢？左宗棠举报没错，洪天贵福确实从南京逃到了湖州。

直到1864年10月25日，洪天贵福才被江西巡抚沈葆桢抓获，被押入席宝田部兵营。随后，他被押解到江西南昌。大案本应送北京刑审，为了照顾曾国藩面子，沈葆桢安排南昌知府许本塘就地审讯，将结果上报朝廷。拿到材料后，慈禧太后授权沈葆桢就地处决。

1864年11月18日，沈葆桢将洪天贵福绑赴南昌市内一处商业集中地，凌迟处死。

左宗棠怎么得知洪天贵福逃脱的？

他手下总兵刘明灯在安徽歙县打了个胜仗，意外俘虏了李秀成的干儿子李士贵。李士贵见过幼天王，经不起拷打，当场招供。

问题是，左宗棠为什么要第一个站出来检举揭发曾国藩？

个性刚直，只是一个方面。左宗棠不是不懂策略，为了讲真话不计后果的人。左宗棠事实上擅长政治策略。他任陕甘总督期间，甘肃发生了特大地震。因大清帝国并没有救灾机制，而报灾只会干扰战事，左宗棠选择不报。几个月后，他避重就轻，从余震地带四川报上死了几百人，轻松掩盖过去。"假话全不说，真话不全说"的政治智慧，左宗棠运用起来娴熟自如。

左宗棠战场多胜，敌人多以为神，其实哪里有那么高明？他首先赢在洞察全局，制定战略。他平定陕甘，靠"先陇后回"战略，他收复新疆，赖"先北后南，缓进急战"战略。

超强的军事战略能力迁移到政治较量上来，左宗棠当然明白，兔死狗烹，鸟尽弓藏。太平天国平定后，朝廷与湘军之间会有一次大较量。自己作为曾国藩曾经的助手，有如楚汉相争时的韩信，倒向哪边哪边赢。

后来的事实朝着左宗棠的预判发展。

打下南京后，朝廷对曾国藩猜忌防范达到极点。慈禧太后下发圣旨，公开批评曾国藩说：你率部攻克南京，居然让洪天贵福与李秀成两个主要人物带领千余太平军化装成湘勇逃出，这仗打得并不漂亮。

同时，朝廷要追查南京城金银财宝的下落，命曾国藩如实报来，如数缴公，因为这不是私物，而是公产。朝廷甚至还破天荒第一次要求曾国藩将湘勇十一年来的军费开支，列成一个明细表，到户部报账。这明是抚慰，暗地在查湘勇老底，以防兵变。

湘勇各营闻听大哗。不说南京财宝，已被抢夺一空，被曾国荃当作奖品发给了部下，用大船运回了湖南。湘勇军费多年来也是自筹自用，账目无从稽查，朝廷之前不闻不问，现在打赢了，却要秋后算账，这是哪门子理？

朝廷所以一反常态，骤然变脸，意在试探曾国藩的真心，测出他的底线，寻找应对之策。

湘勇各将被朝廷一激，纷纷上当，果真动了拥曾国藩黄袍加身的念头。

事实上，朝廷此时已对南京军事做了严密布防：亲王僧格林沁、江宁将军富明阿、镇江守将冯子材分别屯兵金陵城四周，紧盯吉字营一举一动。三人接到朝廷密令，一旦发现风吹草动，以诛乱杀叛罪围剿湘勇，斩尽杀绝。

曾国藩内遭猜忌，外临兵威，如临深渊，如履薄冰。他确实无意造反，每天念叨着一句话："倚天照海花无数，高山流水心自知！"

太平天国平定后，全国的军事力量控制在曾国藩、左宗棠、李鸿章三人手中。这意味着什么？湘军只要趁势北上，振臂一呼，朝廷势必危如累卵，瞬间坍塌。

李鸿章是曾国藩的学生，朝廷对他不抱支持希望。左宗棠有八年在湖南巡抚衙门工作，楚军出山后，名义上隶属湘勇，事实始终是一股独立力量。如果左宗棠也支持曾国藩，则朝廷危在旦夕。左宗棠与曾国藩不和，朝廷可稍微放心，凭楚军与八旗、绿营，仍有实力制衡湘勇。

左宗棠掂量出轻重来了，如何避免朝廷对湘军有尾大不掉的感觉？主动制造与曾国藩不和。这样不但可以保住曾国藩，也可以自保。

后来的事实，再次朝着左宗棠的预判走。

曾国藩被部下簇拥，欲效赵匡胤"陈桥兵变"。当时社会纷纷传言：

"三千里长江上下，无一船不挂曾字旗！"朝廷一听，这不是军阀吗？虎视鹰顾，警惕万分。曾国藩深知"功高震主，至功无赏"，加之湘勇仗势在南京一带放肆趁火打劫，让他也大为头疼。反复权衡，他决定自表忠心，请求自剪羽翼。

当时，让清廷顾忌的湘勇嫡系部队，多达七万余人。虽然鲍超的霆军两万多人，已调往江西，改由沈葆桢指挥，但曾国藩一旦想起事，还不是"召之即来，来之能战"？曾国荃统领五万兵力的吉字营盘踞南京，如狼居卧榻之侧，成了让清廷最不放心的军队。

曾国藩决定先拿吉字营开刀。1864年8月21日，他亲自主持裁军，一次性裁掉一半，留下的两万五千兵力，一万守南京城，一万五千调到城外打游击。

曾国藩不但裁兵，还要裁将。

1864年10月，曾国藩事先瞒着曾国荃，以"病情严重"为由，强行奏请朝廷将九弟开缺回湖南老家养病。40岁的曾国荃正值年富力强，身体好得能斗牛，哪里有半点病？接到"被生病"的准假条，气得大病一场，悻悻回到湘乡。

曾国藩没有犹豫，继续大幅裁兵。到1865年3月，吉字营的守城部队被裁得只剩两千人。朝廷接到报告，终于眉开眼笑。在表扬曾国藩的同时，颁发了曾国荃做山西巡抚的任命。曾国荃此时窝在老家，被大哥与朝廷搞得一肚子火，还在生闷气，托病抗命。朝廷担心他在地方再次集事，再者首功无赏，说不过去。1866年，朝廷再下任命书，改任曾国荃为湖北巡抚。曾国荃的气此时被磨得差不多消了，这才走马上任。湘勇旧部至此全部解散，危机平稳化解。

左宗棠因及时举报曾国藩，被朝廷引为心腹。直接结果是，楚军胜后既没有遭防范，也没有要求裁兵。左宗棠在政治战略上走对了毕生最关键、最重要的一步棋。

靠着这步棋，左宗棠成就了自己。后来平定大西北，西征军又大规模招兵买马，朝廷都没有戒备。收复新疆时，军队人数多达八万七千人，控制着三倍于法国面积的领土，朝廷依然没有防范。

高度信任背后，与左宗棠在1864年主动制造与曾国藩不合，存在前因后果。

有人推测，左宗棠举报曾国藩，是意气用事，闹个人攀比。这实在是未经人事的书生之见。办大事的人，每临大事有静气，首先理性考虑的必是现实功利，而不是文人式的情绪与意气。何况，政治变幻，险象环生，要成就大业，在"道"的对面没有"术"，不可能成功。左宗棠早年在湘潭入赘周家、在安化小淹设馆，长年底层生活经验让他不但懂"术"，也会用"术"，只不过，他很智慧地将"术"用于"道"。

对于当时社会"负气、妒忌"传闻，左宗棠保持沉默。这种动机猜测，既无法证实，也无法证伪，主动站出来，反倒授人口实，越搅越浑。

但左宗棠与曾国藩既然已经主动导演"将帅失和"，在皇权高压的环境里，戏还得演下去，这一演，八年不再通信。

1872年3月12日，曾国藩因病去世。朝廷的防范不撤自消。左宗棠不用再维系不和假象。他十分伤感，安排儿子孝威带四百两白银前去吊孝，并赠送亲笔挽联，高度评价曾国藩：

谋国之忠，知人之明，自愧不如元辅；

同心若金，攻错若石，相期无负平生。

针对两人八年不通音信，社会传言多端，左宗棠在信中夫子自道：曾国藩去世，我深感悲痛，不单是失去他，国家时局更让人担心，我与他的交游、情谊，历历回想起来，也不能无动于衷。我作挽联两句话，是二十年合作交情的纪实。我说"谋国之忠，知人之明，自愧不如元辅"，早年在给朝廷的奏折中就多次说过，不是今天才说出来的。"君臣朋友之间，居心宜直，用情宜厚。"我以前给朝廷的奏折，每次写好后都抄录了一份寄给他，两人之间并没有隔阂，不是外界猜测与想象的那样。我与曾国藩以前有过争论，那是因为价值取向不同，办事方法有异，争论从来只围绕"国事""兵略"展开，丝毫没有涉及过私情。两人的交情，不是那些未历重事、不负责任的人猜测的那样，更不是喜欢捕风捉影、拿"意气用事"来揣度的人想象的那样。

> 吾与侯所争者国事兵略，非争权竞势比。同时纤儒妄生揣拟之词，何值一哂耶？

这封家信第一次也是唯一一次明确透露，左宗棠举报曾国藩的奏折，之前已经抄写过一份提前寄他，曾国藩早有心理准备。这也从侧面证实，两人出于自保，在慈禧太后面前联手演了双簧。这就容易理解，曾国藩为什么反过来举报左宗棠打下浙江时放逃几万太平军这种时过境迁、毫无杀伤力的信息。

举报前，左宗棠掂量过，在攻下南京这样大功劳面前，逃出洪天贵福与李秀成，并不会给曾国藩带来实质性的伤害。

这与半个世纪后梁启超与蔡锷联手反袁世凯演的双簧异曲同工。蔡锷假装与梁启超政见不合，公开决裂，在报纸上发表文章批评说：梁老师反对帝制，是书生之见，但书生手无寸铁，也没什么杀伤力，任他造舆论得了。如果不是蔡锷发起护国运动自曝，梁蔡失合的传言，后世也会凿成史实。

因为默契，心领神会，曾国藩对左宗棠事实心存感激。所以他低调地说："论兵战，吾不如左宗棠；为国尽忠，亦以季高为冠。国幸有左宗棠也。"

两人虽然公开表示决裂，暗中支持并没有停歇，左宗棠西征军筹饷，曾国藩在两江总督任上及时供给，他还竭尽全力，将老湘营干将刘松山推荐给左宗棠。刘松山的老湘营是剿灭捻军、平定陕甘之乱的先锋与主力；他培养的继任者刘锦棠，统领老湘营，又成为收复新疆的先锋与主力。无疑，如果没有曾国藩支持，西征大业更加困难。

但曾国藩去世后，文人笔记中多见左宗棠私下场合聊起曾国藩颇多批评与贬斥，其中不乏时人的夸大之辞，包括捕风捉影。正史中的左宗棠对曾国藩既不刻意拔高，也不故意贬低。他评价曾国藩，历经岁月洗磨，今天回头细看，有着流俗所难理解的公正、客观。

《铜官感旧图序》就是一例。

曾国藩三次自杀，左宗棠两度挽救

正史中，左宗棠一生对曾国藩最醒目的一次评价，在《铜官感旧图序》。

《铜官感旧图》记录的是曾国藩首次自杀之事。

曾国藩一生到底有过多少次自杀？没人准确统计出来。原因有两点：一是某次具体遇挫后，连续多次自杀，比方单湖南靖港失利，就先后有过五次，严格说来，只能算一次；二是还有多次自杀停留在与幕僚、朋友口头秘授、遗嘱表态阶段，因授人太多，陈述交叉，传于轶史，难以采信。

正史一般认为三次：1854年4月28日在湖南靖港跳水；1855年2月11日在江西湖口跳水；1861年4月9日在安徽祁门自杀。

曾国藩三次自杀，左宗棠两度参与过挽救。

江西湖口被逼自杀，因遭遇劲敌石达开。

1855年1月29日，太平军四十艘运粮船划过九江，湘勇水师率一百余艘舢板船追到鄱阳湖口，顺势冲破太平军防线。运粮船进入鄱阳湖后不知所向，但湖口防线缺口被重新堵上。原来，湘勇中了太平军诱敌深入之计。舢板船队被切断退路，孤立于长江。

2月11日，石达开趁黑率领三十余只小船火攻湘勇水师，另派罗大纲领三十余只小船围攻曾国藩的座船，意在一锅端。这仗打得一溃涂地，曾国藩的指挥船被太平军抢了过去，公文、书籍，黄马褂、白玉四喜扳指、白玉巴图鲁翎管、玉靶小刀悉数被夺。走投无路，曾国藩望江而投。

安徽祁门一仗，则全赖左宗棠救曾国藩于倒悬。

1861年3月起，太平军对祁门大营连续发起进攻，进逼离祁门仅二十余里。曾国藩被太平军包围，文报不通，饷道中断，陷入绝境。1861年4月9日，景德镇被占，左宗棠退守乐平，祁门再次被牢牢锁死。曾国藩悲观至极，买好棺材，留下遗嘱，静坐待死。他气聚神凝，在日记中平静述说此时此刻的"生死体验"：

> 是以忧灼特甚，夜，竟夕不成寐，口枯舌燥，心如火炙，殆
> 不知生之可乐，死之可悲矣。

万念俱烬之际，左宗棠冒险出兵，在江西乐平展开决战，五千士兵大败太平军五万人。此战势如破竹，迅速逆转战局。景德镇沿线顺势收复，祁门遂得解围，曾国藩捡回一命。

因先后有三次自杀，曾国藩到底在"真自杀"还是"假自杀"，至今仍没有人能够说明白。后世学界专门研究，归纳出五种假定：

一、羞愧与愤怒自杀；

二、情急自杀；

三、惊吓过度自杀；

四、对前途绝望自杀；

五、装腔作势自杀。

湖南靖港首次跳水，前面四点可能兼具，但还不至于"装腔作势自杀"。

三次自杀，以湖南靖港影响最为巨大。这与章寿麟作《铜官感旧图》有直接关系。

《铜官感旧图》画成后，图文并茂，立体全面，一经出版，舆论哗然。

《铜官感旧图序》的来龙去脉

铜官山在靖港对岸，晋代在此地开办铜矿，设官管理，故名。

1877年暮秋时节，湖南长沙籍官员章寿麟从南京回湖南，逆流而上，自洞庭湖转入湘江，途经铜官山，触景伤情，想起二十三年前曾国藩在此跳水自杀往事，将船停了下来，画了七幅画，取名《铜官感旧图》。

章寿麟自述创作心境：

时隔二十三年，我再次站在铜官山上，看秋风激荡水波，听树木呼然作声，恍惚又回到当年那场惊心动魄的厮杀，又见到曾国藩在这里指挥湘勇奋勇作战的情景，内心波澜起伏，莫可名状地悲怆。

二十三年弹指一挥间，倏忽逝去。如今，曾公也已经去世五年。大人物的死，真是像泰山梁木轰然崩折，令人无限痛惋。物是人非，我决定将当年故事画下，让后人通过它，记住这段历史。

我首先申明，作这样一幅画，并不影响曾国藩的伟大。他以一等毅勇侯留名后世，一生的事功，历史已经记下，不是一幅画可以抹杀的。我就在想，曾公这样一代伟人，绝对不会平白无故降生，也绝不可能平白无故死掉。二十三年前，我救不救他，他都会逃过一劫。

由此可见，带兵打仗，是人间一大难事。即使是像曾公这样的人，仁厚、智谋、英勇、大义，也不免要受到挫折。他过人之处，在于挫折折不断他，困难压不垮他，相反，他会迎难而上，振翅高飞，越飞越精彩。因为曾公的定力，不是一般人可以达到的。他早已将生死置之度外，像唐代名臣李光弼、宋代名将韩世忠那样，败不辱身、舍身殉国。

图文作好后，章寿麟想听听更多当事人的意见，邀请左宗棠、王闿运、李元度等两百多位官场大佬、文化名人品鉴。

不料怀旧风一起，众人兴趣空前强烈，围绕它写文赋诗，题词作曲，达两百余篇，章寿麟儿子将这些文字整理成四册书，题名《铜官感旧图题咏册》，公开出版发行。

章寿麟如此重视这段历史，因他当年一手救过曾国藩。

章氏的叙述，一个半世纪后读之，仍如临现场。

1854年3月下旬，曾国藩决定攻打靖港前，有了与太平军拼命的想法。他给幕僚李元度与陈士杰口授两千余字的遗书，称自己一旦战死，就按此向朝廷汇报。

两人第一次见这种架势，预感到情况不妙，请求随部队同行。

曾国藩拒绝说，你们的谋略，我已经记下，但你俩都不能上阵杀敌，去了不安全，我反倒还要安排亲兵保护。

李元度决定瞒着曾国藩，私授幕僚章寿麟，要他悄悄躲进曾国藩座船的后舱，一旦发现意外，如此这般行事。

不出李元度意想，靖港会战一打响，湘勇一败涂地，曾国藩情急之下，跳进湘江。

亲兵当即下水营救，曾国藩气得胡子都直了，破口大骂，命令放手。眼看要没于江心，章寿麟"扑通"冲进湘江，抓起曾国藩就往船上拖。

曾国藩惊讶地问：你怎么来这里了？

章寿麟按李元度之前的密授说：我从长沙赶来报喜的，湘潭打了大胜仗，援军大部队正开过来。

曾国藩一听，不再寻死，任章寿麟托起，上了船。

曾国藩被章寿麟用快船紧急运到罗泽南行营，再由行营返回长沙水陆洲。到长沙一问，才发现上当，又要寻死。他气息奄奄躺在床上，将军械、战备物资逐一清点，交给正在湖南巡抚衙门主政指挥的左宗棠，预定4月30日料理完后事再死。

左宗棠第一次对曾国藩实行"崩溃疗法"，村野粗话、大义正话一齐来，骂得他无法自杀。

4月29日傍晚，湘潭快马传来真捷报，湘勇消灭太平军一万余人。曾国藩转恼为喜，翻身下床向朝廷报喜。

章寿麟的谎言竟然成了事实，曾国藩也不再言死。

没想到，章寿麟随后却意外遭遇曾国藩冷落。

打下南京后，曾国藩拜相封侯，众文武论功行赏，诸多低级武官与士兵都得到了提拔，一时成为"土豪显贵"。章寿麟却只得到个泰州知州。后调军中管理营务，一直没有提拔。直到1872年3月12日，曾国藩病故南京任上，章寿麟仍只是知州。

章寿麟对仕途终于心灰意冷，五年后，带着失意与情绪，他自请开缺，休归长沙。

归程中，他作图七幅。

两百多篇题跋、题识，图文并茂，壮观有如史诗。

左宗棠作为当年参与见证的一号人物应邀作序。

左氏评价怎样？

众人翘首猜测。

左宗棠客观评论曾国藩

《铜官感旧图题咏册》洋洋洒洒蔚为大观，最醒目只有三篇：左宗棠的序、李元度的记、王闿运的诗。

作为曾国藩当年的幕僚、密谋章寿麟暗藏船舱的主使，李元度对此最有发言权。他在1879年作《题铜官援溺图》，不仅第一次向外界披露了隐情，并专门发表了看法。

李元度的看法，概括起来，主要有四条：

其一，章寿麟救起曾国藩，功高盖世。表面上看，是"手援一人"，事实上呢，是"而援天下"；

其二，曾国藩终生没有报答章寿麟，主要是因为章寿麟有名士之风，像古人介子推，自己不站出来要官，官职自然也没有轮到他；

其三，关键是曾国藩没办法报答章寿麟。不提拔固然让人指责忘恩负义，如果提拔，则更麻烦，跳水自杀就成了装腔作势。既然当年真想死，就不应报答他。不但不能报答，反而还要责怪他；

其四，章寿麟没有得到曾国藩提拔，无关紧要，这不会掩盖他"手援一人，而援天下"的历史功劳。

这篇文章里，李元度对曾国藩"忘恩负义"其实颇有微词，在文尾不惜搬出曾国藩祖父曾玉屏对章寿麟的高度评价，并以"当代介子推"作比，侧面隐约传达出对曾国藩不报恩的愤懑。

曾国藩的贴身幕僚传出此文，负面反响可想而知。

当负面评价如风如潮跟来，左宗棠却不这么认为。

1883年8月，71岁的左宗棠应邀作序推荐。他主要针对李元度的观点，写下《铜官感旧图序》。

左宗棠的看法，概括地说，也是四点：

其一，平定太平天国，在当时看是大事，放进历史中看，并不算什么了不得的事。何况，曾国藩个人的作用，也没有今天吹捧者说的那么重要。他当年没有战死在铜官，对个人来说是幸运；如果战死了，湖南就没有继起者出来平定天下，恐怕也不是那么回事；

其二，曾国藩当年被困靖港自杀，这种志气应该充分肯定。他跳水绝对不是在装腔作势，为什么？他一心为国，忘记了毁誉，也顾不得吉凶。任何办大事的人，都需要达到这个境界，才有望成功；

其三，曾国藩毕生追求的，不是简单的事功，而是伟大的精神价值。为了保持精神价值的纯洁，他不会拿国家权力来做交易，更不会拿地方官当私人奖品。他没提拔章君，既不是"提拔不合适"，更不是"不提拔更不合适"那么回事；

其四，我今天之所以站出来，是因为社会对我与他的关系议论纷纭，许多停留在猜测、想象。没错，我与曾国藩在带兵打仗的战略与治事安民的方略上意见多有不一致，我从来就不回避这点。但我们从来没有因公事不合而伤私情，这点大家都看到了。我做两江总督后，将曾国藩在任时的那一套，全部逐一改过来。天下人理解不理解，我不知道，也不想知道。因为这个并不重要。重要的是，我处事始终坚持两个原则：办事符合义理，内心感到安稳。如果曾国藩有在天之灵，可以见面再论一论"国事""兵略"。

左宗棠序文一出，时人评价"亢而侮"，口气大，看不起曾国藩。

站在左宗棠的角度，自有他的逻辑。其时新疆已经收复，这是比平定太平天国伟大得多的事业，他有底气来客观评定。左宗棠以过来人的体验，以君子人格、天下大义为尺度，跳出了"私恩"与"回报"这种将权力当作个人奖品的庸俗化的猜测，站在历史与精神价值的角度，确实高屋建瓴。

左宗棠的公正与客观，跟王闿运比较则十分明显。

王闿运一生，仿佛是为否定曾国藩而生。他作《湘军志》，客观真实地将曾国藩带湘勇以来的烧杀掳掠悉数记下，传之后世。曾国藩死后，他赠挽联，不但极尽嘲讽，而且对其人完全否定："平生以霍子孟、张叔大自期，异代不同功，勘定仅传方面略；经术在纪河间、阮仪征而上，致身何太早，龙蛇遗憾礼堂书。"上联讥其无相业，下联讥其无著述。要事功没事功，要文章没文章，曾国藩一无是处。

王闿运这次作长篇叙事诗《铜官行寄章寿麟题感旧图》，以他一贯总体否定的风格，语气轻慢，将曾国藩当成一个玩笑。

王闿运描述，曾国藩亲临战阵的窝囊情形是"版桥漂破帅旗折，铜官渚畔烽明灭。岂料湘潭大捷来，千里盗屯汤沃雪"。他对事后以救曾国藩为功的文人，附带一并嘲讽："一胜申威百胜从，塔罗如虎彭杨龙。时人攀附三十载，争道当年赞画功。"

清末江西派词人、画家夏敬观读后，发表自己的读后感：左宗棠的序，王闿运的诗，将当时的前因后果说得最为详细。熟知过程后，我发现曾国藩根本就没有什么值得学习的地方，他之所以能够成功，完全靠运气，论才能、识见，他在江忠源之下，如果江忠源不早死，就没有后来的曾国藩了。

> 案此图题咏自以左序王诗为能详言当时之事实，故郑诗特表而出之。曾文正功业之成，出于天幸。当日论其才识者，谓出江忠源下，使江在，无曾也。

夏敬观将曾国藩与江忠源比较，还得出"曾不如江"的结论，如果曾国藩地下有知，一定会用三角眼死死盯着他看。局外人的评价每况愈下，真应了曾国藩在世时的一句口头禅：王小二过年，一年不如一年。

多种观点摆到一起，谁意气谁理性，谁客观谁偏激，一目了然。时人比较三篇文章，结论是左宗棠立意高、心怀大，评价最为客观、公正。

曾国藩晚年脾气、性格全无，为什么还留下诸多非议？官场办事总会得罪人，事成之后，利益与情感交错，留下诸多积怨。秉公会得罪恩亲，持私会遗臭后世。左宗棠以刚直个性行事，固然得罪过不少人，曾国藩以道家柔术处世，又何尝排遣了议论？足见世道人心之复杂，客观公正处世之难。要真实评定，则难上加难。这也提醒今人，任何人的评价都不是最后结论，而只是某个角度的观察与判断，无法代表绝对真理。

左宗棠所以被后世议论与曾国藩不合，还有一个原因，两人在生时真真假假闹些故事，为后世留下不少谈资。

意气与玩笑，背后见真情

左宗棠与曾国藩骨子里都是有个性的人，有股倔强蛮劲。只是左宗棠选择遵从天性，以真实、本我面貌行世，曾国藩选择压抑天性，戴着面具，以超我形象示人。两人气质由此相反，言行风格大异其趣，越到后来越明显。

肚子里明明有一串人话，硬要压在心底做鬼话，左宗棠哪里看得下去？他故意跟曾国藩恶搞，以玩笑、戏谑的方式，来化解他制造出来的庄严与神秘。

轶史传闻，曾国藩有次给左宗棠写信，出于谦让用了"右仰"，以示客套。这本是人际礼节，再正常不过，左宗棠却很是不快地说：他写了"右仰"，难道要我"左俯"不成！

又一则轶史披露，曾国藩去世后，朝廷赐谥号"文正"，左宗棠听说了，嘟囔说：他都"文正"了，我岂不成了"武邪"？

还有一副多处被引用、至今已无法确切考证作于何时的对联。曾国藩出上联："季子自命太高，隐不在野，仕不在朝，与我意见大相左。"左宗棠对下联："藩侯以身许国，进未能战，退未能守，问君经济究何曾？"

1852年起，曾国藩与左宗棠开始通信合作，两人一直以兄弟互称。曾国藩官拜大学士后，按惯例左宗棠须自称"晚生"。或许，左宗棠在心理上一直将曾国藩看成"贤弟"，一时竟然不能习惯，他写信半开玩笑说：我比老兄只小一岁，说不上晚，还是自称"愚弟"吧。

> 惟念我生只后公一年，似未为晚，请仍从弟呼为是。

曾国藩也知道在左宗棠这个大才面前自称"老师"有点心虚，何况被左宗棠骂过多次，形象全无，权威树立不起来，因此故意装作认真地说："恕汝无罪。"这四个字是当时流行的戏台词。可见两人都当这个场面上的称呼是演戏，没有真拿它当过一回事。曾国藩私下场合，其实也不愿虚与客套，虽然公开场合他非常注重政治影响。

不过，左宗棠毕竟是儒学信徒，礼制是儒学之本。到公开场合，左宗棠也十分注意形象，点滴小事都从不打马虎眼。曾国藩去世，按照礼制，左宗棠挽联必须署"晚生"。左宗棠果然遵制，客客气气自称"晚生"。

左宗棠收复新疆后回乡省亲。作为湖南最具个性魅力的"官场明星"，衣锦还乡，引得数万人自发赶到长沙，前来围观。左宗棠当时乘坐一架八人大轿。因围观人流如潮，长沙街巷过于狭窄，轿子过不去。左宗棠干脆掀开轿帘，笑着下轿跟民众拱手打招呼：你们是要看宰相耶？宰相就是这个样子。我就是你们要看的左三哆哆！

这种老顽童式的可爱，像极曹操。曹操当年西征马超、韩遂，韩遂的士兵争着看他，曹操大声说：你们是想看曹操吧？告诉你们，他和你们一样，也是个人，并没有四只眼睛两张嘴，只不过多了点智慧。

左宗棠进曾文正公祠，按照礼仪，该跪就跪，该拜就拜。仪式完毕后，左宗棠要亲兵揭开神帐，看着曾国藩的木像，仔细端详了一会儿，摸着胡子点头称道："涤生，生前哪得有此！"

真真假假的玩笑与恶搞至此结束。两人生前私交一直深厚，从后来的事情上也可以窥斑见豹。

左宗棠晚年对曾国藩的后人，不但在生活上给予关照与帮助，在事业上也极力扶持。

曾国藩为官清廉，足为世范，因此遗产稀薄，后人很快衣食无着，常须向亲朋故旧求助。左宗棠得知，每次总是从工资里抽几百两银子赠送。要知道，左宗棠一妻一妾、四子四女，每年才花二百两。

曾国藩最小的女儿曾纪芬在《崇德老人纪念册》中记称，左宗棠心慈重情。丈夫聂缉椝27岁那年，前往南京两江总督府拜访左宗棠。左宗棠十分欣赏聂缉椝的才能，提拔他做两江营务处会办。

其后，左宗棠对聂缉椝悉心栽培。1882年春，聂缉椝随左宗棠出省阅兵。当时上海制造局已经开办，许多官员前来求任，左宗棠送客后，独留聂缉椝小坐一会儿，交心道：仲芳，你都看到了，今天来的人，求官只为发财，我对他们很失望；只有你是冲事业来的，可以担当大事，好好努力。

若辈皆为贫而仕，惟君可任大事，勉自为之也。

左宗棠像待儿子一样待聂缉椝，在他尽心栽培跟大力举荐之下，数十年后，聂缉椝分别在江苏、安徽、浙江三地担任巡抚，成为曾氏显赫的后人。

两家关系处熟后，左宗棠还曾特邀曾纪芬到家中做客。

见面后，左宗棠故意问：涤生兄猴年生的吗？

曾纪芬说：羊年。

左宗棠说：哦，大我一岁，你就将我当叔叔吧。

他交给曾纪芬一项任务，在两江总督府内找到曾国藩当年住过的卧室。他将曾纪芬当女儿看待，关系近得胜过亲人，左宗棠一次当面开玩笑说：满小姐已认我家是她的外家了。曾纪芬琢磨这句话，自己心里还真将左宗棠看成"干爹"了。

之所以厚待曾国藩后人，一则左宗棠"居心宜直，用情宜厚"，毕竟自己做上浙江巡抚，出自曾国藩一手举荐，人不能忘恩；再则，他确实与曾国藩没有个人私怨，私交中的意气，停留在玩笑，当不得真。

左宗棠虽位高权重，生活中也是常人，爱开玩笑。他晚年应了中国古话，"树老根多，人老话多"。他在总督任上对求情的官员特别有一手，见面就滔滔不绝地说自己的故事，从楚军东征说到西征军远征，从自己说到曾国藩，让对方只能听，没有机会求情，时间一到，端茶送客。这本是左宗棠管理下属的一种策略，但却得罪了不少官员，他们求事不成，恼羞成怒，添油加醋，流传左宗棠经常批评曾国藩。话一经传开，越传越失真，传到最后，左宗棠俨然泼妇骂街了。

还有一个奇怪的现象，左宗棠晚年时，社会流行批评曾国藩，肯定左宗棠，与今天情形正好相反。

原因呢？

曾国藩晚年处理"天津教案"不当，"外惭清议，内疚神明"，换来如潮讥评。左宗棠平定大西北，巨大的功劳摆在那里，朝野上下一片褒奖。

曾国藩幕僚薛福成很不满意这种现象，他在《庸庵笔记》中分析说：

现在社会上流行褒左抑曾，为什么？因为曾国藩已经去世，批评他没有风险，但左宗棠还活着，批评他则容易自惹麻烦。现在的人真是太势利了，即使偶有议论左宗棠不对的，也认为左宗棠只有两点做得不对：一者他是曾国藩举荐才独立创建楚军的，他出山后却老在指挥曾国藩，否定他的意见，使曾国藩难堪；二者左宗棠办事"不感私恩，专尚公义"，为了国家大义，大公忘私。这两点明是批评左宗棠，实则是在表扬他。我以为都没说到点子。问题的关键是，曾国藩举荐左宗棠，左宗棠却争强好胜，声望与功劳越来越大，全国人民褒左抑曾，我担心这事让后世知道了，他们都拿曾国藩做反面教材，不敢再举荐比自己厉害的人才了。这样发展下去，世道人心难道不是会越来越坏吗？

情义是中国文化之魂。薛福成确实说到了点子上，也道出了后世的尴尬。

这样看下来，传闻中的曾左矛盾，其实另有隐情。

但这并不是说，两人没有矛盾。

只能说，矛盾不在此处。

如左宗棠所说，在"国事""兵略"上，两人确实存在根本差异。

两人究竟为何会发生分歧？

源起科考经历的分歧

人的观念分歧，说到底是因价值取向不同。

价值取向差异，主要取决于一个人的教育成长经历与后天阅历。

曾国藩与左宗棠价值观的分水岭在科考。

曾国藩的科考是怎么经历过来的？

1811年11月26日，曾国藩出生在湖南湘乡白杨坪。祖辈务农，耕读传家。

祖父星冈公曾玉屏影响曾国藩最深。曾国藩记忆中，星冈公过人之处有两个方面：一是"威仪言论，实有非常雄伟之概"，在农村颇有威望。二是"型于家，式于乡邑"，在家庭与乡里都是典范和楷模。

祖父身上的"领导者"气质，对曾国藩是"身教"。

4岁启蒙，5岁入家塾，15岁那年，曾国藩去长沙府参加童子试，考了第7名。但直到23岁，连考7次，才取得秀才。

曾国藩天资不高，一则广为流传的轶事可以印证：

为备考秀才，曾国藩不分昼夜背书。一天晚上，他同往常一样，在家读书。一篇不到300字的文章，念了几十遍，还背不下来。一个小偷悄悄潜到门边，躲在屋檐下，计划等曾国藩睡着了，摸进房内。

夜深了，没想到曾国藩还独亮着灯。小偷守在窗外等，曾国藩坐在屋内背。小偷全部记下来了，曾国藩仍在翻来覆去地背。小偷又气又急，"嚯"地站出来，冲曾国藩大吼：背你个头，我听你念都背得了！你还读个鬼书？！骂完，一字不落背诵一遍，扬长而去！

曾国藩张口结舌，面红耳赤。

曾国藩自知天资不高，他说：我天生反应慢，别人看书已经过两三行，我还看不完一行。别人立刻能办好的事，我想了老半天，还不知怎么去办。

余性鲁钝，他人目下二三行，余或疾读不能终一行。他人顷刻立办者，余或沉吟数时不能了。

勤能补拙。与左宗棠善于"化短为长"一样，曾国藩也沉下心来，做足"笨"功夫，"以天下之至拙，胜天下之至巧"。驽马十驾的方法，积累起来也十分了得。

1838年，27岁的曾国藩赴京会试。已不清楚到底几分靠实力，几分靠运气，总之，他以第38名高中。4月殿试下来，曾国藩取中三甲第42名，朝廷授予同进士出身。

榜单公布后，曾国藩情绪有点低落。按惯例，三甲不能进翰林院。他正准备启程回湖南，朋友一句话点醒了他：上次我们去拜访御史劳崇光，他很赞赏你的才华，说若需要帮忙，他将尽力而为，你何不找找？

曾国藩找上门，劳崇光告诉他：三甲进翰林院的，每科都有几个，不过破例的人或者有过硬的后台，或者家财万贯。农家子弟一无后台，二无钱财，要以三甲进翰院，只有试一试"行卷"。

"行卷"源于唐朝，应试者考前将所作诗文写成卷轴，投送朝中显贵，请他们推荐。

曾国藩赶紧将试文誊抄十份，投递朝中十位达官显贵。第二天，曾国藩诗文出色的消息在京城传开。主持朝考的大学士穆彰阿特地找来试卷，发现曾国藩与自己一样谦逊、低调，遂引为知己，圈定为翰林院庶吉士，列为一等第三名。穆彰阿又在道光皇帝面前褒奖，曾国藩被钦点为第二名。

进翰林院靠的是找人攀关系，这无言的奖励激活了曾国藩的"学关系、用关系"潜能。

进翰林院做"词工之臣"，曾国藩刚脱离农村，与左宗棠一样，身上还明显保留着民间湖南士子正直敢言的血性。

1850年3月到1852年7月，曾国藩先后上了五道"进言疏"：《应诏陈言疏》《议汰兵疏》《备陈民间疾苦疏》《平银价疏》《敬呈圣德三端预防流弊疏》，直指朝政弊端，批评皇帝缺点。

五道奏折，以《敬呈圣德三端预防流弊疏》出言最为大胆。

咸丰皇帝刚登基那会儿，嘴上没毛，办事不牢。为树立威信，他自称有三种美德："谨慎、好古、广大。"为示宽怀大度、从谏如流，他向臣下公开征集批评自己的意见。曾国藩一激动，照实指出现任皇帝有三大缺点：

一、抓小放大，没有眼光；

二、追求表面，不求实际；

三、刚愎自用，出尔反尔。

曾国藩实话实说，充分表现出耿骨忠臣气节。他揣摩了一下，皇帝看后可能会不高兴，最后干脆袒露心迹：我今天为什么敢大胆批评皇上？绝对不是故意犯上，沽名钓誉。古往今来，刚正直臣要担当社稷，就应敢于坚持真理，而不是溜须拍马，阿谀奉承，只会说好话讨皇上欢心。我就是照着这个道理在做。

> 然不敢激切以沽直声，亦不敢唯阿以取容悦。

这种口气，与左宗棠如出一辙。咸丰皇帝看后果然大怒，一把摔到地上，叫来军机大臣，要拿曾国藩问罪。冒犯天颜，不判个杀头，也得牢底坐穿。大学士祁寯藻、季芝昌一看形势不对，赶紧极力替他求情。理由是"君圣臣直"。因为皇上天生圣明，才出了曾国藩这么个口无遮拦的直臣，皇上应该感到高兴才对。咸丰皇帝好歹挽回了面子，转怒为喜，曾国藩侥幸躲过一祸。

这次遭遇对曾国藩刺激很大。他知道，自己明明是对的，最后却不得不违心认错。自己认错有什么用？吏治照样腐败，朝廷照样无能，皇帝照样无望。作为正直、有良知的官员，欲进不能，欲退不得，他陷入苦闷。

这段孤苦无助的京官生涯，消磨着曾国藩的血性。帮他摆脱这种想为又无为矛盾的，是理学。

曾国藩醉心理学，分歧由此拉开

曾国藩习理学的启蒙老师是唐鉴。

唐鉴，湖南善化（长沙）人，翰林出身，做过太常寺卿，住在北京，人称"理学大家"。

北京湖南会馆主要供湖南籍学子、商人平时歇脚、聚会。逢年过节，京官也常出席，以联乡谊，曾国藩得以结识唐鉴。

1840年，曾国藩根据"行卷"套路，在北京碾儿胡同登门拜访唐鉴，执弟子之礼，向唐鉴请教理学。唐鉴告诉他，要读懂理学，需要把握三条原则：

一、读理学，当以《朱子全书》为宗；

二、《朱子全书》最宜熟读，即以为课程；

三、为学只有三门：曰义理，曰考核，曰文章。考核之学，多求粗而遗精，管窥而蠡测；文章之学，非精于义理不能至；经济之学，即在义理内。

意思是说，理学的精华是朱熹确定的"存天理，灭人欲"。怎么做到消灭天性、欲望，让自己的心灵与行为完全符合"天理"？对照《朱子全书》写读书笔记，自我检查、反省。

唐鉴认为，世上学问看似五花八门，其实只有三门，一曰道德政治学，二曰调查考据学，三曰文艺学。技术类的经济学呢？根本没有这回事。什么时候搞懂了道德政治学，什么时候就搞懂经济学了。

唐鉴这些观点，对曾国藩有如醍醐灌顶。

曾国藩早年事实已经打下了理学底子。1834年他进入岳麓书院，读的是正统程朱理学。

理学是什么？"心学"。宋明理学的创始人，是道州（今湖南道县）人周敦颐。

1017年，周敦颐出生在道州营道县。

他创立"理学"的时代背景，基于中国经过唐朝大繁荣之后，封建集权制度优势已经到顶，官僚制度日臻完善，弊端也开始暴露。从自然经济发展出商品经济，市场与居民区交错。商业贸易让社会自由度增大。儒家"仁""礼"正统思想与佛教的众生平等观念各行其是，内部开始激烈冲突。而宋朝的社会现实，"金瓶梅"式世俗欲望冲击，"人欲"上天，"天理"落地。国家意识形态逐渐走向散乱。

做过底层官员的周敦颐，沉迹下僚，心忧庙堂，在家乡道州月岩中"悟道"，巧妙地将儒家、佛教、道家三种思想融合起来，以儒家"仁爱""君子之道"为骨架，以佛教、道家的"世俗关怀"为血肉，三家融合，将"佛教文化儒家化，道教文化儒家化"，经过这"两化"之后，创立理学。

理学对朝廷最大的功劳是，在一个思想逐渐走向多元的时代，再次统一了全国人民的思想。

理学核心回答两个问题：一是本体论问题。万物本原是什么？"太虚之气"。由此得出推断，"天即理"。二是心性论问题。人性从哪里来？心、性、情关系怎样？心之本体即是性，是未发之中；心之作用便是情，是已发之和。

理学应时而生，迅速壮大，发育成两派：一派是以程颢、程颐、朱熹为代表，认为"理"是永恒的，先于世界而存在，世界万物由"理"派生；一派是以陆九渊、王阳明为代表，坚持"心外无物，心外无理"，人的主观意识是派生世界万物的本原。

理学针对时代问题，改造儒学，试图通过推崇"天理"，根除"人欲"，来实现风清气顺，天下太平。

清朝立理学为国学，除了民族矛盾激烈，更因现实逼迫。主要基于三个原因：

其一，清朝的社会生产较明朝有新发展。康熙年间，中国人口首次突破一亿，人口多，第三产业人口增加，资本力量增强，人口流动加速。民众物质生活改善，"人欲"激发，民众主见强了，选择花样多了，社会越来越不好管。

其二，佛教传播的"众生平等"价值观此时已深入人心，严重冲击儒家的伦理等级，威胁到高度集权的皇权制度。

其三，道家崇尚顺应天性，适应自然，客观上在支持个人的欲望生活。在全球化到来的时代，《清明上河图》式的市井生活、《金瓶梅》式的个人情欲生活对家族伦理也带来震荡。

更为糟糕的是，晚清皇帝遭遇前所未有的新问题：海禁大门被西方用坚船利炮轰开，商业文明带来契约、平等、民主、自由观念，极大地冲击帝国制度、传统价值观。

朝廷的办法是固守传统，排斥外来文明。要改变世界，关键在改变人心。要改变人心，关键在改变己心。要改变己心，关键在修炼心性。要修炼心性，关键在记日记。怎么记日记？每天自我检查和反省。

曾国藩在苦闷中狠习理学，坚持下来，效果明显。也难怪，这种学问换谁学都会有效果。凡事首先反思自己错了，则皇帝总是对的；自己内心无欲无求，古井无波，则世界一切变化确实影响不到自己。闭上眼睛，汝未见到这世上还有西方国家，则西方国家与汝心同归于寂，便知西方世界不在汝心之外。

修炼到一定程度后，唐鉴又及时给他介绍了另一位理学大家倭仁。

曾国藩见到倭仁，行弟子礼。

倭仁说：治学重在修身，修身重在"写日课"，只要抓住每天的想法，认真研究，通过静坐、写日记自省，开展相互讨论，将一切不合圣人之道的杂念，消灭于闪念之间，按照"圣贤"标准要求自己，将学术、心术、治术联通一气，就可以增长学问、提高修养，具备治国的本领。

曾国藩用心苦习，进步很大。1853年出山办团练时，已经练就出出色的修身功夫。

理学带给曾国藩巨大启发：世上最复杂莫过于人，人最复杂莫过于心；凡事先从人心入手，着眼解决人的思想问题，则其他问题迎刃而解。按照这一启发，湘勇看重军队宣传，行军打仗先唱《爱民歌》：

三军个个仔细听，行军先要爱百姓。

贼匪害了百姓们，全靠官兵来救人。

百姓被贼吃了苦，全靠官兵来作主。

第一扎营不贪懒，莫走人家取门板。

莫拆民房搬砖石，莫踹禾苗坏田产。

莫打民间鸭和鸡，莫借民间锅和碗。

…………

士兵按主帅修炼身性的要求锻炼，造成意志力特别坚强，湘勇吃得苦，霸得蛮，不怕死，耐得烦，敢于"扎硬寨，打死仗"的原因在此。

毛泽东受《爱民歌》启发，制定出红军的《三大纪律六项注意》。后经实践不断完善，增为"八项注意"。1947年10月10日，毛泽东起草《中国人民解放军总部关于重新颁布三大纪律八项注意的训令》，将它以命令形式固定下来，成为全军统一纪律。

仔细比较，两者都是用艺术的形式，对军纪做出具体规定。

左宗棠早年也曾试图以理学修心，但放弃了，原因是理学压抑本性，他改奉先秦儒学，儒学自由得多，与他的天性吻合。

左宗棠不迷理学，还因他长驻民间，根本没有曾国藩在官场上那么多麻烦，不但学不来，学好了也没用。

左宗棠入城南书院，曾国藩入岳麓书院，前者处江湖之远，后者居庙堂之高，理学与先秦儒学大异其趣，两人价值取向日益分歧。

"有缺点的真君子" VS "卫道士"

以理学为道统，曾国藩在后世获得"卫道士"称号。"卫道士"指为信念、事业或制度辩护而演说或写作的人，本身并无褒贬，关键看他卫的什么道。曾国藩卫的宋明理学，固然包含传统优秀的一面，但连其中落后、腐朽、专制一并捍卫，无疑有点顽固不化、拖历史后腿的意味。

今人常引用毛泽东对曾国藩的评价来褒抬曾国藩。

事实上，毛泽东早年和晚年各有过一次评价。早年他说："愚于近人，独服曾文正，观其收拾洪杨一役，完满无缺。使以今人易其位，其能如彼之完满乎？"换成白话，曾国藩剿灭太平天国的政治手腕与军事手段相得益彰，出神入化，民国这些军阀，没人能达到他的水平。但做这句评价时，毛泽东还是个学生。

到晚年，知识已自成体系的毛泽东再次想起，则如此意蕴深长地评价："曾国藩是地主阶级最厉害的人物。"言下之意，曾国藩专心维护落后、腐朽、专制的封建道统，历史倒车开得最厉害。

末代皇帝溥仪在《我的前半生》一书中坦然承认，大清帝国本在太平天国起义时行将覆亡，是汉族地主"曾国藩、左宗棠之流"挽救了过来。他将曾左并称"卫道士"，只说对了一半。毛泽东则将两者的分别说得很清楚：曾国藩是"办事兼传教之人"，左宗棠则属"办事之人"。也就是说，曾国藩剿灭太平天国只是手段，根本目的是捍卫封建道统；而左宗棠只是为了镇压起义。左宗棠主战的事功不在此，而在剿灭捻军，平定陕甘之乱，收复新疆，抗击法军，护卫台湾。

左宗棠以"涵养须用敬""浩然之气"修心，则没有理学的桎梏，自由得多。

先秦诸子多信奉自由，以道家为最。

道家集大成者庄子当年在濮水河边钓鱼，楚王派两位大臣去找他：楚王仰慕先生，特请先生去楚国做宰相。

庄子拿着钓竿一动不动，半晌才开口说：听说楚国有一只大神龟，死去已经三千年，楚王还将龟板挂在大庙上，天天烧香供奉。对不对？

两位大臣忙点头：对的，对的。

庄子说：那我问你们，这只乌龟是情愿死后留几块龟壳受人祭拜呢，还是乐意活着，拖起尾巴在泥巴里爬？

两位大臣异口同声地回答：宁愿活着，拖起尾巴在泥巴里爬。

庄子笑了：你们两个现在可以回去了，我也愿意在泥巴里爬。

曾国藩的根本困境是，他也有个血肉之躯，并不是神坛乌龟。咸丰皇帝驾崩那年，他冒着大逆不道的风险，娶民女陈氏做小老婆，即是例证。

1869年4月14日，58岁的曾国藩还在写信与家人商议，准备花300两银子买个小妾。曾纪泽回信委婉批评父亲，此举太轻率了，他才作罢。多数时候，曾国藩凭超强毅力，按捺住正常"人欲"，正襟危坐，眯起三角眼，看花花世界。

理学修身过程艰苦，牺牲巨大，曾国藩对理学并非没有怀疑，也不是没有过反抗。

1866年冬天，曾国藩剿捻失败，连遭言官弹劾，辞去钦差大臣职务，心灰意懒。刚好当年鼓动他出山创办团练的郭嵩焘也被罢了广东巡抚。两人书信往来，同病相怜，叹世风日下，人心不古。

曾国藩第一次不客气地展开对理学的抨击，他说：辛辛苦苦研究几十年，到今天才发现，理学原来只对君子有用，对小人没作用。君子修理学，越修越发现自己有问题，越有问题越严格要求自己，变本加厉，拿自己开刀，最后修到自己遍体鳞伤，一无是处；小人呢，压根不修理学，他们不信，也不懂，什么也不管，反倒在社会上吃香喝辣，飞黄腾达，越来越肆无忌惮。看来，这是一门专门毒害君子、纵容小人的伪学问啊，可把我们两个给害惨了。

> 性理之说，愈推愈密，苛责君子，愈无容身之地；纵容小人，愈得宽然无忌，如虎飞而鲸漏。谈性理者熟视而莫敢谁何，独于一二朴讷之君子，攻击惨毒而已。

但反感和厌恶，只是压抑过久、失意过深的一时发泄。理学已经融进血液，拿自己开刀，终究是刀尖砍刀背。

理学带来的"道德之名"，这时像一道紧箍咒，牢牢地箍住了曾国藩。他终究不敢越雷池来表达他真实的欲望，而道德虚构出来的那个连他自己都不认识的曾国藩，让他终于人格分裂。他只有不停地写日记、家书，来化解压抑。

由此，他成了后世人眼中的"圣人"，真实生活中的"伪君子"。

这世上真有"圣人"吗？有可能是曾国藩的幻觉。

被后世奉作圣人的孔子，早已警醒"圣人"名号的空洞与虚假，他自嘲说：你们都叫我圣人、仁人，你们就尽管吹吧，反正吹牛不犯王法。我哪里是什么圣人、仁人呢？我不过是个老老实实办事，踏踏实实教书的老先生罢了。

> 若圣与仁，则吾岂敢？抑为之不厌，诲人不倦，则可谓云尔已矣。

被后世称作"亚圣"的孟子，曾对先秦四位享有盛誉的历史人物做过评价："伯夷，圣之清者也；伊尹，圣之任者也；柳下惠，圣之和者也；

孔子，圣之时者也。"

近代思想家鲁迅据此半开玩笑说，孔子大概是"摩登圣人"。

当代学者易中天进一步发挥说：孔子放在今天，大概可以叫"学术超男"。"学术超男"是圣人吗？不过是有思想的常人而已。

世上本无"圣人"，曾国藩还执着"成圣"，如此霸蛮，只能成为悲壮的理想主义者。没有成圣，反倒"成怪"。处江湖之远的左宗棠，苦习儒学，不求"成圣"，反倒深得孔子的务实精神。

先秦儒学尊重人性、尊重个性，左宗棠虽然倔强、偏激，但没有压抑，因此整体比曾国藩要阳光得多，也洒脱得多。读曾国藩总感到压抑、挣扎，读左宗棠却酣畅、痛快，原因在此。

左宗棠的压力，来自办事。曾国藩的压力，却来自思想。曾国藩中了"圣人"的毒，越到晚年，对死后能不能"成圣"越揪心，他与幕僚赵烈文密室私聊，赵烈文预言：五十年内，清王朝会灭亡。曾国藩听后，忧心如焚，恨不得自己立马死掉，一了百了。

吾日夜望死，忧见宗祏之陨，君辈得毋以为戏论。

曾国藩盼早死，还提醒人家别拿这句话当玩笑，原因在他虽号称"卫道"，但事实已经"勤王"。一旦清朝五十年内败亡，不但剿灭太平天国白搞了，自己在后世也会充满争议，道德名声毁于一旦。

左宗棠目标既不在"道德之名"，也无意"文章之名"，而一心追求"艺一伎之名"。这就不但跳出了"圣人"的陷阱，也跳出了世俗的名利牢笼。安安心心做个实在的常人。凭真话就可以生存，不需要编造假话自累；凭能力办事就可以取胜，不需要作假自污；凭事功可以传世，不需要自塑"圣人"。左宗棠选择做一个"有缺点的真君子"。

做人真实，做事实在，不唱高调，既不靠道德垂世，也不求文名传人，这是常人。左宗棠事实并不真的一直是自我批评的"婞直狷狭"。从青年时代起，他站到低处，以"涵养须用敬""养浩然之气"为准绳，不断矫正缺点，完善自我人格，最终在道德人格上可圈可点，反倒在人格上超过了同时代那些"真君子"。

这真是"播下的是跳蚤，收获的是龙种"。

"神人"与"圣人"，谁在开启未来？

曾国藩的军事成功，多赖左宗棠、李鸿章、曾国荃、鲍超等一班实干军人。唐浩明先生在评点曾国藩家书时也不无纳闷地说：曾国藩以军功闻世，可怪的是，但凡他亲自指挥的战斗，没有一场不以失败告终。曾国藩战略、战术不行，他单独剿捻两年，无功而返，可以侧证。

曾国藩真正的功劳在驾驭全局，长袖善舞，统率有功。统帅不懂战略，余下则在用人。湘军包括湘勇、楚军、霆军、老湘营、湖北绿营，事实山头林立，合作松散，曾国藩是名义上的最高统帅。这导致他始终也没有弄得明白，最后怎么就赢了太平天国？

他晚年还是没有想通，只好这样总结："不信书，信运气。公之言，告万世。"

曾国藩弥补办事能力不足的办法是摇身变化。

欧阳兆熊在《水窗春呓》中分析，曾国藩一生有过三变：早年在京城时信奉理学，治理湘军、镇压太平天国时信奉法家，晚年功成名就后则转向道家。

三次变化全是环境逼出来的。人生立世，不到万不得已，没有人会想着摇身苦变。理学无法教人办事，真要办事，只能临阵磨枪，曾国藩只好抓过以残酷著称的法家。但法家过于酷烈，救命稻草抓错了，不但遭朋友指诉，还得罪官场。他被逼再次摇身一变，遁入道家，这下才彻底安全。

左宗棠信奉儒学加实学，本色立世，没有出现这种窘况。儒学作为价值取向，可以看作政治学；实学作为办事能力，可以看作技术学。既有方向，又有方法，何必画蛇添足，摇身苦变？

曾国藩真正实至名归的是"立言"与"为相"。虽然没有专门的学术著作，但他的家书足以成一家言，"湘乡派"散文足以启一代文风。作为政治领袖，他带出湘军，从中走出总督与巡抚27人，作为相国，影响一时，带出的人才泽被后世，同时代无人能及。不考虑其政治理想有无、价值取向正误，单从起用人才，谋求历史建树而论，曾国藩可称一代政治大家。

同样以立德、立功、立言看左宗棠，左宗棠的德，见于以"王道"立官品，以人性化标准管理百官，以儒学规子弟、正人心。左宗棠的言，见于八百万字的奏折、书信、诗文，其中不乏深刻与前瞻的思想。支撑起左宗棠一生的根本，是"霸道"立功，他成了自唐太宗以来一千二百年里对中国领土主权贡献最大的人。

评价历史人物，王船山有句名言："有豪杰而不圣贤者矣，未有圣贤而不豪杰者也。"也就是说，中国历史人物中，有些人称得上是豪杰，但不一定是圣贤，但凡是称得上圣贤的人，一定是豪杰。后世有学者据此判定，曾国藩是"圣贤"，左宗棠是"豪杰"。

事实果真如此吗？且看左宗棠自己怎么说。

早在1861年2月1日，左宗棠就对郭嵩焘说："文辞雅瞻，才人也；倜傥权奇，豪杰人也；然皆不任为将。"豪杰担任将领，左宗棠都不用，可见即使他提拔起来的广东巡抚蒋益澧，都不仅限于豪杰，何况自己？左宗棠从没想过要做豪杰，硬将他按在豪杰的位置，未免生硬。

左宗棠事实是个大文人，他的文才在晚清属于上流。

1846年冬，贺熙龄卒于长沙，34岁的左宗棠题赠挽联：

宋儒学，汉人文，落落几知心，公自有书贻后世；

定王台，贾傅井，行行重回首，我从何处哭先生。

1866年秋，55岁的左宗棠北上剿捻，路经黄鹤楼，他应邀欣然为汉口湖南会馆题联：

千载此楼，芳草晴川，曾见仙人骑鹤去；

卅年作客，黄沙远塞，又吟乡思落梅中。

两联文采风流，颇见功力。

左宗棠最见智慧的一副对联，是他题新疆昭忠祠："日暮乡关何处是，古来征战几人回？"上联取自唐代诗人崔颢的《黄鹤楼》："日暮乡关何处是，烟波江上使人愁。"下联摘自唐代诗人王翰的《凉州词》："醉卧沙场君莫笑，古来征战几人回？"对古人诗句信手拈来，结合情景细细品味，已臻绝妙化境。

左宗棠作书法，以"端秀"为标准，自成一体，堪称上品。

左宗棠的才气，连光绪皇帝老师翁同龢见面都惊叹"服其有经术气"，足见学问之深。

这样一位文化大家，怎么是简单一个"豪杰"可以概括？

同时代人出于意气匆促定评，未免失之草率。

评定人物，需要时间。诸葛亮从精英走进民间，为世人广知，已到明朝，前后历一千余年。左宗棠去世也才一百余年，今天我们来深入认识他，只能算一个开始。

站在事功角度考察，左宗棠不但超过了他青年时代的偶像、"中国智圣"诸葛亮，也不是中国"战神"关羽可以比量。左宗棠今天在中国历史上怎么定位？他是名副其实的"神人"。

"神人"指知识渊博、技能超群、事功盖世的人。这也符合"神"的本义。

今天来看，"圣人"与"神人"的区别，可以看作曾国藩与左宗棠的根本不同。

1872年与1885年，曾国藩与左宗棠相继去世，前者61岁，后者73岁。"圣人"与"神人"两种价值取向的竞争，却没有停止。

1860年冬，曾国藩上奏《遵旨复奏借俄兵助剿发逆并代运南漕折》，揭开了洋务运动的序幕。他在安徽省安庆创办了安庆内军械所，这是中国近代首家依靠本土技术创建的军工厂。1866年夏，左宗棠在洋务运动的大潮下大胆引进法国的造船技术、英国的驾驶技术，创建了福州船政局。船政学堂是中国近代首家将西方的科学、技术引进落地，将西方科学技术中国化的大型军工厂、军工学校。

洋务运动兴起后，到维新变法的30余年间，理学逐渐让位实学，新式学堂呼之欲出。

1897年1月，熊希龄沿城南书院、湘水校经堂一脉，请两江总督刘坤一拨盐厘加价银7000两做经费，共募集15000两白银，在长沙小东街建立时务学堂。

时务学堂功课，就是"儒学加实学"搭配。具体分为两类：一、普通学，包括"经学、诸子学、公理学、中外史志及格算诸学之粗浅者"四种；二、专门学，包括"公法学、掌故学、格算学"三种。《春秋公羊传》《孟子》成为主课，还加进西方"民权"思想。

　　1897年8月28日，时务学堂第一次招考，录取学生40名，15岁的蔡锷被录取。

　　1915年，33岁的蔡锷带着时代新思想，在云南发起护国运动，帝制第一次回潮被打断，共和自此长久取代帝制。理学失去制度依靠，对现代化束缚逐渐减弱，只限作个人修身，倒也起过一些积极作用，杨昌济以理学修身，就是一例。

　　时务学堂后来又改名求实书院、湖南省城大学堂。1903年，湖南省城大学堂与岳麓书院合并，组建成湖南高等学堂。1926年，正式定名为湖南大学。

　　从湘水校经堂到湖南大学，"儒学加实学"取代理学，用去95年，左宗棠无疑是中国近代理工科学技术的奠基人、鼻祖。

　　左宗棠"儒学加实学"走出来的新路，越走越宽。毕竟，全球化在其后百年是不可阻挡的历史潮流，以事功支撑起来的无言的道德、文章，才是真正历久不灭的人心碑石。

　　崇尚一技之长，不唯学历凭能力。以世界之大，左宗棠相信，后世必有知音。

频说

此章在左氏"修齐治平"完整一生的基础上进一步回答：用当代眼光看，放在中国，左宗棠留下的价值是什么？

曾国藩用"理学"救世，意图让中国回归宋、明理学传统；左宗棠用"儒学加实学"救世，摸着石头过河，朝着"法治"的路子迈进。如果倡导"以德治国"，曾国藩必会流行。但如果倡导"以法治国、以德育人"，左宗棠更值得关注。

作为从传统中脱胎出来的创新者，左氏与传统格格不入者有二：

一、重新定义"义利观"，"私权"观念为传统文化不容；

二、与西方文化接轨的"个性"意识，其自由观念又为传统文化所忌讳。

只有在"法治"的环境里，左宗棠这些观念才会越来越被中国人认同。

第十章 西方人眼中的左宗棠

左宗棠曾被美国《新闻周刊》评为「一千年来全球（七）位智慧名人」，西方世界为什么高度认可并推崇左宗棠？

弱国无外交，西方人为何独独敬畏左宗棠？

"自强、率直"代替"谦让、委婉"

1866年，左宗棠在闽浙总督府的椅子上还没坐热，朝廷就接到一封英国人的告状信。

告状人是英国驻福州领事馆代领事贾禄。

贾禄在告状信中指控：贵国闽浙总督左宗棠为人傲慢无礼，不懂外交礼仪。我日前率团去福建省政府办事，左宗棠擅自将外交礼仪中的"照会"私改成"札文"；使团到总督府门前，边上只开一扇小门，还没有欢迎礼炮。行为如此出格，不但是对我本人的侮辱，也有失中国国格。我来贵国多年，之前在广东、上海，一律是将军、督抚"照会"，中门礼炮欢迎，凭什么让左宗棠给改了？恳请朝廷追查。

根据控告的内容看，这当属一起严重的"外交事故"。

告状信从福州领事馆沿海路加速送到英国驻北京公使馆，再由北京公使馆递交总理衙门，总理衙门直接转呈慈禧太后。

慈禧其时是一个31岁的年轻女子，虽然性格凌厉，处事强悍，但此时并无多少外交经验，看后一时惊惶，既羞且怒，责令总理衙门追查。

总理衙门立即致信左宗棠，责问此次为何失礼？

左宗棠从容不迫地回信，耐心叙述完事情本末，郑重指出：不是我傲慢无礼，不懂外交礼仪，是贾禄飞扬跋扈惯了，践踏外交礼仪。驻省外国领事馆的最高行政长官相当于中国的道员，这有两国签定的条约为凭。大清帝国闽浙总督、一等恪靖伯对下级领事馆发公文，严格按外交礼仪用札文，不开中门鸣炮，完全符合规定。倒是贾禄，为什么他有胆恶人先告状？一方面固然是不懂中国礼法，但主要原因，是中国沿海诸省督抚多年习惯在他们面前自卑自贱，主动屈膝迎合，才导致英国人多年非礼还不自知，反过来指责我们。中国越是谦卑，西方越是高傲，这是不对的。如果英国公使还要抗议，请他们再列举具体事例，我负责逐一回复。

> 如阿使再向尊处饶舌，请向其询问如何违约，如何失礼各
> 事，以便逐条登复。

总理衙门翻到条约一对照，才发现左宗棠果然完全在理，便将此信转抄英国驻北京公使。

贾禄一看，原来是自己不懂规定，先违礼仪，当下心悦诚服，向左宗棠道歉。

这是左宗棠第一次处理中英"外交事件"。双方首次交锋，他对西方人的性格、处事方式，有了初步印象。

1882年，作为两江总督，左宗棠与西方人打交道更多了，他如何对待？

在两江任上，左宗棠外交工作重心放到抓军工企业上来。这年5月26日，他以考察海防的名义，先后视察镇江、常州、苏州、上海。目的一是检阅江南各地军队，指导海防工作，鼓舞提振士气；二是检查上海制造局的兵器生产情况，对东部海防实力全盘摸底。

出巡检阅路上，左宗棠接见了英国、比利时、奥地利等国的领事与天

主教堂主教。为了在外国人面前显示大清国威，左宗棠将出行规模搞得庞大壮观。

巡阅队由一名提右营守府骑马领队，后带八名一品顶戴与两名二品顶戴武将前导。左宗棠坐在绿呢大轿中，由几名戴蓝顶、晶顶与花翎的官员扶轿。轿旁举两块清道牌，各书"清道飞虎""肃静回避"。后面跟举左宗棠的官衔牌：钦差大臣、二等恪靖侯、太子太保、东阁大学士、两江总督。轿后，跟从荷枪实弹、全副武装的亲兵八名、马队八名、侍从护卫八名。最后由上海制造局炮队全体营兵压队，场面声势浩荡。

巡阅队检查工作的一方重地是上海。

上海是两江总督的辖地。这里各国租界林立，租界里与中国直接打交道的以印度人居多，他们是欧美人雇来的警察、差使。印度自沦为英国殖民地后，英国人不但将该国作为鸦片种植生产基地，通过东印度公司向各国贩卖，而且大量招募印度底层人民作为差使，干粗活、重活、杂活。印度差使有个坏习惯，看中国市民不顺眼，喜欢用脚踢。上海不少市民挨过踢。印度差使有英国大使馆作后盾，上海人没奈何，管被踢叫"吃外国火腿"。外国火腿吃多了，上海人既怕又恨，却又无可奈何，便采用阿Q策略，将印度差使妖魔化，给他们取绰号叫"红头黑炭"。

左宗棠巡阅上海，经过租界。大队人马走近租界区，路警赶紧过来阻拦，不准经过。理由是，根据租界章程，所有拿枪操刀的人经过，必须先向工部局申请照会，才能通行。

领队的话转达轿中，左宗棠掀帘下轿，愤然作色道：这是什么王八蛋逻辑？上海是中国的土地，和约上写明是租借，外国人并无领土主权。中国军队检阅中国土地，哪里用得着外国人来批准？！

左宗棠发布军令，营兵集结！当场指挥巡阅队抽刀出鞘，枪炮全部上膛，强行冲关，一旦遇到阻拦，立即开火，先打死再说。

路警见势，吓得一路狂奔，报告上司。

租界从来没有碰到过这等事。怎么办？

各国使馆商量来，商量去，终于选择妥协，声明不再干涉，反过来安排巡捕沿途协助巡阅队。

左宗棠这才颔首露笑。

第二天，巡阅继续。租界经过一夜商议，认为左宗棠虽然态度强硬，但巡阅合理、合法、合约。各国终于主动降下本国国旗，统一换上中国龙旗，还统一派出兵警，主动为巡阅队开道，沿路点放十三响礼炮，向两江巡阅队致敬。

左宗棠任期内曾四次巡阅江南，三次巡阅上海，没有一次受到阻拦。其中，以第二次的欢迎最为热烈。

1884年2月，72岁高龄的左宗棠率巡阅队再次来到上海。他坐船过黄浦江，各国军舰提前得知，相继发礼炮欢迎，士兵全部持枪站在桅杆边恭迎。等船停靠下来，有外国使馆干脆放起万响鞭炮。这种没有先例的热闹，吸引数十万中外市民聚集江岸争相围观，黄浦江周围几无立足之地。船停稳后，英、德、美、俄、奥等国的领事都上船拜见左宗棠。接见完毕后，各国兵船又礼炮欢送，黄浦江上空一时礼炮络绎，蔚然壮观。

上海当时影响力最大的《申报》，连续三次整版报道左宗棠巡阅实况。

回忆左宗棠一生，最早正面与西方人打交道在1862年8月。当时，在宁波海关任税务司的法国人日意格出面组织常捷军千余人，协助楚军镇压太平军。创办福州船政局时，左宗棠又高薪聘请同是法国人的德克碑担任技术指导。从那时算起，左宗棠与西方人足足打了23年交道。

左宗棠怎么看待西方人？

1876年，左宗棠与二哥左宗植谈起经验，说：我办理涉外事务多年，也逐渐摸到了一些规律。与西方人无论共事还是扯麻纱，第一件事，先将合同找过来，逐条逐款看明白，想仔细，弄透自己占的道理在哪里，可能被对方抓住的把柄是什么？然后与他们对照合同，逐条辩论。自己占理的地方，一定要直接全部说出来，绝对不能转弯抹角、遮遮掩掩。但明明是对方错了，也不把话说死，给他们留点余地。等对方醒悟过来，一般会顺着你给的梯子往下爬，这时再提要求，没有什么不可以解决的了。

为什么如今中国人看见西方人习惯性地感到怕，要么躲，要么逃，要么胡乱搞他一顿？

左宗棠说：主要是我们自己心态不对，方法不对。咱们中国人崇尚以和为贵，以让为重，随西方人提要求，自己先满口答应。西方人却不认为你在谦让，误以为你好骗，被他给蒙住了。他反而得寸进尺，乘胜紧逼。可见，西方人的性格与中国人大不相同。他们喜欢直来直去，讨厌转弯抹角。要与他们平等对话，你得有胆量展示自己的强大，他才会对你口服心服。

左宗棠以此方法分析鸦片战争以来历届和约，结论是：中国政府以往签订的那些不平等和约，完全是被西方人的气势镇住后，冤里冤枉签下的，这不能不说是一大失误。中国人在战场上即使打了败仗，如果谈判桌上能够沉着冷静，也不至于输理。但往往自己先慌了，还没弄清对方的意思，便主动让步，放弃权利，西方人轻松得了好处，反而更加看不起中国人。他们不会觉得你在谦让，而是认为你窝囊。问题就出在中国人心态不对、方法不对。只要沉着冷静，摸透他们的心理，掌握对付他们的技巧，大家就可以相安无事，和平共处。

有了这种想法，左宗棠并不主张主动与西方人兵刃相见，凡事喜欢跟西方人争势、论理。左宗棠童年读《孟子》，孟子是一流的大辩论家，条理清晰，气势如虹。左宗棠一生有个最鲜明的优势，一眼就能发现事情的关键，语言表达能力也是一流，西方人在谈判桌上基本不是他的对手。上述几次外交冲突胜利，事实都是这一方法的行动结果。

长期的洋务自强、求富实践下来，左宗棠认为，主张平等的西方人并不能真正平等地对待中国人，乃是因为中国国力落后于西方。造成落后的根本原因，是中国人的聪明才智专门用来空谈道德政治，西方人的聪明才智却全部转移到科学技术，由此造成国家实力差距。

差距摆在那里，怎么办？

不能掩耳盗铃，不能夜郎自大。只有老老实实补课，以西方人为师，"师夷长技以制夷"，埋头苦干，迎头赶上。

问题是，具体如何学习西方？

学习西方，以"商战"制胜欧美

左宗棠遇事先分析，后行动。

他首先研究西方人不远万里来到中国的真正原因，结论是：持剑经商，谋求利益。

1875年，已与西方人打了13年交道的左宗棠，在给刚上任的光绪皇帝的奏折中明确说出这一基本观点：据我的观察与判断，欧美各国组团来到中国，根本目的是做生意赚钱，而不是贪图中国土地。他们下船踏上中国的第一件事，是争占码头、港口，而不是占领中国的土地、民众。他们也懂得，占领土地，必然要驻扎军队，占领民众，必然要设立公检法机构。赚来的钱还不够养活自设的军队与管理机构，他们不干。怎么知道他们只是为了做生意？看他们的行动。每到一个沿海城市，他们第一件事是自我保护，一旦争码头、港口发生冲突，他们才组织军舰，平摊军费准备打仗。他们的通商口岸办得久了，我们碰了他们这块赖以维系生存的蛋糕，他们才会跳起来力争。

左宗棠不是近代开启潮流的思想家，而是一个立足中国传统学习西方技艺的文化本位者。他作为行动者，着眼当下，务实学习西方科学技术，通过"商战"来制胜欧美。

左宗棠比较东西两大人种，结论是，中国教育制度培养出来的学生，聪明才智超过了西方人。单个的西方人与单个的中国人较量，论说论做，他们一般都不是对手。可见中国落后不是因为人愚笨，只是聪明才智用错了地方。

随后偶然遭遇的一件事，更加坚定了左宗棠这一观念。

1869年，左宗棠与二哥左宗植谈论最近一次的新发现，不无惊讶地感叹说：中国人近年来被外国人打怕了，什么都是外国的好，甚至以为开花炮弹与大炮都是外国人最近带过来的。事实并不是这样。我最近在凤翔府城楼无意中发现了200多颗开花炮弹。虽然已经锈迹斑斑，但擦净一看，上面清晰可以看出"万历"与"总制胡"字样。这说明西方利炮在16世纪中叶已经传入中国，至今已有300多年了。可叹明朝无人留心此事，宁愿锈坏也不研究。假使那时就自造利炮，今天哪里还轮得到西方诸国不远万里来教训咱们中国？中国人不自强，导致军事专业技术人才严重缺乏，可惜我今天白白拣到一堆好炮弹，国内连个看得懂的专家都找不到！

这件是对左宗棠的刺激很大。他进一步狠下决心，必须尽快将中国人的聪明才智从道德政治学转移到科学技术上来。三年前他创办福州船政局，便已经有针对性地开设求是堂艺局，全面系统地学习法国的造船技术、英国的驾驶技术，目的在将它办成国内第一所近代海军学校，将西方的技术思想引进来。

求是堂艺局寄托了左宗棠求富、求强的"中国梦"。为了引进国外先进技术，1866年，左宗棠聘请时任江汉关税务司的法国人日意格任福州船政正监督。双方签订为期五年的合同，由法国总领事白罗尼画押担保。

同年，水师出身的法国人德克碑签约，担任船政副监督。

聘请法国人，是因为当时全球造船技术数法国最高。求是堂艺局开设制造、驾驶两个专业，学生按规定读法文，专门研读法文版造船图书。而驾驶技术以英国为最，专业教授改请英国人主持，学生按规定读英文，专门研读英文版驾船图书。

作为中国第一个专门研究科学技术类学问的近代学堂，求是堂艺局打破四书五经、程朱理学的束缚，学生前途不再是科考求功名。在官本位的中国，这一观念给社会带来震荡。民众都觉得很新鲜，但就是没人有勇气敢来报考。

为了吸引各地秀才，左宗棠安排教育部门在街头、乡村四处贴告示，指明面向全国招生，学生限13岁到16岁，报名条件很简单，只要会官话（普通话）即可。即便这样，因为过于新潮，还是没几个家长敢带孩子来报名。左宗棠不得不再将招生年龄放宽到12岁至20岁。

为了吸引考生前来报名，学堂再次出台系列优惠政策。

章程规定：一、凡报名考取者，吃饭不要钱，医药费全报销，读书有工资，每人每月四两白银。二、进校后，三月一考，列一等者每次可得奖学金十两白银。三、五年毕业后，可按照水师标准提拔做官，"每月薪水照外国监工、船主辛工银数发给"。

1866年12月23日，求是堂艺局正式招生。在稀稀落落的报名者中，12岁的严复来了。其时严复正逢父亲去世，家贫如洗，既无田地可种，又肩不能挑，手不能提，为求得生计，他只能报考。

其他考生，情况大致相似。

首批招考，共录取学生105名，全是福建及邻近地区的寒门子弟。左宗棠看了名单，非但没有嫌弃，反倒格外欣赏，因为他自己早年求学就是这么苦过来的。在向总理衙门汇报时，他不无欣喜地说："闽中艺局学生，均民间十余岁粗解文义子弟。上年去闽时，即闻教师博赖说，均甚聪明，易学易晓。今日意格亦云然，可见中国人才本胜外国。"

1866年11月19日，左宗棠因须承担剿捻重任，举荐沈葆桢接替出任船政大臣。沈葆桢接事前，福州船政局前期选地、搭班子、打地基工作，左宗棠已经安排人办理了近一年，基础工作已经全部完成。

求是堂艺局被沈葆桢改名船政学堂。船政学堂最大的贡献，不在到1907年共造出40艘舰船，而是在中国历史上第一次将实学当作主课，造就中国首批影响后世的专业技术类人才：萨镇冰、严复、刘步蟾、林颖启、黄建勋、林泰曾、方伯谦、叶祖珪、李鼎新、陈兆艺、林履中、刘冠雄、郑汝成、沈寿堃、黄鸣球、陈恩焘等，后面名单还很长。

离开福州后，左宗棠走到哪里，就将实学带到哪里。

1872年8月，战闲时分，他抽出精力，筹划创办兰州制造局。

1879年底，随着第一批机器从德国运来，甘肃织呢局陆续建成。机器织布开始取代女红手工。

近代科技工厂第一次在大西北落地开花，与绵延3000公里的"左公柳"相互映照，拉开了中国近代史上第一次西部大开发的序幕。

左宗棠办洋务起用的启蒙人才，来自法国，但他自身的实学思想，来自本土。早年读顾炎武、顾祖禹、齐召南，训练出来的实学思维与西方纯逻辑技术的科学思维存在一定差异。面对西方技术，他自觉按照中国人的方法，不盲目全盘照抄，而是将西方技术做本土转化。他始终站在中国文化的本位，对传统做创新与改革。这一思路用进商业领域，即大胆起用胡雪岩搞"商资商办"，这完全有别于曾国藩的"官督官办"，也不同于李鸿章的"官督商办"。

"商资商办"的做法，逐渐改变大清帝国的经济基础。口袋决定脑袋，经济基础决定上层建筑，左宗棠逐渐形成了与郭嵩焘不同的政见。郭嵩焘主张的是学习西方"政教"，左宗棠则认为，"通商贾"之后，科学思维可以学西方的，但"政教"必须坚持本国儒学。从中国本土培育出适时的现代价值来，才会有生命力。

1875年，左宗棠这一思想已经成熟，他与儿子们谈起时说：近来，中国人见西方制造业发达，明白中国再怎么努力也一时难以赶上，苦恼万分，每天借酒浇愁，做一天和尚撞一天钟。我以为，这种想法是不对的。谈学问就只谈科学技术，谈打仗就专论坚船利炮，哪有这样看问题的？科学技术与坚船利炮，不过是学问的一种。自己这方面不如人家，学习就是了，没有什么大不了。但如果说学问只限科学技术，打仗全靠坚船利炮，这就不知道错到哪里去了！求学问的根本，在明白儒家道义。离开道义求利、求技术，叫捡了芝麻丢了西瓜。近来学术界有个坏现象，学者将儒学当儿戏，埋怨儒学害了自己。果真是这样吗？我看是他们自己没搞懂儒学，而不是儒学误了他。好比说，农村有户人家修了栋新房子，封顶那天邀亲朋来喝喜酒。按咱们中国传统的规矩，品格修养好的、年纪长的、官位大的依次排位来坐。如果有人突发奇想，将建筑工人安排来坐上席，其他人都毕恭毕敬向他敬酒，满堂的人岂不全乱了套？这是天大的笑话！今天"全盘西化"的主张，你看跟这个故事是不是一回事？

通过左宗棠可以看出，中国"实学"与西方"艺事"，有同有异。同的一面，左宗棠极力倡导、学习，异的一面，他无法完全认同。

坚持中国文化本位的左宗棠，在西方人眼中是什么样子？

他为什么会被西方人青睐？

"国际左"到底是怎么来的？

美国《新闻周刊》在2000年将他选入"一千年来全球40位智慧名人"，主要有两个原因，一是左宗棠的事功，二是他的个性魅力。今人经常无意间忽视的一点是，左宗棠是一位诸葛亮式的政治家，是影响国际格局的大战略家。所以尽管中国仅有三位历史人物够资格入选，左宗棠仍当仁不让跻身千年"智慧名人"行列。（除左宗棠外，一位是毛泽东，另一位是成吉思汗。）

美国学者贝尔斯因钦佩左宗棠的才干与智慧，1937年写出《左宗棠传》，在美国出版，向西方读者推介中华文化，推广左宗棠精神。

贝尔斯起初注意左宗棠，是因为他显赫的战功。他一开始在研究中国西北问题，逐渐发现左宗棠至关重要。同为军人，他发现左宗棠居然办成了全世界的将军们难以办到的事。他对这位"四亿中国人中最伟大的人物之一"的左宗棠开始钦佩，深入了解之后，他又被左宗棠的个性魅力强烈吸引，开始对他展开全方位的研究。

贝尔斯如此评价："左宗棠是一个具有真正伟大灵魂的男人。他是一位伟大的将军，一位伟大的政治家，也是一个伟大的人。他在国外名声不广，在他自己的国土上也未得到应有的声望。他的同胞只要认真研究他的生平和功绩，就会获得极大的价值。他热爱自己的祖国，为他的国人在悠久的历史中取得的成就而自豪，他尊敬圣贤，不懈地听从他们的教诲。他把自己的力量和才智毫无保留地用于服务祖国，深信国人能够通过自己的努力、按照自己的方式解决国家的所有问题。左宗棠不愧为其祖国和人民的光荣。"

一个文化完全异质的美国作者，为什么可以对左宗棠产生如此强烈的认同感？左宗棠按职业军人的方法打造楚军，以超常的敬业精神贯穿整个军事生涯。这种职业化态度、敬业精神，让西方人理解起来没有障碍。

左宗棠由此成为"国际左"。

这一现象给今人的启发是，中西文化尽管不同源流，但差异并非大到不可沟通。尤其是，根据中国传统文化的"心性"理论，由文化决定的人心尽管大不相同，但人之为人的本性是相同的，在全球化已成事实的时代，只要站在人性的原点，文化差异并非不能求同，文化冲突也并非不可调和。

很少有人去想过，左宗棠饱受国人诟病的个性，也是他具备沟通国际的一大元素。

独立精神：让"中国精神"走出国门

左宗棠早年个性最鲜明的特征，是倔强；及至他1860年出山创办楚军，个性表现为"刚明耐苦"，特点是霸蛮；到1880年他统帅楚军抬棺征战进驻哈密，这种倔强与霸蛮被他发扬到极致。

什么叫倔强？

刚强不屈，顽强执着。

霸蛮是湖南方言，现代汉语无法翻译，用儒家的话说，是"知其不可为而为之"。用左宗棠的话说，是"任人所不能任，为人所不能为，忍人所不能忍。志向一定，并力赴之，无少夹杂，无稍游移"。

倔强、霸蛮是一种优缺点并存一体的性格。因为人的性格不存在天然的好坏之分，关键看有着这种性格的人怎么用它，将它用在什么地方。

倔强、霸蛮本是湖南地方民风。自蚩尤战败、屈原怒而沉江之后，千百年来，历代文人、学者将它逐渐提升为一种学风。民风散漫四野，不能成其为气候；学风却可以作为确定之规，用来凝聚人心，成为一种精神力量。

湖南学风，经宋朝周敦颐、明朝王船山以下，最鲜明的特质，是独立精神。

清朝起，湖南读书人习周敦颐开创的宋明理学，王阳明"知行合一"渐成风气，由此，湖南读书人形成了一种十分独特的气质。这种气质，钱基博描述为"宏识孤怀，涵今茹古，罔不有独立自由之思想，有坚强不磨之志节""能别于中原人物以独立"。

左宗棠出色的地方，在他凭倔强、霸蛮支撑起一种独立精神。

左宗棠的独立精神，童年起便深受湖南民风的浸染。他从小被看作"牵牛星降世"，这让他产生一定程度的孤高心理；而家境到了左父一代，完全破落，左宗棠不得不倒插门到湘潭周家活命，自尊心大受挫折。但左宗棠天资高，胡林翼称他中国第一。家世跟资质反差巨大，理想很丰满，现实太骨感，这种打击无与伦比，左宗棠内心澎湃的心力在这种情形下激发了。

从青年时代起，左宗棠内心始终激荡着一股气。无论是"身无半亩，心忧天下"的豪气，还是单方面宣布"罢考"的傲气，或者是见林则徐时自称的"天地正气"，他终生都洋溢着一股生气。

强劲的心气，让左宗棠早年形成了主动、扩张的外向性格。他凡事首先想到抓人弱点，先发制人。

杨公道记述的一则轶事颇能见出这点。

1832年，左宗棠从湘阴县赶往长沙府参加乡试，结伴同行者五人。因舟行迟缓，半路已经天黑，五人合租一间旅馆。店小二在他们饭后点了一盘香放在书桌上，目的是为方便旅客吸烟点火。但五人都不吸烟，加上一路舟马劳顿，倒床后全"呼呼"睡着了。

第二天起床一看，出事了。香将桌面烧出了一个黑乎乎的洞，还在冒烟。同行者慌了神，赶紧用茶水浇灭，开始想应对之策。有人说，是我们太粗心了，应该赔钱给店老板。有人反对说：又不是我们要他点的香！不如写张留言条盖住洞，再偷偷走掉。左宗棠听后摇头，这都不是办法。他略一沉思，大声叫来店小二，指着他的鼻子说：伙计，你摊上大事了！明知我们读书人不吸烟，你端盘香来烧这是要干什么？幸亏只烧了桌子，没有烧到行李和人！要是烧到我们，你赔得起吗？

店老板被惊动，闻声赶来，一听左宗棠在理，连赔不是。五人只交了房租钱，便坦然收拾好行李，堂堂正正从正门走出去。

左宗棠出山后创办楚军，训练的主要内容是练心、练胆，五千余军士只在操场上训练一个月，就拉上前线真枪实弹作战，做法听来惊世骇俗。

从组建楚军到成立西征军，到筹建恪靖定边军，左宗棠一生亲征百战，很少打过败仗。其取胜的秘诀，靠运用他所领悟到的中国传统的精髓：战略过人、胆魄超人、气势盖人。每临大战，楚军必以雷霆万钧之势，以艰苦卓绝的斗志，将敌军瞬间瓦解。借毛泽东的话说，气势"要似昆仑崩绝壁，又恰像台风扫寰宇"。

心气是支撑左宗棠独立精神的根。

左宗棠的心气，是"士人气节"，是"文人风骨"。

独立精神与"士人气节"和"文人风骨"存在一种递进关系。唯有具备独立精神，才能保持文人风骨；唯有具备文人风骨，才会心忧天下；唯有心忧天下，才能超脱功利；唯有超脱功利，才能开创出超越前人的历史业绩。

左宗棠40岁前，虽一直生活在民间，但他的这种风骨跟气节完好地保存了下来。

有气节，有风骨，这就叫有"士人精神"。这种精神天然带有一种历史使命与现实担当。正如曾子所说："士不可以不弘毅，任重而道远。仁以为己任，不亦重乎？死而后已，不亦远乎？"

"士人精神"被左宗棠一生凭借倔强、霸蛮张扬到了极致状态，他自身的光芒就显得格外耀眼。

站在湖湘地域文化内比较看，如果说，曾国藩代表湖南人拙诚、勇毅的一面，左宗棠则代表了湖南人倔强、霸蛮的一面。曾国藩侧重传承文化，左宗棠偏重践行精神。

在全球化的文化竞争中，左宗棠的立身之根是什么？

左宗棠生于1812年，死于1885年，相对完整地经历了19世纪。

以全球视野观照，19世纪人类社会主要有以下几件大事：

一、中国发生太平天国农民运动，经过一系列战争和不平等条约，中国沦为半殖民地，清朝统治摇摇欲坠；

二、日本于1868年展开明治维新，成为东亚一强；

三、拿破仑以统一欧洲为目的发起争霸战，使民族主义和民主思想在欧洲得到普及，宗教贵族统治的地域从此被世俗化；

四、德意志帝国在普鲁士的领导下产生，意大利独立；

五、美国经过美墨战争、南北战争，成为北美强国；

六、法国无产阶级第一次建立了自己的政权——巴黎公社。

全球一批代表各自地域文化性格特征的人物，在这期间雨后春笋般脱颖而出：亚洲有中国的左宗棠，日本的伊藤博文；欧洲有法国的拿破仑，德国的威廉一世、俾斯麦，奥地利的梅特涅等等。

在这些世界级人物中，左宗棠是近代中国第一个主导国际战争并取得胜利的湖南人。这让湖南的影响力随着左宗棠的名字，走向了世界。

在中国版图之内，湖南是一个以丘陵地理为特色的省份；在中华文化之内，湖湘文化是一个以霸蛮为特色的区域文化。放进全球去看，以民族、国家划分，世界各国、各族的性格大不相同。美国人类学家奥天柏将人类"人文血型"分为六种：欧洲型、中间型、湖南型、印度满洲型、非洲南亚型、太平洋美洲型。

欧洲型指日尔曼农耕民族国家；

中间型主要在阿拉伯、巴尔干国家，血型包括 A、B、O 型；

印度满洲型主要包括亚洲游牧民族国家和地区，即印度、中国北部、东南亚，以 B 型血型为主；

非洲南亚型主要包括各渔猎民族，有非洲人、美洲印第安人、中国广西及广东人，以 O 型血型为主；

湖南型指古苗人水稻民族，以 A 型血为主。奥天柏所定义的湖南型，包括日本人、华南人、匈牙利人和罗马尼亚系犹太人，人数在三亿以上。

1921 年，日本有人类学家不愿将日本人列入湖南型之内，请求奥氏将湖南型改为日本型，奥氏始终不愿意更改。可见在奥氏心中，湖南人性格在世界上可以作为一种类型，独立存有。

湖南型被当作全球文化人种的一类，其主要原因，在于中国传统文化强调群体意识，民族精神内敛，而湖南人以其倔强、霸蛮，表现出浓重的独立个体意识。这一方面说明湖湘文化独特，同时也见出中华文化内涵丰富。湖湘文化中的这种意识，与西方尊崇个性、个体、人权的观念，可以无障碍地沟通。

左宗棠正是凭倔强、霸蛮，表现出一种强烈的独立个体意识，正是他知行合一，奠定了旷世事功的底色。

左宗棠的这种精气神，如果以中庸的传统眼光看，评价很难高到哪儿去。但如果放进全球文化相互碰撞、交流的大环境中去看，他不只是可以让中国精神走出国门，得到世界的钦佩与认同，更在启示中国未来的潮流与方向。

当代中国精神的潮流与方向是什么？

以爱国主义为核心的民族精神，以改革创新为核心的时代精神。

自1840年以来，中国人同时将这两种精神身体力行出来，左宗棠做得也许不是最高，但肯定是最早。

中国文化的原点，在家族与情感，传统宗法得以存在并延续，依托安土重迁的"熟人社会"。但今天市场与科技正在改变家族与情感，造成一个商业的、大流动的"陌生人社会"。

在未来的数十年内，在已经失去大家族成长环境、互联网熏陶、商业化背景下独立成长起来的新生代们，他们独立意识强，个性主见足，正在逐渐成为社会的主流。左宗棠创新儒学践行出来的思想、观念、方法，随着人们的不断深入挖掘，必然会受到越来越多新生代们的追捧。随着左宗棠真正的历史意义与现实价值被深入挖掘出来，他必然再度成为新世纪里的热门人物，成为一代代人走向国际社会的精神桥梁与文化纽带。

频说

　　倔强、霸蛮、独立精神……这些是在第一次"全球化"到来时左宗棠身上最醒目的特征。

　　中华文化的哲学基础是"天人合一"，西方文化的哲学依据是"天人相分"，这是第一次"全球化"之际，东西方激烈碰撞的根本原因。左宗棠以经世致用的理工技术手段，将中华文化优秀的一面充分挖掘出来，践行出来，既能沟通、应对西方人，也能赢得西方对手的尊重。因为中华文化是一种最具弹性的文化。也正是这种弹性，让中国人虽历劫不灭，总能绝处逢生，重新焕发生机与活力。

　　今天的中国，已经进入工商业文明时代，左宗棠当年作为经世致用的践行者，作为最早将英、法理工技术引进中国的官员，是最早一批经济全球化的操盘手。他一手培养出来的胡雪岩，一百多年前已经做起国际生丝贸易，尝试朝"经济全球化"的路上迈步。

　　比较经济全球化而言，文化的全球化时间最长，也进展最慢，且冲突多。以此观照，左宗棠对中国文化贡献最大的地方，在于他习顾炎武、顾祖禹、齐召南的"本土学术"，创新传统儒学"义理"来改进传统观念，吸取西方"艺事"之长，中西融合，在船政、学堂、织呢、国防诸方面都卓有贡献。他是中国近代理工技术学问的奠基者、引路人，是近代以来"中国精神"的代表性人物。

一

这是"左宗棠系列"六部中首部再版升级的新作，也是我第一次在家乡湖南文艺出版社向读者朋友们捧出自己的作品，既感到亲近，亦心怀期待。回看自2007年开始着手研究写作左宗棠，时间已足足过去十六年。距离我首次出版《左宗棠：帝国最后的"鹰派"》，也有十个年头了。

十六年过来，我以讲座方式在各地交流、分享左宗棠，已逾五百场了。近六七年里，逢现场读者提问，他们都对同一个事情不约而同抱有极大的兴趣：你为什么持续不断地研究左宗棠，写作左宗棠？

我明白读者朋友们是想知道，我十六年里写作左宗棠的心路经历。

2007年10月初，我首次去到左宗棠故居湘阴柳庄。第一印象里的左宗棠，跟多数读者差不多：比较"草野"，有点古旧。我对军事完全外行，以致在故居看完他的生平经历，仅留下一位"成功奋斗者"的形象。

那段时间，我正在写作《经营天下的湖南人》，左宗棠只是其中一章。因此书之故，我开始着手全面了解左宗棠的生平事迹、包括他的基本主张和主要思想。

回到长沙后，我读了几部写他的图书，结合自己在故居的切身观感，我对左宗棠有了轮廓上的整体把握与细节里的基本了解。

《湖南人怎么了》《经营天下的湖南人》两部作品在2009年、2010年相继出版，我对三千年湖南历史、湖南人物、风土人情，在整体上算是有了一些认知跟心得。湖南地域又大，人物又多，篇幅所限，只能蜻蜓点水。回头自看，我发现这种"大历史、泛文化"的写作有点飘。——"博不精，专不透；高不成，低不就。"

左宗棠是我在警醒后决定深入研究的写作对象。

"惟楚有才"的湖南，历史伟人耸立，可写的人物实在太多，为什么是左宗棠？

首先因为他的性格、经历与风格，让我感到心气相通。2013年11月，《中国青年报》记者吴晓东对我的新书作采访，如实记录下我的初衷："左宗棠在社会底层的生活经历打动了我。他多年潜居乡村，蓄养清气，饱读诗书，修炼的霸蛮而不野蛮的气质，让我感到亲近。"

我一直相信一个常识，只有自己深深感应到了的人物，下笔才能写准，写作过程也才会愉悦，不至于隔靴搔痒，也用不着悬梁刺股。如果被写作对象跟写作者不同气类，写作者干的事情，顶多叫作 X 光，或者 CT 扫描。

第一部作品——《左宗棠：帝国最后的"鹰派"》——在这种酣畅愉悦中一气呵成。上市后效果之佳超出预期，当年便被评为"年度中国影响力图书"。我心中欣慰，也感到满足，又潜回那部深不见底的《经营天下的湖南人》。毕竟，十四位湖南历史人物，不是三五年便可以写成。

但才写完王船山一章，我又发现了问题。独独一个王船山，没有二三十年时间，也不可能真正完全弄懂写透。我对左宗棠的透彻度同样还远远不够呀！写完一部传记小说，便以为自己已经彻底懂透，不仍是浅尝辄止吗？

越写下去问题越多，越想下去越有问题，这可真是作者的烦恼。

枯坐于书屋，万籁俱寂之时，我开始静下心来问自己：

左宗棠为什么最终成其为左宗棠？

他一生的性格到底是怎么逐步形成并稳定成型的？

他早年的性格、生活经历与他日后的价值观念、行事方法，到底有什么因果逻辑？

他出山入仕后独特的思想观念，跟早年的教育、乡居生活有什么关联，是如何从萌芽到成熟的？

他一生完整的思想观念与价值体系到底是什么？

他带兵打仗与为官理政，跟他的思想观念与价值体系，到底是如何对应的？

我将自己问得目瞪口呆，似乎都回答不上来。

辛辛苦苦挖了三年，以为可以放桶下井打水喝，到头来仍是一口枯井！

三年过后，心态回到原点，我依旧感觉自己的写作有点飘，这种感觉让我开始感到苦恼。

第二部作品——《狂澜之下：左宗棠的十张面孔》——便是在这种苦恼心境中带着问题去找答案而作的。

我发现这样一个道理：作家写作虽然是创造的过程，不用像考古学家、训诂学家那样辛苦，但确实没有捷径可走。我开始回到古籍，老老实实系统读《左宗棠全集》，再循着左宗棠当年的足迹，观其行迹，探问心迹，将古籍深读跟实地考察结合起来。我将自己平日里搜集的素材、思考的答案记下来，用理性系统的文字梳理出来，几经修改，不厌其烦，直到写得脑袋发烫，双脚发麻，终于成稿。

对于这部作品的深层写作动因，2016年3月，《厦门日报》记者杜晓蕾的一篇专访，为我留存下了原汁原味的记忆："作为研究者，最大的受益是读左宗棠的手稿。他的奏章、诗文、对联、家书，完整读过后，就不至再停留在故事、台前幕后，而可以直入他的心，读懂他的修为、历练、文化底蕴。物有本末，人有根源。左宗棠真正吸引我、让我愿意沉下心来继续深入研究的，是支撑他的传统文化。他身上有一种无形的力，将我带入到传统文化中去。这是以前无论读古书，还是读其他名人传记，都从来没有过的感觉。我对中国传统文化真正产生自觉的认同与兴趣，归因于研究左宗棠。"

第二部作品出版之后，我对左宗棠的认识又加深了许多。

到2017年系统研究左宗棠家书时，经过前面十年文火慢熬式的积累，我像顿悟似的确信了一点：左宗棠20岁后，在相当于文学硕士毕业之后，再根据兴趣选择潜心研究理工技术类实学，在他总督闽浙、创办福州船政学堂之时，事实上已经开启了科学技术在近代中国的萌芽生长。无论是左宗棠大异于时代同人的"儒学"加"实学"的独特知识结构，还是他作为民间读书人自觉自发"心忧天下"的家国情怀，又或者他凭借霸蛮、独立精神所展现出来的强烈个性气质，他率性、洒脱的为人风格，刚直、智慧的办事手段，等等，这些都跟今天我们的价值观十分贴近，它跟我曾去过的欧洲国家、大洋洲国家的国民价值观念，事实上也有诸多可以沟通、衔接的地方。

也就是说，在中华优良传统快被遗失的时代里，左宗棠是一座沟通传统跟现代的桥梁；在东西方文化价值观念对立不能调和的方面，左宗棠同样是一架可以沟通中西的桥梁。在晚清同时代的人物中，没有人比真实、鲜活的左宗棠距离我们今天的青年更为贴近的了，也没有人比左宗棠更能给予我们今天启发与借鉴。

正是在不计年月的全面深入思考后，逐渐清晰了这些观念，我确定其后将继续挖掘下去。

第三部作品——《左宗棠：家书抵万金》——便是这样自觉深入的探问。

跟《厦门日报》记者杜晓蕾对谈后，其后我用两年的时间沉淀，在这部新作的前言里，谨慎地写下了这段文字："左宗棠与同时代人的不同之处，作为推动古代农耕社会向现代工商社会转型的前辈，他既没有'义理'的空洞说教，也没有'理学'的心理桎梏；作为孟子的私淑弟子，他直接师法先秦儒学，在西方工商业文明介入、市场观念导入的晚清，他适时将先秦儒学顺应时代做了创新，让今人几乎没有隔阂；同时，作为多年沉寂民间的草野书生，他求学问知，只为谋心，不为谋生，不但干货最多，而且全然没有应景之嫌。这三点是他可以作为当代中国人的文化桥梁，将现代社会与古代传统文化无缝对接的关键原因。"

随着了解越多，兴趣越大。历史人物研究最令人乐不知疲之处，在于被研究对象的生命跟我一样，都是由血肉之躯妙合天成的，它不仅是自然生命，更是人文性灵。科学可以百分百透析"无情生命"的物体；文学写作、文化研究却最终要落在人的情感、性格、气质上，这些事实上都对应着人的心。

格物、致知、诚意、正心，人心是一切的根本，是人文性灵的源泉。跟自然科学不同，人心是无法通过科学仪器检测的，只能靠另一个人用心去感应、体会。感应、体会的过程，同样是充满乐趣的过程。它可以让人在遭遇困顿后豁然开朗，脑洞大开。好比下棋，自己怎么看也不知道怎么走，茫然无绪，他人用手一指，突然满盘皆活。

我看左宗棠运用智慧的经历，便是这样一种愉悦与享受的过程。

当你对一个人有了足够的了解，甚至比他本人还了解他自己，你就会对他的生活、家人、朋友圈，他的言笑晏晏，他的喜怒哀乐，有着本能的好奇与探究的冲动。在对左宗棠巨细无遗地感应、体会一遍之后，他就仿佛生活在我身边。

这大概就是左宗棠本人说的"神交古人"了。《左宗棠：家书抵万金》就是这样一部"神交左宗棠"的作品。

在我过往的记忆里，左宗棠真实、率性的一面让他的家书增添了不少温度跟色彩。2018 年 12 月，在湖南弘道书店做完新书分享后，"新湖南"记者刘瀚潞、实习生瞿晨烨对我做了一个专访，我正是基于这样一种感觉，发表了一段话："曾国藩传世的家书有近一千五百封，左宗棠传世的家书则只有一百六十余封。这反映出来的不仅是数量上的差距，也是两人写家书出发点的不同。曾国藩写家书，是经过规划的，是为了传世而作。而左宗棠的家书则是具体的就事论事，以他每个阶段所经历的事件来表达自己的思想感悟。因此，左宗棠的家书相比曾国藩的家书显得更真实。造成这种差异的主要原因，在于曾、左两人的哲学观念不同。曾国藩沿袭的是理学思想，他的家书反映了他希望成为圣贤的愿望，以及他办事从上而下的方式；而左宗棠融合了传统儒学和经世致用思想，他的家书反映了他注重实际办事能力的想法，以及从下而上的办事方式。"

前面三部作品出版上市后，左宗棠一生的基本点应该已经写出来了。

至于写作第四部《左宗棠与李鸿章》和第五部《左宗棠与曾国藩》，又是偶然间发生的。最初动因，是起于同代人物曾、左、李的比较研究，两部作品是作为一个整体来写的。因为在比较的过程中，我突然发现，这是让读者得以看清左宗棠在晚清半个多世纪里真正独到价值十分不错的一种办法。

事实上，曾国藩、左宗棠、李鸿章三人从起点到结局表现了不同的人生道路，代表了晚清三种大异其趣的主流价值取向。百余年来，关于他们的个体人生，都有各种传记类的研究作品在册。但这些作品无一例外地都是站在传主的角度定位，即使没有溢美之词，也只能呈现出时代风貌的一面。对于三人在晚清大局里的成败得失，因为立场不同，分歧极大，所以我们读任何一位传主的传记，读者都能从中看出其合理跟肯定的地方来。而一旦换读其他传主的传记，又看出事实陈述跟观点分析大为不同、甚至完全相反的结论，导致越看越迷糊。

究其原因，主要是基于书写传主的作品，都在尽力挖掘人物本身的亮点。事实上，要真正中肯，只有放进时代大局里全面观照，相互比较印证，读者看后才不会有困陷一隅之惑。

在矛盾无处不在、无时不有的世界里，历史与生活一样，充满了阴阳互化的辩证关系，有上才有下，有长才有短，有对才有错。所以俗话说，有比较才有鉴别。

将曾国藩、左宗棠、李鸿章一生交集的正史故事基本找出来，通过轶史来丰满完善正史所缺失的细节、所隐藏的真相，让历史事实本身说话，作者在讲述时只需要对事实本身加以适当解读，并作出逻辑评析，其人成败得失便一目了然。各人在自己所处时代到底有哪些真正的价值，读者看后自然可以领会于心。

事实上，后两部作品也是前面三部作品真正能够让人放心的基石。如果没有深入比较同时代主导时局的人物，得出左宗棠是传统跟现代、中西沟通桥梁的结论，无论对传主是褒还是贬，都难以让读者放心，毕竟即使不是自说自话，至少也是一面之词。

第六部作品——《教子也烦恼：左宗棠的23封家书》——是以左宗棠的163封家书为依托，剖析左宗棠在教育子女方面的一些独到观念、切实方法，将传统文化优良的一面挖掘出来，启迪今天为人父母者学习、借鉴。

六部作品，从动念到成书，无一不是偶然加偶然。苏轼在《与谢民师推官书》中论及做文章方法是，"大略如行云流水，初无定质，但常行于所当行，常止于所不可不止，文理自然，姿态横生"。以我十六年来的经历对照，其实作者在选题时何尝不也是这样？俗话说，草鞋没样，边打边像。每一本书在动笔之前，都充满了随机的偶然性，回头再看时，似乎才构成一个浑然一体的系列。

对我而言，主题人物的写作，遭遇的困惑，发生的烦恼，不只是在写作过程中，还在书卷之外。

二

自我研究写作"左宗棠系列"以来，十六年里接受媒体的采访不可计数。我日益发现一个特别突出的共同现象，我不得不直面一个"左宗棠研究者"才会遭遇到的提问：左宗棠是否确实"情商低""性格差"，做人"忘恩负义"？

每次遭遇此类提问，我既不当面反驳，也不顺着话题来以轶史传闻加以印证。我相信这样简单的偏失议论，读者看了我的作品后，会自然而然得出自己的判断。但我发现自己显然高估了事实本身的力量，原因是，一些媒体人仅因为先入为主的轶史传闻印象，对左宗棠主题干脆束之高阁，退避三舍。虽然阅读作品是打破先入为主刻板印象、得出公允判断的唯一方法，但人性都有本能的弱点，不少读者都会在潜意识中努力去维护先入为主的固有印象。

追溯对左宗棠造成刻板印象的来源，主要渠道大概有二：一是有不少人误将左宗棠当成曾国藩的学生，称曾国藩识拔并举荐左宗棠入仕，左宗棠在功成之日却举报曾国藩，忘恩负义。再加之称左宗棠晚年经常在部下面前骂已经去世的曾国藩，完全有失做人的体统跟厚道。

其二，郭嵩焘曾在咸丰皇帝面前极力保举左宗棠，对他有救命之恩，左宗棠却在郭嵩焘担任广东巡抚期间遭遇军事紧急事件而不派兵相救，其后又向朝廷申请罢免郭嵩焘的巡抚官职，这不但是做人忘恩负义，也是情商低、性格差的进一步证明。何况，《郭嵩焘日记》里记载了不少他私下责怪左宗棠的文字，可以对照坐实。

起初，我并没有在意这些完全属于稗官野史的提问，因为我的作品里都有详细解读。但遭遇的次数多了，让我不得不思考其中的原因。毕竟，多数读者印象中的左宗棠，不说跟学术界研究的左宗棠形象反差巨大，就是跟我在读了四五千万字的古籍和翻看几百本晚清人物相关主题书籍后得出的判断，也大相径庭。

研究者普遍的盲区是，其本人因对正史抱有充分自信，对轶史传闻的影响力远远大于正史这点，往往视而不见，充耳不闻。

左宗棠日益被带偏的民间形象，让我想起了《三国志》跟《三国演义》。三分虚构的《三国演义》，让三国人物形象早已普及到市井民间，《三国志》则只有极少数研究者懂得。

然而，民间形象决定人物的社会影响力，这既是历史的经验，也是生活的现实。

左宗棠青年时期以"当代诸葛亮"自称，就像诸葛亮青年时期总以管仲、乐毅自比一样。诸葛亮生于公元181年，比左宗棠大1631岁，其民间形象妇孺皆知，是直到明朝罗贯中《三国演义》出版之后才有的事，距诸葛亮去世已过1000年。

左宗棠1885年去世，距2023年才138年，可谓近时。但左宗棠却没有诸葛亮幸运，因为时代变易，信息加速，一经带偏，偏偏相叠，纠偏逾难。

770万字的《左宗棠全集》，除了极少数专业研究者通读过，其他作者只是在写作前抽查浏览，当越来越多的作者，尤其是名家，根据抽取的内容做出并非稳当的评价，后来年轻的研究者无论声望、资历还是影响力都远远不够，对于前代遗留下来的偏失，既无正名的信心，也难有推翻的勇气，于是只能听任以讹传讹。几代人之后，人物身上真正的价值，很有可能从此就被永久掩埋。

2022年是左宗棠210周年诞辰，我应邀去湘阴参加了纪念活动。据说这是历年来纪念左宗棠最盛大的一场活动，应邀参会者多达300余人。虽然当时正值疫情检测刚刚放开的关口，还是在媒体界掀起了一股"左宗棠热"。

纪念活动的另一大亮点，是叶文智先生策划将两棵"左公柳"从甘肃肃州回栽到湘阴柳庄。纪念会的又一项重要内容，是邀请四位嘉宾录制文化节目，作为纪念活动的资料备存。我作为主讲嘉宾，录制了六期节目。

十六年来，在传播左宗棠文化、推广出版书籍的过程中，我在全球各地陆续做了五百多场讲座（演讲），每场听众少则三五十位，中则三五百人，最多达二三千人。记忆中比较深的有：2013年去中国船政文化博物馆讲述"曾左比较"；2014年去法国巴黎讲述"左宗棠与湖湘文化"；2016年去中国台湾地区演讲"左宗棠经营台湾的往事"；2017年去甘肃兰州讲述"左宗棠百年家教家风"；2018年去北京三联书店发布、分享左宗棠家书；2019年去国家图书馆讲述"一代文化大家左宗棠"。

我每次开讲前都习惯性做个小调查，数百场调查下来，我发现曾经读过左宗棠相关书籍的听众比曾国藩少出百分之十左右。近几年来情形又有所改变，或许是我前面几部左宗棠通俗作品的原因，左宗棠的读者已经明显呈增加趋势。

进入2023年，"左宗棠热"开始升温。

观察自身所处的时间节点，我想起前人留下过不少言简意深的俗语。比如俗话说，大疫不过三年；又比如说，三十年河东，三十年河西。

俗话是前人关于生活经验最简练的总结。经过几千年、数代人的积累，事情代代出现，俗语代代相传。如果两三代人可以跳出俗话的判断，则这句俗话便会自然消隐，根本流传不到今天。

自唐浩明先生的长篇历史小说《曾国藩》成为畅销作品，"曾国藩热"已经持续了数十年，曾国藩深刻的内蕴，今人已经洞悉无遗。左宗棠研究经过前面近一个半世纪的搜集、整理，到今天才有条件将他深入挖掘到的内涵陆续呈现出来，这是一个崭新的开始。我相信这位产生于艰难时世里的民族英雄，他身上所焕发出来的中国精神，所承载的传统与现代、中西沟通的桥梁作用，此后必然可以长期地为国人提供绵延不断的精神激励、文化提升、方法启示。

三

我只是一名作家，最初出版传记小说《左宗棠：帝国最后的"鹰派"》，只是想运用文学的方式来写作历史，让今天的读者得以认识左宗棠，看见他对当代读者的价值作用。

因为其后一直致力于挖掘左宗棠真正内涵跟价值的缘故，我将文学写作似乎做成了历史研究。无论正史记载，还是轶史传闻，我都花大量时间去考证，去核对，尽量还原历史上真实的左宗棠。原本的文学创作，弄得像学术写作。因此之故，六七年前，媒体开始将我称作"左宗棠专家"。从作家变成专家，这不是我的本意跟追求，我也无意走专家这条道路。我始终坚持，自己只是一名作家。

可能是被社会当作"左宗棠专家"的缘故，今年年初，中华书局《左宗棠全传》责编通过朋友找到我，邀我录段视频推荐。我答应为他们写一段评点秦翰才《左宗棠全传》的短文。

短文其实就是追溯左宗棠研究的一些重点作者跟历史发展流变。今天放到后记中来，也刚好方便让读者朋友们对百余年来左宗棠研究的情况，有个轮廓式的了解。

秦翰才搜集、整理左宗棠文物、遗迹，堪比前人邓显鹤搜集、整理王船山。既让珍贵的历史文献免于散逸、流失，同时也让今人得以看到民国学者眼中的左宗棠形象。

左宗棠当年高度褒奖学者邓显鹤，曾专门撰有一联："著作甚勤，四海声名今北斗；风流顿尽，百年文献老南村。"遵照这副联意的态度，秦翰才也应该担当得起搜集、整理左宗棠珍贵史料的"民国北斗""文献老南村"的文化评价。

左宗棠去世后，罗正钧最先搜集、整理出版的《左文襄公年谱》，左宗棠四子左孝同接力搜集、整理结集而成的《左宗棠家书》，同为保存左宗棠研究史料起到了启后的作用。秦翰才在前人的基础上接力，发生的困难，遭遇的意外，超过前人，可以说是极为罕见的。抗战期间，山河破碎，国民流离，秦翰才费尽一生精力，用尽毕生心血整理而成的作品，在去世前依然没有能够如愿出版。

他这种执着努力的精神，不为名利所摇动的心态，跟他搜集、整理的左宗棠资料，对后世有着同样的精神价值。

就我的阅读范围观感，美国作家贝尔斯的《左宗棠传》、左宗棠四世孙左景伊的《我的曾祖左宗棠》，都是能让人耳目一新的开卷有益之作。贝尔斯以西方文化的思维、价值观念来观照左宗棠，让读者可以在比照中看出左宗棠在国际视野里的真正价值；左景伊则以左氏后人的身份，给后世读者不少关于左氏家族内部的隐秘历史。秦翰才的不同之处在于，他虽然主要为搜集、整理，但在兀兀穷年中发现了一些左宗棠文物、遗迹，这些都是不可再生的文化产品，一旦流失，便会永久消失。

岳麓书社2014年出版刘泱泱等学者校点的15卷本、近八百万字的《左宗棠全集》，是迄今最权威的文献，据说其中一些珍贵的史料，来自于秦翰才当年的搜集。相近相似者，还有潜心研究左宗棠多年的学者陈明福。

多亏近一个半世纪来六七代文化学者、研究者孜孜的努力，我们今天才有幸可以读到内容最为全面、丰富、立体的《左宗棠全集》。秦翰才数十年执着努力跟淡泊名利的搜集、整理，除了中华书局这部六十六万字的《左宗棠全传》，我记忆中还有一部《左宗棠逸事汇编》。那些民间故事，如果没有秦翰才出来及时编辑整理，我们今天很可能就看不到了。

岳麓书社的《左宗棠全集》出版后，六七代学者用尽一生搜集、整理的独家资料，已经成了有心者随时可以读到的普及内容。这时我们不能心存轻视，而应该心怀感激，因为没有他们当年磨破鞋子追寻到的独家史料来补充、完善，今天便不可能有如此丰富、立体的普及版本供我们做参考资料。

今天研究左宗棠的专家仍不乏其人，我交往较多的有杨东梁等前辈。杨东梁先生在2013年曾为《左宗棠·帝国最后的"鹰派"》热情作过序，令人思之感激。今天继续来研究左宗棠，六七代前人积累下来的史料，已经足够庞大、富足。

当代读者更希望看到的，更多可能是作者基于近八百万字史料之上个人深入的史见，以及由点到面，将同时代的人物比较、关联起来的深度剖析。这对写作者来说，同样是一种高难度的挑战。前人资料已经齐备，今天还来研究，没有四五千万字的古籍阅读量，既难有深度，也容易写偏。何况，纯粹的知识积累，在人工智能已可以写作的时代，几乎快等于零。

四

经历十六年风风雨雨、酸甜苦辣，我也从青年步入中年。在科技改写一切的历史方位里写作，挺过所遇风雨变幻，颇有物是人非之感。青年时代总感到时日漫长，未来漫无际涯，"人生"不过是一个写在纸上的名词，但到2018年秋，遭遇父亲因病突然去世，我第一次切身地体验到，什么是人完整的一生。

每一代研究者的写作，都只能在自己所处的时间河道里有限书写，尽力表达。后来者的作品，前面的人永远看不到了，能读到作品的，只有生逢同代的读者，以及后来无法谋面的人们。逝者如斯，沉舟侧畔，正因为人生苦短，文化跟精神才彰显出永恒的魅力、无限的价值。

左宗棠晚年跟家人预测身后事，曾经这样说道："'吁嗟没世名，寂寞身后事'，古人盖见及矣。尔母在日曾言我'不喜华士，日后恐无人作佳传'，我笑答：'自有我在，求在我不求之人也'。"

早在写第一部作品时，我已经看到这句话。人到中年再次想起来，突然有一种眼泪盈眶的感动。

七年前，我曾于闲时化用左宗棠自作的诗、联，做成一首汉魏七古体的《读左宗棠》，用来简单勾勒描述他的一生。如果读者朋友们不嫌粗陋，或者也可以看作他的自画像。

不如就以此诗，作为这篇后记的结尾：

> 源头山泉冷又清，脱巾独步城南庭。
> 立品山岳身比玉，存心古今天下情。
> 侧身天地一无言，纵目万卷还自省。
> 文章西汉两司马，经济南阳一孔明。

倡议早为天下首，推诚咸知武侯心。

楚尾吴头同月色，海国仍持使者节。

百二关河九塞名，万里遥情杨柳新。

马革归来人何在？荷香风善圣之清。

黄沙远塞还旧国，再吟乡思落梅中。

黄鹤楼里黄鹤飞，芳草晴川仙人回。

凭吊枯木魂魄在，一腔热血祭山林。

浊酒一杯渔樵隐，谁变寒暄诗律吟？

徐志频于广漠书屋

2023年6月28日